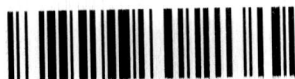

後漢書

宋 范曄 撰
唐 李賢等注

第五册

卷三四至卷四二（傳四）

中華書局

後漢書卷三十四

梁統列傳第二十四 子松 竦 曾孫商 玄孫冀

梁統字仲寧，安定烏氏人，晉大夫梁益耳，即其先也。〔一〕統高祖父子都，自河東遷居北地，子都子橋，〔二〕以貲千萬徙茂陵，至哀、平之末，歸安定。

〔一〕東觀記曰：「其先與秦同祖，出於伯益，別封於梁。」梁益耳見左傳。氏音支。

〔二〕東觀記，橋子溥。溥子延，以明軍謀特除西域司馬。延生統。

統性剛毅而好法律。初仕州郡。更始二年，召補中郎將，使安集凉州，拜酒泉太守。會更始敗，赤眉入長安，統與竇融及諸郡守起兵保境，謀共立帥。初以位次，咸共推統，統固辭曰：「昔陳嬰不受王者，以有老母也。〔一〕今統內有尊親，又德薄能寡，誠不足以當之。」遂共推融爲河西大將軍，更以統爲武威太守。爲政嚴猛，威行鄰郡。

〔一〕前書曰，陳嬰故東陽令史，少年殺其令，相聚數千人，迺請立嬰爲王。嬰母謂曰：「吾自爲汝家婦，聞先故未嘗貴，今暴得大名，不祥，不如有所屬。」嬰乃不敢爲王。

建武五年，統等各遣使隨竇融長史劉鈞詣闕奉貢，願得詣行在所，詔加統宣德將軍。八年夏，光武自征隗囂，統與竇融等將兵會車駕。及囂敗，封統爲成義侯，同産兄巡、從弟騰並爲關內侯，拜騰酒泉典農都尉，悉遣還河西。十二年，統與融等俱詣京師，以列侯奉朝請，更封高山侯，拜太中大夫，除四子爲郎。

統在朝廷，數陳便宜。以爲法令既輕，下姦不勝，宜重刑罰，以遵舊典，乃上疏曰：

臣竊見元哀二帝輕殊死之刑以一百二十三事，手殺人者減死一等，〔一〕自是以後，著爲常準，故人輕犯法，吏易殺人。

〔一〕東觀記曰：「元帝初元五年，輕殊死刑三十四事，哀帝建平元年，輕殊死刑八十一事，其四十二事手殺人者減死一等。」

臣聞立君之道，仁義爲主，仁者愛人，義者政理，愛人以除殘爲務，政理以去亂爲心。刑罰在衷，無取於輕，是以五帝有流、殛、放、殺之誅，〔一〕三王有大辟、刻肌之法。〔二〕故孔子稱「仁者必有勇」，〔三〕又曰「理財正辭，禁民爲非曰義」。〔四〕高帝受命誅暴，平蕩天下，約令定律，誠得其宜。〔五〕文帝寬惠柔克，遭世康平，〔六〕唯除省肉刑、相坐之法，它皆率由，無革舊章。〔七〕武帝值中國隆盛，財力有餘，征伐遠方，軍役數興，豪桀犯禁，姦吏弄法，故重首匿之科，著知從之律，〔八〕以破朋黨，以懲隱匿。宣帝聰明正直，總御海內，臣下奉憲，無所失墜，因循先典，天下稱理。至哀、平繼體，而卽位日淺，聽斷尚寡，丞相王嘉輕爲穿鑿，虧除先帝舊約成律，〔九〕數年之閒，百有餘事，或不便於理，或不厭民心。謹表其尤害於體者傅奏於左。〔一〇〕

〔一〕唐堯時流共工，放驩兜，（服）〔殺〕三苗，殛鯀。堯爲五帝之一，故舉言焉。

〔二〕大辟，罪之大者，謂死刑也。刻肌謂墨、劓、臏、刖。

〔三〕論語載孔子之言也。五帝、三王皆以仁義而化，而能用肉刑以正俗，是爲勇也。

〔四〕易繫詞曰：「何以守位？曰仁。何以聚人？曰財。理財正辭，禁人爲非曰義。」繫詞亦孔子作，故稱「又曰」。

〔五〕高祖定天下，使蕭何次律令。

〔六〕克，能也。言以和柔能理俗也。尚書曰「高明柔克」也。

〔七〕秦法，一人有罪，（并）〔坐〕其家室。文帝除肉刑并相坐律令，餘則仍舊不改。

〔八〕凡首匿者，爲謀首，臧匿罪人。至宣帝時，除子匿父母，妻匿夫，孫匿大父母罪，餘至殊死上請。知縱謂見知故縱，武帝時立見知故縱之罪，使張湯等著律，並見前書也。

〔九〕王嘉字公仲，平陵人。案嘉傳及刑法志並無其事，統與嘉時代相接，所引故不妄矣，但班固略而不載也。

〔一〇〕體，政體也。傅音附。

伏惟陛下包元履德，權時撥亂，〔一一〕功踰文武，德侔高皇，誠不宜因循季末衰微之軌。回神明察，考量得失，宣詔有司，詳擇其善，定不易之典，施無窮之法，天下幸甚。

〔一〕撥，理也。公羊傳曰：「撥亂代反之正。」

事下三公、廷尉，議者以爲隆刑峻法，非明王急務，施行日久，豈一朝所釐。〔一〕統今所定，不宜開可。

〔一〕釐猶改也。

統復上言曰：「有司以臣今所言，不可施行。尋臣之所奏，非曰嚴刑。竊謂高帝以後，至乎孝宣，其所施行，多合經傳，宜比方今事，驗之往古，聿遵前典，事無難改，不勝至願。願得召見，若對尚書近臣，口陳其要。」帝令尚書問狀，統對曰：

聞聖帝明王，制立刑罰，故雖堯舜之盛，猶誅四凶。經曰：「天討有罪，五刑五庸哉。」〔一〕又曰：「爰制百姓于刑之衷。」〔二〕孔子曰：「刑罰不衷，則人無所厝手足。」〔三〕衷之爲言，不輕不重之謂也。春秋之誅，不避親戚，〔四〕所以防患救亂，全安衆庶，豈無仁愛之恩，貴絶殘賊之路也？

〔一〕尚書咎繇謨之詞也。庸，用也。言天以五刑討有罪，用五刑必當也。

〔二〕尚書呂刑云：「士制百姓于刑之中。」孔安國注云：「咎繇作士，制百官于刑之中。」此作「爰」，爰，於也，義亦通。衷音丁仲反，下同也。

〔三〕厝，置也。

〔四〕左傳曰：「大義滅親。」又曰：「周公殺管叔，夫豈不愛，王室故也。」

自高祖之興，至于孝宣，君明臣忠，謨謀深博，猶因循舊章，不輕改革，海內稱理，斷獄益少。至初元、建平，所減刑罰百有餘條，〔一〕而盜賊浸多，歲以萬數。間者三輔從橫，羣輩並起，〔二〕至燔燒茂陵，火見未央。其後隴西、北地、西河之賊，越州度郡，萬里交結，攻取庫兵，劫略吏人，詔書討捕，連年不獲。〔三〕是時以天下無難，百姓安平，而狂狡之埶，猶至於此，皆刑罰不衷，愚人易犯之所致也。

〔一〕初元，元帝年也。建平，哀帝年也。

〔二〕從音子用反，橫音戶孟反。

〔三〕東觀記統對尚書狀曰「元壽二年，三輔盜賊羣輩並起，至燔燒茂陵都邑，煙火見未央宮，前代〔所〕未嘗〔所〕有。其後隴西新興，北地任橫、任（崔）〔崖〕，西河（曹）〔漕〕況，越州度郡，萬里交結，或從遠方，四面會合，遂攻取庫兵，劫略吏人，國家開封侯之科，以軍法追捕，僅能破散」也。

由此觀之，則刑輕之作，反生大患；惠加姦軌，而害及良善也。故臣統願陛下采擇賢臣孔光、師丹等議。〔一〕

〔一〕孔光字子夏，師丹字公仲，並哀帝時丞相。光明習漢制及法令，丹初以論議深博，徵入為光祿大夫，皆有議，見前書。

議上，遂寢不報。〔二〕

〔一〕上音時掌反。

後出爲九江太守，定封陵鄉侯。統在郡亦有治迹，吏人畏愛之。卒於官。子松嗣。

松字伯孫，少爲郎，尚光武女舞陰長公主，再遷虎賁中郎將。松博通經書，明習故事，與諸儒脩明堂、辟雍、郊祀、封禪禮儀，常與論議，寵幸莫比。光武崩，受遺詔輔政。永平元年，遷太僕。

松數爲私書請託郡縣，二年，發覺免官，遂懷怨望。四年冬，乃縣飛書誹謗，下獄死，國除。〔一〕

〔一〕飛書者，無根而至，若飛來也，即今匿名書也。

子扈，後以恭懷皇后從兄，永元中，擢爲黃門侍郎，歷位卿、校尉。溫恭謙讓，亦敦詩書。永初中，爲長樂少府。松弟竦。

竦字叔敬，少習孟氏易，〔一〕弱冠能教授。後坐兄松事，與弟恭俱徙九眞。既徂南土，歷江、湖，濟沅、湘，〔二〕感悼子胥、屈原以非辜沈身，乃作悼騷賦，繫玄石而沈之。〔三〕

〔一〕孟喜字長卿，東海人，見前書。

〔二〕湖謂洞庭湖，在今岳州。水經云沅〔水〕出牂柯且蘭縣，注云入洞庭，會于江。湘水出零陵始安縣陽海山，至巴丘入于江。

〔三〕東觀記載其文曰：「彼仲尼之佐魯兮，先嚴斷而後弘衍。雖離讒以嗚邑兮，卒暴誅於兩觀。殷伊尹之協德兮，暨太甲而俱寧。豈齊量其幾微兮，徒信己以榮名。雖吞刀以奉命兮，抉目眦於門閭。吳荒萌其已殖兮，可信顏於王廬？圖往鏡來兮，關北在篇。君名既泯沒兮，後辟亦然。屈平濯德兮，絜顯芬香。句踐罪種兮，越嗣不長。重耳忽推兮，六卿卒強。趙殞鳴犢兮，秦人入疆。樂毅奔趙兮，燕亦是喪。武安賜命兮，昭以不王。蒙宗不幸兮，長平顛荒。范父乞身兮，楚項不昌。何爾生不先後兮，推洪勳以遐邁。服荔裳如朱紱兮，騁鸞路於犇瀨。歷蒼梧之崇丘兮，宗虞氏之俊乂。臨衆瀆之神林兮，東敕職於蓬碣。祖聖道而垂典兮，褒忠孝以爲珍。既匡救而不得兮，必殞命而後仁。惟賈傅其違指兮，何楊生之欺眞。彼皇麟之高舉兮，熙太淸之悠悠。臨岷川以愴恨兮，指丹海以爲期。」

顯宗後詔聽還本郡。竦閉門自養，以經籍爲娛，著書數篇，名曰七序。班固見而稱曰：「孔子著春秋而亂臣賊子懼，〔一〕梁竦作七序而竊位素餐者慙。」性好施，不事產業。長嫂舞陰公主贍給諸梁，親疏有序，特重敬竦，雖衣食器物，必有加異。竦悉分與親族，自無所服。〔二〕

〔一〕左傳：「書齊豹曰盜，三叛人名，以懲不義。善人勸焉，淫人懼焉。」孟子云：「仲尼成春秋，亂臣賊子懼。」

〔二〕服猶用也。

竦生長京師，不樂本土，自負其才，鬱鬱不得意。嘗登高遠望，歎息言曰：「大丈夫居世，生當封侯，死當廟食。〔一〕如其不然，閑居可以養志，詩書足以自娛，州郡之職，徒勞人耳。」後辟命交至，並無所就。有三男三女，肅宗納其二女，皆爲貴人。小貴人生和帝，竇皇后養以爲子，而竦家私相慶。後諸竇聞之，恐梁氏得志，終爲己害，建初八年，遂譖殺二貴人，而陷竦等以惡逆。詔使漢陽太守鄭據傳考竦罪，死獄中，家屬復徙九眞。辭語連及舞陰公主，坐徙新城，使者護守。〔二〕宮省事密，莫有知和帝梁氏生者。

〔一〕禮記曰：「諸侯五廟，卿大夫三廟，士一廟。」

〔二〕新城，今洛州伊闕縣也。

永元九年，竇太后崩，松子扈遣從兄襢〔一〕奏記三府，以爲漢家舊典，崇貴母氏，而梁貴人親育聖躬，不蒙尊號，求得申議。〔二〕太尉張酺引襢訊問事理，會後召見，因白襢奏記之狀。帝感慟良久，曰：「於君意若何？」酺對曰：「春秋之義，母以子貴。〔三〕漢興以來，母氏莫不隆顯，臣愚以爲宜上尊號，追慰聖靈，存錄諸舅，以明親親。」帝悲泣曰：「非君孰爲朕思之！」會貴人姊南陽樊調妻嫕〔四〕上書自訟曰：「妾同產女弟貴人，前充後宮，蒙先帝厚恩，得見寵幸。皇天授命，誕生聖明。而爲竇憲兄弟所見譖訴，使妾父竦冤死牢獄，骸骨不掩。老母孤弟，遠徙萬里。獨妾遺脫，逸伏草野，常恐沒命，無由自達。今遭値陛下神聖之運，親統萬機，羣物得所。憲兄弟姦惡，既伏辜誅，海內曠然，各獲其宜。妾得蘇息，拭目更視，乃敢昧死自陳所天。〔五〕妾聞太宗即位，薄氏蒙榮；〔六〕宣帝繼統，史族復興。〔七〕妾門雖有薄、史之親，獨無外戚餘恩，誠自悼傷。妾父既冤，不可復生，母氏年殊七十，〔八〕及弟棠等，遠在絕域，不知死生。願乞收竦朽骨，使母弟得歸本郡，則施過天地，存歿幸賴。」帝覽章感悟，乃下中常侍、掖庭令驗問之，嫕辭證明審，遂得引見，具陳其狀。乃留嫕止宮中，連月乃出，賞賜衣被錢帛第宅奴婢，旬月之閒，累資千萬。嫕素有行操，帝益愛之，加號梁夫人；擢樊調爲羽林左監。調，光祿大夫宏兄曾孫也。〔九〕

〔一〕禮，古「禪」字也。

〔二〕求申理而議之也。

〔三〕解見光武紀。

〔四〕嫕音於計反。

〔五〕臣以君爲天，故云「所天」。

〔六〕文帝即位，尊薄太后爲皇太后，封弟昭爲軹侯。太后母前死櫟陽，迺追尊太后父爲靈文侯，會稽郡置園邑三百家，櫟陽亦置靈文夫人園，令如靈文侯園儀也。

〔七〕史良娣，宣帝祖母也。宣帝初生，母王夫人死，無所歸，史良娣母貞君養視焉。宣帝即位，以舊恩封史恭三子，高爲樂陵侯，曾爲將陵侯，玄爲平臺侯。

〔八〕殊猶過也。

〔九〕宏，光武舅也。

於是追尊恭懷皇后。其冬，制詔三公、大鴻臚曰：「夫孝莫大於尊尊親親，其義一也。〔一〕詩云：『父兮生我，母兮鞠我，撫我畜我，長我育我，顧我復我，出入腹我。欲報之德，昊天罔極。』〔二〕朕不敢興事，覽于前世，太宗、中宗，寔有舊典，〔三〕追命外祖，以篤親親。其追封謚皇太后父竦爲褒親愍侯，比靈文、順成、〔恩成〕侯。〔四〕魂而有靈，嘉斯寵榮，好爵顯服，以慰母心。」遣中謁者與嫕及扈，備禮西迎竦喪，〔五〕詣京師改殯，賜東園畫棺、玉匣、衣衾，〔六〕建塋於恭懷皇后陵傍。帝親臨送葬，百官畢會。

〔一〕禮記曰：「上正祖禰，尊尊也。下正子孫，親親也。」

〔二〕詩小雅也。毛萇注云：「鞠，養也。腹，厚也。」鄭玄注云：「畜，起也。育，覆育也。顧，旋視也。復，反覆也。腹，懷抱也。極，已也。欲報父母之德，昊天乎，我心無已也。」

〔三〕太宗，文帝也。中宗，宣帝也。

〔四〕昭帝母趙婕妤，帝卽位，追封婕妤父爲順成侯，宣帝追封母王夫人父迺始爲恩成侯，各置園廟也。

〔五〕竦死漢陽獄，故西迎也。

〔六〕東園，署名，主知棺槨。漢儀注，王侯葬，腰已下玉爲札，長尺，廣二寸半；爲匣，下至足，綴以黄金鏤爲之。「匣」字或作「柙」也。

徵還竦妻子，封子棠爲樂平侯，棠弟雍乘氏侯，雍弟翟單父侯，邑各五千戶，位皆特進，賞賜第宅奴婢車馬兵弩什物以巨萬計，寵遇光於當世。諸梁內外以親疎並補郎、謁者。棠官至大鴻臚，雍少府。棠卒，子安國嗣，延光中爲侍中，有罪免官，諸梁爲郎吏者皆坐免。

商字伯夏，雍之子也。少以外戚拜郎中，遷黃門侍郎。永建元年，襲父封乘氏侯。三年，順帝選商女及妹入掖庭，遷侍中、屯騎校尉。陽嘉元年，女立爲皇后，妹爲貴人，加商位特進，更增國土，賜安車駟馬，其歲拜執金吾。二年，封子冀爲襄邑侯，商讓不受。三年，以商爲大將軍，固稱疾不起。四年，使太常桓焉奉策就第卽拜，商乃詣闕受命。明年，夫人陰氏薨，追號開封君，〔一〕贈印綬。

〔一〕開封，縣，故城在今汴州浚儀縣南。

商自以戚屬居大位，每存謙柔，虛己進賢，辟漢陽巨覽、上黨陳龜爲掾屬，李固、周舉爲從事中郎，於是京師翕然，稱爲良輔，帝委重焉。〔一〕每有飢饉，輒載租穀於城門，賑與貧餧，不宣己惠。檢御門族，未曾以權盛干法。而性愼弱無威斷，頗溺於內豎。以小黃門曹節等用事於中，遂遣子冀、不疑與爲交友，然宦者忌商寵任，反欲陷之。永和四年，中常侍張逵、遽政，內者令石光，〔二〕尙方令傅福，冗從僕射杜永連謀，共譖商及中常侍曹騰、孟賁，云欲徵諸王子，圖議廢立，請收商等案罪。帝曰：「大將軍父子我所親，騰、賁我所愛，必無是，但汝曹共妒之耳。」逵等知言不用，懼迫，遂出矯詔收縛騰、賁於省中。帝聞震怒，敕宦者李歙急呼騰、賁釋之，收逵等，悉伏誅。辭所連染及在位大臣，商懼多侵枉，乃上疏曰：「春秋之義，功在元帥，罪止首惡，〔三〕故賞不僭溢，刑不淫濫，五帝、三王所以同致康乂也。〔四〕竊聞考中常侍張逵等，辭語多所牽及。大獄一起，無辜者衆，死囚久繫，纖微成大，〔五〕非所以順迎和氣，平政成化也。〔六〕宜早訖竟，以止逮捕之煩。」〔七〕帝乃納之，罪止坐者。

〔一〕東觀漢記：「商少持韓詩，兼讀衆書傳記，天資聰敏，昭達萬情。舉措動作，直推雅性，務在誠實，不爲華飾。孝友著於閨閾，明信結於友朋。其在朝廷，儼恪矜嚴，威而不猛。退食私館，接賓待客，寬和肅敬。憂人之憂，樂人之樂，皆若在己。輕財貨，不爲蓄積，故衣裘裁足卒歲，奴婢車馬供用而已。朝廷由是敬憚委任焉。」

〔二〕內者，署名，令一人，秩六百石，屬少府，見漢官儀也。

〔三〕春秋經書「虞師、晉師滅下陽」。公羊傳曰：「虞，微國也，曷爲序于大國之上？使虞首惡也。曷爲〔序〕〔使〕虞首惡？虞受賂，假滅國者道，以取亡焉。」

〔四〕左傳曰：「善爲國者，賞不僭而刑不濫。賞僭則懼及淫人，刑濫則懼及善人。若不幸而過，寧僭無濫。」

〔五〕言久繫，則細微之事引牽而成大也。

〔六〕禮記月令「孟春之月，天子親帥三公、九卿、諸侯、大夫，以迎春於東郊，命相布德和令，行慶施惠，下及兆人」也。

〔七〕逮，及也，辭所連及即追捕之也。

六年秋，商病篤，勑子冀等曰：「吾以不德，享受多福。生無以輔益朝廷，死必耗費帑臧，衣衾飯唅玉匣珠貝之屬，何益朽骨。〔一〕百僚勞擾，紛華道路，秖增塵垢，雖云禮制，亦有權時。〔二〕方今邊境不寧，盜賊未息，豈宜重爲國損！氣絕之後，載至冢舍，即時殯斂。斂以時服，皆以故衣，無更裁制。殯已開冢，冢開即葬。祭食如存，無用三牲。孝子善述父志，不宜違我言也。」〔三〕及薨，帝親臨喪，諸子欲從其誨，朝廷不聽，賜以東園朱壽（之）器、銀鏤、黃腸、玉匣、什物二十八種，〔四〕錢二百萬，布三千匹。皇后錢五百萬，布萬匹。及葬，贈輕車介士，〔五〕賜謚忠侯。中宮親送，帝幸宣陽亭，〔六〕瞻望車騎。〔七〕

〔一〕唅，口實也。白虎通曰「大夫飯以玉，唅以貝；士飯以珠，唅以貝」也。

〔二〕權時謂不依禮也。

〔三〕禮記曰：「孝子善述父之志，善成人之事。」

〔四〕壽器，棺也，以朱飾之，以銀鏤之。前書音義曰「以栢木黃心爲槨，曰黃腸」也。

〔五〕輕車，兵車也。介士，甲士也。

〔六〕每城門皆有亭，即宣陽門之亭也。

〔七〕東觀記云：「初，帝作誄曰『孰云忠侯，不聞其音。背去國家，都茲玄陰。幽居冥冥，靡所且窮』也。」

子冀嗣。

冀字伯卓。爲人鳶肩豺目，〔一〕洞精矘眄，〔二〕口吟舌言，〔三〕裁能書計。少爲貴戚，逸游自恣。性嗜酒，能挽滿、彈棊、〔四〕格五、〔五〕六博、〔六〕蹴鞠、〔七〕意錢之戲，〔八〕又好臂鷹走狗，騁馬鬬雞。初爲黃門侍郎，轉侍中，虎賁中郎將，越騎、步兵校尉，執金吾。

〔一〕鳶，鴟也，鴟肩上竦也。豺目，目豎也。

〔二〕洞，通也。矘音乜蕩反。說文：「目精直視。」

〔三〕謂語吃不能明了。

〔四〕挽滿猶引強也。蓺經曰：「彈棊，兩人對局，白黑棊各六枚，先列棊相當，更先彈也。其局以石爲之。」

〔五〕前書吾丘壽王善格五。音義云：「簺也，音蘇代反。」說文曰：「簺，行棊相塞謂之簺。」鮑宏簺經曰：「簺有四采，塞、白、乘、五是也。至五即格，不得行，故謂之格五。」

〔六〕楚詞曰：「琨蔽象棊有六博。」王逸注云：「投六著，行六棊，故云六博。」鮑宏博經曰：「用十二棊，六棊白，六棊黑。所擲頭謂之瓊。瓊有五采，刻爲一畫者謂之塞，刻爲兩畫者謂之白，刻爲三畫者謂之黑，一邊不刻者五塞之間，謂之五塞。」

〔七〕劉向別錄曰：「蹴鞠者，傳言黃帝所作，或曰起戰國之時。蹋鞠，兵埶也，所以講武知有材也。」

〔八〕何承天纂文曰：「詭億一曰射意，一曰射數，即攤錢也。」

永和元年，拜河南尹。冀居職暴恣，多非法，父商所親客洛陽令呂放，頗與商言及冀之短，商以讓冀，冀即遣人於道刺殺放。而恐商知之，乃推疑於放之怨仇，請以放弟禹爲洛陽令，〔一〕使捕之，盡滅其宗親、賓客百餘人。

〔一〕安慰放家，欲以滅口。

商薨未及葬，順帝乃拜冀爲大將軍，弟侍中不疑爲河南尹。

及帝崩，沖帝始在繈褓，太后臨朝，詔冀與太傅趙峻、太尉李固參錄尚書事。冀雖辭不肯當，而侈暴滋甚。

沖帝又崩，冀立質帝。帝少而聰慧，知冀驕橫，嘗朝羣臣，目冀曰：「此跋扈將軍也。」〔一〕冀聞，深惡之，遂令左右進鴆加煑餅，帝即日崩。

〔一〕跋扈猶強梁也。

復立桓帝，而枉害李固及前太尉杜喬，海內嗟懼，語在李固傳。建和元年，益封冀萬三千戶，增大將軍府舉高第茂才，官屬倍於三公。〔一〕又封不疑爲潁陽侯，不疑弟蒙西平侯，冀子胤襄邑侯，各萬戶。和平元年，重增封冀萬戶，并前所襲合三萬戶。

〔一〕漢官儀，三公府有長史一人，司徒府掾屬三十一人，令史及御屬三十六人也。

弘農人宰宣素性佞邪，欲取媚於冀，乃上言大將軍有周公之功，今既封諸子，則其妻宜爲邑君。詔遂封冀妻孫壽爲襄城君，兼食陽翟租，歲入五千萬，加賜赤紱，比長公主。〔一〕

壽色美而善爲妖態，作愁眉，啼粧，墮馬髻，折要步，齲齒笑，〔二〕以爲媚惑。冀亦改易輿服之制，作平上軿車，〔三〕埤幘，〔四〕狹冠，折上巾，〔五〕擁身扇，〔六〕狐尾單衣。〔七〕壽性鉗忌，〔八〕能制御冀，冀甚寵憚之。

〔一〕長公主儀服同藩王，解見皇后紀。

〔二〕風俗通曰：「愁眉者，細而曲折。啼粧者，薄拭目下若啼處。墮馬髻者，側在一邊。折要步者，足不任體。齲齒笑者，若齒痛不忻忻。始自冀家所爲，京師翕然皆放效之。」齲音丘禹反。

〔三〕鄭玄注周禮云：「軿猶屏也，所用自蔽隱也。」蒼頡篇云：「衣車也，形制上平。」異於常也。

〔四〕埤，下也，音頻爾反，一音皮彼反。

〔五〕蓋折其巾之上角也。

〔六〕大扇也。

〔七〕後裾曳地，若狐尾也。

〔八〕鉗，鈱也。言性忌害，如鉗之鈱物也。鈱音女輒反。

初，父商獻美人友通期於順帝，〔一〕通期有微過，帝以歸商，商不敢留而出嫁之，冀卽遣客盜還通期。會商薨，冀行服，於城西私與之居。壽伺冀出，多從倉頭，篡取通期歸，截髮刮面，笞掠之，欲上書告其事。冀大恐，頓首請於壽母，壽亦不得已而止。冀猶復與私通，生子伯玉，匿不敢出。壽尋知之，使子胤誅滅友氏。冀慮壽害伯玉，常置複壁中。冀愛監奴秦宮，官至太倉令，得出入壽所。壽見宮，輒屏御者，託以言事，因與私焉。宮內外兼寵，威權大震，刺史、二千石皆謁辭之。

〔一〕友，姓也。東觀記「友」作「支」。

冀用壽言，多斥奪諸梁在位者，外以謙讓，而實崇孫氏宗親。冒名而爲侍中、卿、校尉、郡守、長吏者十餘人，皆貪叨凶淫，各遣私客籍屬縣富人，被以它罪，〔一〕閉獄掠拷，使出錢自贖，貲物少者至於死徙。扶風人士孫奮居富而性吝，冀因以馬乘遺之，〔二〕從貸錢五千萬，奮以三千萬與之，冀大怒，乃告郡縣，認奮母爲其守臧婢，云盜白珠十斛、紫金千斤以叛，遂收考奮兄弟，死於獄中，悉沒貲財億七千餘萬。

〔一〕籍謂疏錄之也。

〔二〕摯虞三輔決錄注曰「士孫奮字景卿，少爲郡五官掾起家，得錢貲至一億七千萬，富聞京師」也。

其四方調發，歲時貢獻，皆先輸上第於冀，〔一〕乘輿乃其次焉。吏人齎貨求官請罪者，道路相望。冀又遣客出塞，交通外國，廣求異物。因行道路，發取（妓）〔伎〕女御者，而使人復乘埶橫暴，妻略婦女，毆擊吏卒，所在怨毒。

〔一〕上第，第一也。

冀乃大起第舍，而壽亦對街爲宅，殫極土木，互相誇競。堂寢皆有陰陽奧室，〔一〕連房洞戶。〔二〕柱壁雕鏤，加以銅漆；窗牖皆有綺疎青瑣，〔三〕圖以雲氣仙靈。臺閣周通，更相臨望；飛梁石蹬，陵跨水道。〔四〕金玉珠璣，異方珍怪，充積臧室。遠致汗血名馬。又廣開園囿，採土築山，十里九坂，以像二崤，〔五〕深林絕澗，有若自然，奇禽馴獸，飛走其閒。冀壽共乘輦車，張羽蓋，飾以金銀，游觀第內，多從倡伎，鳴鍾吹管，酣謳竟路。或連繼日夜，以騁娛恣。客到門不得通，皆請謝門者，門者累千金。又多拓林苑，禁同王家，西至弘農，東界滎陽，南極魯陽，北達河、淇，包含山藪，遠帶丘荒，周旋封域，殆將千里。又起菟苑於河南城西，經亙數十里，發屬縣卒徒，繕修樓觀，數年乃成。移檄所在，調發生菟，刻其毛以爲識，人有犯者，罪至刑死。嘗有西域賈胡，不知禁忌，誤殺一兔，轉相告言，坐死者十餘人。冀二弟嘗私遣人出獵上黨，冀聞而捕其賓客，一時殺三十餘人，無生還者。冀又起別第於城西，以納姦亡。或取良人，悉爲奴婢，至數千人，名曰「自賣人」。

〔一〕奥，深室也。

〔二〕洞，通也，謂相當也。

〔三〕牖，小窗也。綺疎謂鏤爲綺文。靑瑣謂刻爲瑣文，而以靑飾之也。

〔四〕架虛爲橋若飛也。

〔五〕二崤，山，在今洛州永寧縣西北。

元嘉元年，帝以冀有援立之功，欲崇殊典，乃大會公卿，共議其禮。於是有司奏冀入朝不趨，劒履上殿，謁讚不名，禮儀比蕭何；〔一〕悉以定陶、〔陽〕成〔陽〕餘戶增封爲四縣，比鄧禹；〔二〕賞賜金錢、奴婢、綵帛、車馬、衣服、甲第，比霍光：以殊元勳。每朝會，與三公絕席。〔三〕十日一入，平尚書事。〔四〕宣布天下，爲萬世法。冀猶以所奏禮薄，意不悅。專擅威柄，凶恣日積，機事大小，莫不諮決之。宮衞近侍，並所親樹，〔五〕禁省起居，纖微必知。百官遷召，皆先到冀門牋檄謝恩，然後敢詣尚書。下邳人吳樹爲宛令，之官辭冀，冀賓客布在縣界，以情託樹。樹對曰：「小人姦蠹，比屋可誅。明將軍以椒房之重，處上將之位，宜崇賢善，以補朝闕。宛爲大都，士之淵藪，自侍坐以來，未聞稱一長者，而多託非人，誠非敢聞！」冀嘿然不悅。樹到縣，遂誅殺冀客爲人害者數十人，由是深怨之。樹後爲荊州刺史，臨去辭冀，冀爲設酒，因鴆之，樹出，死車上。又遼東太守侯猛，初拜不謁，冀託以它事，乃署斬之。

〔一〕事見王莽傳也。

〔二〕冀初封襄邑，襲封乘氏，更以定陶、〔陽〕成〔陽〕〔是〕〔足〕四縣。

〔三〕絕席，別也。

〔四〕謂平議也。

〔五〕樹，置也。

時郎中汝南袁著，年十九，見冀凶縱，不勝其憤，乃詣闕上書曰：「臣聞仲尼歎鳳鳥不至，河不出圖，自傷卑賤，不能致也。今陛下居得致之位，又有能致之資，〔一〕而和氣未應，賢愚失序者，埶分權臣，上下壅隔之故也。夫四時之運，功成則退，〔二〕高爵厚寵，鮮不致災。今大將軍位極功成，可爲至戒，宜遵懸車之禮，高枕頤神。〔三〕傳曰：『木實繁者，披枝害心。』若不抑損權盛，將無以全其身矣。左右聞臣言，將側目切齒，臣特以童蒙見拔，故敢忘忌諱。昔舜、禹相戒無若丹朱，〔四〕周公戒成王無如殷王紂，〔五〕願除誹謗之罪，以開天下之口。」書得奏御，冀聞而密遣掩捕著。著乃變易姓名，後託病僞死，結蒲爲人，市棺殯送。冀廉問知其詐，〔六〕陰求得，笞殺之，隱蔽其事。學生桂陽劉常，當世名儒，素善於著，冀召補令史以辱之。時太原郝絜、胡武，皆危言高論，〔七〕與著友善。先是絜等連名奏記三府，薦海內高士，而不詣冀，冀追怒之，又疑爲著黨，勑中都官移檄捕前奏記者並殺之，遂誅武家，死者六十餘人。絜初逃亡，知不得免，因輿櫬奏書冀門。書入，仰藥而死，家乃得全。及冀誅，有詔以禮祀著等。冀諸忍忌，皆此類也。

〔一〕此董仲舒對策之詞，著引而略之也。

〔二〕易繫辭曰：「寒往則暑來，暑往則寒來，寒暑相推，而歲(功)成焉。」老子曰：「功成名遂身退，天之道也。」

〔三〕薛廣德爲御史大夫，乞骸骨，賜安車四馬，懸其安車傳子孫。欲令冀遵致仕之禮也。
〔四〕尙書禹謂帝舜曰：「亡若丹朱傲，惟慢遊是好。」
〔五〕尙書周公戒成王曰：「無若殷王受之迷亂，酗于酒德哉！」
〔六〕廉，察也。
〔七〕危亦高，謂峻也。

不疑好經書，善待士，冀陰疾之，因中常侍白帝，轉爲光祿勳。又諷衆人共薦其子胤爲河南尹。胤一名胡狗，時年十六，容貌甚陋，不勝冠帶，道路見者，莫不蚩笑焉。不疑自恥兄弟有隙，遂讓位歸第，與弟蒙閉門自守。冀不欲令與賓客交通，陰使人變服至門，記往來者。南郡太守馬融、江夏太守田明，初除，過謁不疑，冀諷州郡以它事陷之，皆髡笞徙朔方。融自刺不殊，明遂死於路。

永興二年，封不疑子馬爲潁陰侯，胤子桃爲城父侯。冀一門前後七封侯，三皇后，六貴人，二大將軍，夫人、女食邑稱君者七人，尙公主者三人，其餘卿、將、尹、校五十七人。在位二十餘年，窮極滿盛，威行內外，百僚側目，莫敢違命，天子恭己而不得有所親豫。帝既不平之。延熹元年，太史令陳授因小黃門徐璜，陳災異日食之變，咎在大將軍，冀聞之，諷洛陽〔令〕收考授，死於獄。帝由此發怒。

初，掖庭人鄧香妻宣生女猛，〔一〕香卒，宣更適梁紀。梁紀者，冀妻壽之舅也。壽引進猛入掖庭，見幸，爲貴人，冀因欲認猛爲其女以自固，乃易猛姓爲梁。時猛姊壻邴尊爲議郎，冀恐尊沮敗宣意，〔二〕乃結刺客於偃城，刺殺尊，而又欲殺宣。宣家在延熹里，與中常侍袁赦相比。〔三〕冀使刺客登赦屋，欲入宣家。赦覺之，鳴鼓會衆以告宣。宣馳入以白帝，帝大怒，遂與中常侍單超、具瑗、唐衡、左悺、徐璜等五人成謀誅冀。語在宦者傳。

〔一〕香蓋掖庭署人之名也。

〔二〕沮，壞也。恐尊壞敗宣意，不從其改梁姓也。

〔三〕相鄰比也。

冀心疑超等，乃使中黄門張惲入省宿，以防其變。具瑗敕吏收惲，以輒從外入，欲圖不軌。帝因是御前殿，召諸尚書入，發其事，使尚書令尹勳持節勒丞郎以下皆操兵守省閤，斂諸符節送省中。使黄門令具瑗將左右廄騶、〔一〕虎賁、羽林、都候劒戟士，〔二〕合千餘人，與司隸校尉張彪共圍冀第。使光禄勳袁盱〔三〕持節收冀大將軍印綬，徙封比景都鄉侯。冀及妻壽即日皆自殺。悉收子河南尹胤、叔父屯騎校尉讓，及親從衞尉淑、越騎校尉忠、長水校尉戟等，諸梁及孫氏中外宗親送詔獄，無長少皆棄市。不疑、蒙先卒。其它所連及公卿列校刺史二千石死者數十人，故吏賓客免黜者三百餘人，朝廷爲空，唯尹勳、袁盱及廷尉邯鄆義在焉。是時事卒從中發，〔四〕使者交馳，公卿失其度，官府市里鼎沸，數日乃定，百姓莫不稱慶。

〔一〕騶，騎士也。

〔二〕續漢志曰「左右都候各一人，秩六百石，主劍戟士，徼循宮中及天子有所收考」也。

〔三〕音吁。

〔四〕卒音七訥反。

收冀財貨，縣官斥賣，合三十餘萬萬，以充王府，用減天下稅租之半。散其苑囿，以業窮民。錄誅冀功者，封尙書令尹勳以下數十人。

論曰：順帝之世，梁商稱爲賢輔，豈以其地居亢滿，而能以愿謹自終者乎？〔一〕夫宰相運動樞極，感會天人，〔二〕中於道則易以興政，乖於務則難乎御物。商協回天之埶，屬彫弱之期，而匡朝卹患，未聞上術，憔悴之音，載謠人口。雖輿粟盈門，何救阻飢之戹；〔三〕永言終制，未解尸官之尤。〔四〕況乃傾側孽臣，〔五〕傳寵凶嗣，以至破家傷國，而豈徒然哉！

〔一〕亢，上極之名也。愿，慤也。

〔二〕樞謂斗樞也，極，北極也。

〔三〕阻，難也。書曰「黎人阻飢」也。

〔四〕尸官猶尸祿。終制謂薄葬也。

〔五〕商遺冀，不疑與曹節等爲交友也。

贊曰：河西佐漢，統亦定筭。〔一〕褎親幽憤，升高累歎。商恨善柔，冀遂貪亂。〔二〕

〔一〕謂統初與竇融定計歸光武。

〔二〕善柔，失刑斷之道也。

校勘記

一一六五頁一一行　吾自爲汝家婦　按：刊誤謂「吾自爲」案前書云「自吾爲」。

一一六六頁二行　封統爲成義侯　按：張熷謂「成義」當爲「義成」。義成，世祖時屬沛，後屬九江郡，他郡無此名。

一一六六頁三行　拜騰酒泉典農都尉　按：校補引侯康說，謂兩漢但稱農都尉，曹操始加「典」字，此誤以後世官名稱之。

一一六七頁四行　（服）〔殺〕三苗　據汲本、殿本改。按：正文言「有流殛放殺之誅」，明「服」字譌，當作「殺」。

一一六七頁一〇行　（并）〔坐〕其家室　據殿本改。

一一六七頁一一行　凡首匿者爲謀首臧匿罪人　按：汲本作「凡首匿者爲謀自藏匿罪人」，殿本作「凡首匿者每爲謀自藏匿罪人」。

一一六八頁三行 不宜開可 按：張熷謂晉書刑法志作「不可開許」爲是。

一一六八頁九行 刑罰不衷則人無所厝手足 按：御覽六三五引「衷」作「中」，「厝」作「措」。

一一六九頁九行 前代〔所〕未嘗（所）有 據刊誤改，與東觀記合。

一一六九頁一〇行 隴西新興 按：張森楷校勘記謂「新興」當是人姓名，然自來無姓新者，「新」疑「辛」字之誤。前書辛慶忌傳言莽時司直陳崇舉奏辛次兄之宗親隴西辛興等侵陵百姓，威行州郡，又鮑宣傳言名捕隴西辛興，統對或指此也。

一一六九頁一〇行 北地任横任（雀）〔崖〕 據汲本、殿本改，與東觀記合。

一一六九頁一〇行 西河（曹）〔漕〕況 汲本「曹況」作「漕況」。張森楷校勘記謂前書游俠傳有西河漕中叔，未知即況否，然則漕亦姓，從水，作「曹」非也。按：東觀記亦作「漕」，今據改。

一一七〇頁二行 定封陵鄉侯 按：集解引洪頤煊說，謂皇后紀舞陰長公主適延陵鄉侯太僕梁松，此傳「陵」上脱「延」字。明帝紀亦作「陵鄉侯梁松」。

一一七一頁一行 沅〔水〕出牂柯且蘭縣 據汲本、殿本補。

一一七一頁四行 雖呑刀以奉命兮 按：集解引惠棟說，謂「雖」當作「胥」，謂伍員也。

一一七一頁五行 闗北在篇 按：此句疑有誤。殿本考證王會汾謂「北」當作「比」，言闗逢、比干以直諫死，其事著在篇籍也。足備一說。

一一七一頁七行　推洪勳以遐邁　按：汲本、殿本「推」作「惟」。

一一七一頁九行　何楊生之欺眞　按：汲本、殿本「欺」作「敗」。

一一七二頁三行　有三男三女　按：袁紀云竦生二男三女，長男棠及翟，長女懮及二貴人。

一一七二頁九行　松子扈遣從兄禮奏記三府　按：校補引柳從辰說，謂袁紀「禮」作「擅」。

一一七三頁六行　加號梁夫人　按：袁紀作「梁貴人」。

一一七四頁六行　比靈文順成〔恩成〕侯　據汲本、殿本補。

一一七六頁八行　昭達萬情　按：「情」原譌「惜」，逕據汲本、殿本改正。

一一七六頁一二行　曷爲（序）〔使〕虞首惡　據汲本改，與公羊傳合。

一一七八頁一行　冀字伯卓　按：殿本「伯卓」作「伯車」。

一一八〇頁五行　足不任體　按：「任」原譌「在」，逕改正。

一一八一頁六行　從貸錢五千萬奮以三千萬與之　按：集解引汪文臺說，謂類聚八十四引續漢書作「奮以五百萬與之」，御覽八百三十五引「五千萬」作「二十萬」，「五百萬」作「十萬」。

一一八一頁一三行　發取（妓）〔伎〕女御者　刊誤謂古無「妓」字，當作「伎」。今據改。按：句疑有譌，册府元龜外戚部七作「發取奴女御豎」。

一一八三頁四行　多從倡伎　「伎」原作「妓」，逕依殿本改。按：此處劉攽無刊誤，是劉所見本亦作「伎」也。

一一八三頁一二行　悉以定陶(陽)成〔陽〕餘戶增封爲四縣　集解引通鑑胡注，謂「陽成」當作「成陽」，與定陶、乘氏皆屬濟陰郡。今據改，注同。

一一八三頁一三行　更以定陶(陽)成〔陽〕(是)〔足〕四縣　「足」字據殿本改。

一一八四頁一五行　而歲(功)成焉　據汲本、殿本删。按：此涉下文「功成名遂」而衍。

一一八五頁六行　又諷衆人共薦其子胤爲河南尹　按：集解引惠棟說，謂梁冀別傳「胤」作「嗣」。

一一八五頁一一行　永興二年封不疑子馬爲潁陰侯胤子桃爲城父侯　按：集解引惠棟說，謂袁宏紀「馬」作「焉」，「桃」作「祧」，建和元年封也。又按：通鑑封不疑子馬等在永壽二年。

一一八五頁一四行　太史令陳授　按：集解引惠棟說，謂別傳「授」作「援」。

一一八五頁一五行　諷洛陽〔令〕收考授　據汲本、殿本補。

後漢書卷三十五

張曹鄭列傳第二十五

張純字伯仁，京兆杜陵人也。高祖父安世，宣帝時爲大司馬衞將軍，封富平侯。〔一〕父放，爲成帝侍中。純少襲爵土，哀平閒爲侍中，王莽時至列卿。遭値篡僞，多亡爵土，純以敦謹守約，保全前封。

〔一〕臣賢案：張安世昭帝元鳳六年以右將軍宿衞忠謹封富平侯，今此言宣帝封，誤也。宣帝卽位，但益封萬戶耳。

建武初，先來詣闕，故得復國。五年，拜太中大夫，使將潁川突騎安集荆、徐、楊部，督委輸，〔二〕監諸將營。後又將兵屯田南陽，遷五官中郎將。有司奏，列侯非宗室不宜復國。光武曰：「張純宿衞十有餘年，其勿廢，更封武始侯，食富平之半。」〔三〕

〔二〕督，促也。委輸，轉運也。

〔三〕武始，縣，屬魏郡。富平，縣，屬平原郡也。

純在朝歷世，明習故事。建武初，舊章多闕，每有疑議，輒以訪純，自郊廟婚冠喪紀禮儀，多所正定。帝甚重之，以純兼虎賁中郎將，數被引見，一日或至數四。〔一〕純以宗廟未定，昭穆失序，十九年，乃與太僕朱浮共奏言：「陛下興於匹庶，蕩滌天下，誅鉏暴亂，興繼祖宗。竊以經義所紀，人事衆心，雖實同創革，而名爲中興，宜奉先帝，恭承祭祀者也。元帝以來，宗廟奉祠高皇帝爲受命祖，孝文皇帝爲太宗，孝武皇帝爲世宗，皆如舊制。又立親廟四世，推南頓君以上盡於舂陵節侯。〔二〕禮，爲人後者則爲之子，既事大宗，則降其私親。〔三〕今禘祫高廟，陳序昭穆，而舂陵四世，君臣並列，以卑廁尊，不合禮意。設不遭王莽，而國嗣無寄，推求宗室，以陛下繼統者，安得復顧私親，違禮制乎？昔高帝以自受命，不由太上，宣帝以孫後祖，不敢私親，故爲父立廟，獨羣臣侍祠。臣愚謂宜除今親廟，以則二帝舊典，願下有司博採其議。」詔下公卿，大司徒戴涉、大司空竇融議：「宜以宣、元、成、哀、平五帝四世代今親廟，宣、元皇帝尊爲祖、父，可親奉祠，成帝以下，有司行事，別爲南頓君立皇考廟。其祭上至舂陵節侯，羣臣奉祠，以明尊尊之敬，親親之恩。」帝從之。是時宗廟未備，自元帝以上，祭於洛陽高廟，成帝以下，祠於長安高廟，其南頓四世，隨所在而祭焉。

〔一〕過三以至於四也。

〔二〕南頓令欽即光武之父。舂陵侯買，光武高祖也。

〔三〕大宗謂元帝也。據代相承，高祖至元帝八代，光武即高帝九代孫，以代數相推，故繼體元帝，故曰「既事大宗」。

下又云「宣、元皇帝尊爲祖、父」，又曰「自元帝以上祭於洛陽，成帝以下祭於長安」，其義明矣。降其私親，謂舂陵已下不別序昭穆。

明年，純代朱浮爲太僕。二十三年，代杜林爲大司空。在位慕曹參之迹，務於無爲，〔一〕選辟掾史，皆知名大儒。明年，上穿陽渠，引洛水爲漕，〔二〕百姓得其利。

〔一〕曹參，惠帝時代蕭何爲相國，遵蕭何法，無所變更。

〔二〕上音時丈反。陽渠在洛陽城南。

二十六年，詔純曰：「禘、祫之祭，不行已久矣。『三年不爲禮，禮必壞；三年不爲樂，樂必崩』。〔一〕宜據經典，詳爲其制。」純奏曰：「禮，三年一祫，五年一禘。春秋傳曰：『大祫者何？合祭也。』毀廟及未毀廟之主皆登，合食乎太祖，五年而再殷。〔二〕漢舊制三年一祫，毀廟主合食高廟，存廟主未嘗合祭。元始五年，諸王公列侯廟會，始爲禘祭。〔三〕又前十八年親幸長安，亦行此禮。〔四〕禮說三年一閏，天氣小備；五年再閏，天氣大備。故三年一祫，五年一禘。禘之爲言諦，諦定昭穆尊卑之義也。禘祭以夏四月，夏者陽氣在上，陰氣在下，〔五〕故正尊卑之義也。祫祭以冬十月，冬者五穀成孰，物備禮成，故合聚飲食也。斯典之廢，於茲八年，〔六〕謂可如禮施行，以時定議。」帝從之，自是禘、祫遂定。

〔一〕論語載宰我之言也。

〔二〕周禮三年一祫，五年一禘。又公羊傳曰：「大祫者何？合祭也。合祭柰何？毁廟主陳于太祖，未毁主皆升，合食于太祖，五年而再殷祭。」注云：「殷，盛也。謂三年祫，五年禘也。」

〔三〕臣賢案：平帝元始五年春，祫祭明堂，諸侯王列侯宗室助祭，賜爵金帛。今純及司馬彪書並云「禘祭」，蓋禘、祫俱是大祭，名可通也。

〔四〕續漢書曰：「十八年上幸長安，詔太常行禘禮於高廟，序昭穆。父爲昭，南向，子爲穆，北向。」

〔五〕四月乾卦用事，故言陽氣在上也。

〔六〕自十八年至此。

時南單于及烏桓來降，邊境無事，百姓新去兵革，歲仍有年，家給人足。〔一〕純以聖王之建辟雍，所以崇尊禮義，既富而教者也。〔二〕乃案七經讖、明堂圖、〔三〕河閒古辟雍記、孝武太山明堂制度，〔四〕及平帝時議，〔五〕欲具奏之。未及上，會博士桓榮上言宜立辟雍、明堂，章下三公、太常，而純議同榮，帝乃許之。

〔一〕仍，頻也。

〔二〕論語曰「子適衞，冉子僕。子曰：『庶矣哉！』冉子曰：『既庶矣，又何加焉？』曰：『富之。』『既富矣，又何加焉？』曰：『教之』」也。

〔三〕讖，驗也。解見光武紀。七經謂詩、書、禮、樂、易、春秋及論語也。

〔四〕武帝時，河閒獻王德獻雅樂，對三雍宮，有其書記也。又武帝封太山，濟南人公玉帶上黃帝時明堂圖，明堂中有一殿，四面無壁，以茅蓋，水環宮垣，爲複道，上有樓也。

〔五〕平帝時起明堂，徵天下通一蓺以上皆議於公車也。

三十年，純奏上宜封禪，曰：「自古受命而帝，治世之隆，必有封禪，以告成功焉。〔一〕樂動聲儀曰：『以雅治人，風成於頌。』〔二〕有周之盛，成康之閒，郊配封禪，皆可見也。書曰『歲二月，東巡狩，至于岱宗，〔柴〕』，則封禪之義也。臣伏見陛下受中興之命，平海內之亂，修復祖宗，撫存萬姓，天下曠然，咸蒙更生，恩德雲行，惠澤雨施，〔三〕黎元安寧，夷狄慕義。詩云：『受天之祜，四方來賀。』〔四〕今攝提之歲，倉龍甲寅，德在東宮。〔五〕宜及嘉時，遵唐帝之典，繼孝武之業，以二月東巡狩，封于岱宗，明中興，勒功勳，復祖統，報天神，禪梁父，祀地祇，傳祚子孫，萬世之基也。」中元元年，帝乃東巡岱宗，以純視御史大夫從，〔六〕幷上元封舊儀及刻石文。〔七〕三月，薨，謚曰節侯。

〔一〕禮記曰：「因名山，升中于天。」鄭玄注曰：「謂巡守至於方嶽，燔柴祭天，告以諸侯之成功也。」

〔二〕動聲儀，樂緯篇名也。

〔三〕易曰：「雲行雨施，品物流形。」

〔四〕下武之詩也。鄭玄注云：「言武王受此萬年之壽，輔佐之臣亦宜蒙餘福也。」

〔五〕爾雅曰：「太歲在寅曰攝提格。」建武三十年太歲在甲寅，時歲德在東宮。前書音義曰：「蒼龍，太歲也。」

〔六〕視，比也。

〔七〕武帝元封元年封禪儀，令侍中皮弁搢紳，射牛行事。封廣丈二，高九尺，有玉牒書，書祕，其事皆禁。禪肅然，天子親拜，衣上黃。江淮閒一茅三脊爲神籍，五色土雜封。縱遠方奇獸飛禽之屬也。

子奮嗣。

奮字穉通。父純，臨終敕家丞曰：「司空無功於時，猥蒙爵土，身死之後，勿議傳國。」〔一〕奮兄根，少被病，光武詔奮嗣爵，奮稱純遺敕，固不肯受。帝以奮違詔，敕收下獄，奮惶怖，乃襲封。永平四年，隨例歸國。

〔一〕東觀記曰家丞名歙。

奮少好學，節儉行義，常分損租奉，〔一〕贍卹宗親，雖至傾匱，而施與不怠。十〔七〕年，儋耳降附，〔二〕奮來朝上壽，引見宣平殿，應對合旨，顯宗異其才，以爲侍祠侯。〔三〕建初元年，拜左中郎將，轉五官中郎將，遷長水校尉。七年，爲將作大匠，章和元年，免。永元元年，復拜城門校尉。四年，遷長樂衞尉。明年，代桓郁爲太常。六年，代劉方爲司空。

〔一〕奉音扶用反。

〔二〕儋耳，郡，武帝置，故城卽今儋州義倫縣也。

〔三〕名臣子孫侍祠封侯，解見鄧禹傳。

時歲災旱，祈雨不應，乃上表曰：「比年不登，人用飢匱，今復久旱，秋稼未立，〔一〕陽氣垂盡，歲月迫促。夫國以民爲本，民以穀爲命，政之急務，憂之重者也。臣蒙恩尤深，受職過任，夙夜憂懼，章奏不能叙心，願對中常侍疏奏。」〔二〕即時引見，復口陳時政之宜。明日，和帝召太尉、司徒幸洛陽獄，錄囚徒，收洛陽令陳歆，即大雨三日。

〔一〕立，成也。

〔二〕疏猶條錄也。

奮在位清白，無它異績。九年，以病罷。在家上疏曰：「聖人所美，政道至要，本在禮樂。五經同歸，而禮樂之用尤急。孔子曰：『安上治民，莫善於禮；移風易俗，莫善於樂。』又曰：『揖讓而化天下者，禮樂之謂也。』〔一〕先王之道，禮樂可謂盛矣。孔子謂子夏曰：『禮以修外，樂以制內，丘已矣夫！』〔二〕又曰：『禮樂不興，則刑罰不中；刑罰不中，則民無所厝其手足。』臣以爲漢當制作禮樂，是以先帝聖德，數下詔書，愍傷崩缺，而衆儒不達，議多駮異。臣累世台輔，〔三〕而大典未定，私竊惟憂，不忘寢食。臣犬馬齒盡，誠冀先死見禮樂之定。」〔四〕十三年，更召拜太常。復上疏曰：「漢當改作禮樂，圖書著明。〔五〕王者化定制禮，功成作樂。〔六〕謹條禮樂異議三事，願下有司，以時考定。昔者孝武皇帝、光武皇帝封禪告成，而禮樂不定，事不相副。先帝已詔曹褒，〔七〕今陛下但奉而成之，猶周公斟酌文武之道，非自爲制，誠無所疑。〔八〕久執謙謙，令大漢之業不以時成，非所以章顯祖宗功德，建太平之基，爲後世法。」帝雖善之，猶未施行。其冬，復以病罷。明年，卒於家。

〔一〕禮記樂記孔子之辭也。

〔二〕禮稽命徵之辭也。宋均注云：「修外，飾容貌也。修內，蕩滌心性也。已矣夫，恨不制作禮樂也。」

〔三〕奮七代祖湯，武帝時爲御史大夫，六代祖子孺，宣帝時爲衞將軍，領尚書；父純，光武時爲司空。

〔四〕先死謂未死之前也。

〔五〕見曹襃傳。

〔六〕禮樂記之文也。功成化定同耳，功謂王業，化謂敎人也。

〔七〕章帝勑曹襃於東觀次序禮事，依準舊典，凡百五十篇奏之也。

〔八〕周公制禮，皆斟酌文武之美德，爲之（節）〔等〕制，不自述也。今先帝已詔曹襃，非陛下出意，何所疑而不爲也。詩頌曰：「於乎不顯，文王之德之純，假以溢我，我其收之，駿惠我文王。」又曰「執競武王，無競維烈」也。

子甫嗣，官至津城門候。〔一〕甫卒，子吉嗣。永初三年，吉卒，無子，國除。自昭帝封安世，至吉，傳國八世，〔二〕經歷篡亂，二百年閒〔三〕未嘗譴黜，封者莫與爲比。

〔一〕津城門，洛陽南面西門也，當洛水浮橋。漢官儀曰「候一人，秩六百石」也。

〔二〕張安世字子孺，昭帝時爲右將軍，始封富平侯。卒，子延壽嗣。卒，子勃嗣。卒，子臨嗣。卒，子放嗣。卒，子純嗣，建武初，改封武始侯。卒，子奮嗣。卒，子甫嗣。卒，子吉嗣，無子，國除。此言八代者，除安世始封也。

〔三〕纂亂謂王莽也。張子孺昭帝元鳳六年封，至永初三年合一百八十二年，故曰「閒」也。

曹褒字叔通，魯國薛人也。父充，持慶氏禮，〔一〕建武中爲博士，從巡狩岱宗，定封禪禮，還，受詔議立七郊、三雍、大射、養老禮儀。〔二〕顯宗即位，充上言：「漢再受命，仍有封禪之事，而禮樂崩闕，不可爲後嗣法。五帝不相沿樂，三王不相襲禮，〔三〕大漢〔當〕自制禮，以示百世。」帝問：「制禮樂云何？」充對曰：「河圖括地象曰：『有漢世禮樂文雅出。』尚書琁機鈐曰：『有帝漢出，德洽作樂，名予。』」帝善之，下詔曰：「今且改太樂官曰太予樂，歌詩曲操，以俟君子。」〔四〕拜充侍中。作章句辯難，於是遂有慶氏學。

〔一〕前書，沛人慶普字孝公，爲東平太傅，受禮於后蒼，號慶氏禮也。

〔二〕五帝及天地爲七郊。三雍以下解見明帝紀。

〔三〕禮記正文也，言損益不同也。

〔四〕操猶曲也。劉向別錄曰：「君子因雅琴之適，故從容以致思焉。其道閉塞悲愁而作者名其曲曰操，言遇災害不失其操也。」

褒少篤志，有大度，結髮傳充業，博雅疏通，尤好禮事。常感朝廷制度未備，慕叔孫通爲漢禮儀，晝夜研精，沈吟專思，寢則懷抱筆札，行則誦習文書，當其念至，忘所之適。

初舉孝廉，再遷圉令，〔一〕以禮理人，以德化俗。時它郡盜徒五人來入圉界，吏捕得之，陳留太守馬嚴聞而疾惡，風縣殺之。褒敕吏曰：「夫絕人命者，天亦絕之。皐陶不爲盜制死刑，管仲遇盜而升諸公。〔二〕今承旨而殺之，是逆天心，順府意也，其罰重矣。如得全此人命而身坐之，吾所願也。」遂不爲殺。嚴奏褒耎弱，免官歸郡，爲功曹。

〔一〕圉，縣，屬陳留，故城在今汴州雍丘縣南也。

〔二〕禮雜記云孔子曰：「管仲遇盜，取二人焉，上以爲公臣。」注云：「此人但居惡人之中，使犯法耳。」

徵拜博士。會肅宗欲制定禮樂，元和二年下詔曰：「河圖稱『赤九會昌，十世以光，十一以興』。〔一〕尚書琁機鈐曰：『述堯理世，平制禮樂，放唐之文。』〔二〕予末小子，託于數終，曷以纘興，崇弘祖宗，仁濟元元？帝命驗曰：『順堯考德，題期立象。』〔三〕且三五步驟，優劣殊軌，〔四〕況予頑陋，無以克堪，雖欲從之，末由也已。每見圖書，中心恧焉。」褒知帝旨欲有興作，乃上疏曰：「昔者聖人受命而王，莫不制禮作樂，以著功德。功成作樂，化定制禮，所以救世俗，致禎祥，爲萬姓獲福於皇天者也。今皇天降祉，嘉瑞並臻，制作之符，甚於言語。〔五〕宜定文制，著成漢禮，丕顯祖宗盛德之美。」章下太常，太常巢堪以爲一世大典，非褒所定，不可許。帝知羣僚拘攣，難與圖始，〔六〕朝廷禮憲，宜時刊立，明年復下詔曰：「朕以不德，膺祖宗弘烈。乃者鸞鳳仍集，麟龍並臻，甘露宵降，嘉穀滋生，赤草之類，紀于史官。〔七〕朕夙夜祗畏，上無以彰于先功，下無以克稱靈物。漢遭秦餘，禮壞樂崩，且因循故事，未可觀省，有知其說者，各盡所能。」褒省詔，乃歎息謂諸生曰：「昔奚斯頌魯，〔八〕考甫詠殷。〔九〕夫人臣依義顯君，竭忠彰主，行之美也。當仁不讓，吾何辭哉！」遂復上疏，具陳禮樂之本，制改之意。拜褒侍中，從駕南巡，既還，以事下三公，未及奏，詔召玄武司馬班固，〔一〇〕問改定禮制之宜。固曰：「京師諸儒，多能說禮，宜廣招集，共議得失。」帝曰：「諺言『作舍道邊，三年不成』。會禮之家，名爲聚訟，〔一一〕互生疑異，筆不得下。昔堯作大章，一夔足矣。」〔一二〕章和元年正月，乃召褒詣嘉德門，令小黃門持班固所上叔孫通漢儀十二篇，勅褒曰：「此制散略，多不合經，〔一三〕今宜依禮條正，使可施行。於南宮、東觀盡心集作。」褒既受命，乃次序禮事，依準舊典，雜以五經讖記之文，撰次天子至於庶人冠婚吉凶終始制度，以爲百五十篇，寫以二尺四寸簡。其年十二月奏上。帝以衆論難一，故但納之，不復令有司平奏。會帝崩，和帝卽位，褒乃爲作章句，帝遂以新禮二篇冠。擢褒監羽林左騎。〔一四〕永元四年，遷射聲校尉。後太尉張酺、尚書張敏等奏褒擅制漢禮，破亂聖術，宜加刑誅。帝雖寢其奏，而漢禮遂不行。

〔一〕九謂光武，十謂明帝，十一謂章帝也。

〔二〕緯本文云：「使帝王受命，用吾道述堯理代，平制禮放唐之文，化洽作樂名斯在。」宋均注云：「述，脩也。」

〔三〕宋均注曰：「堯巡省於河、洛，得龜龍之圖書。舜受禪後習堯禮，得之演以爲考河命，題五德之期，立將起之象，凡三篇，在中候也。」

〔四〕孝經鉤命決曰：「三皇步，五帝驟，三王馳。」宋均注云：「步謂德隆道用，日月爲步。時事彌順，日月亦驟。勤思不已，日月乃馳。」是優劣也。

〔五〕言明白也。

〔六〕拘攣猶拘束也。前書鄒陽曰「能越拘攣之語」也。

〔七〕赤草即朱草也。大戴禮曰「朱草日生一葉，至十五日，十六日落一葉，周而復始」也。

〔八〕韓詩曰：「新廟奕奕，奚斯所作。」薛君傳云：「是詩公子奚斯所作也。」

〔九〕正考甫，孔子之先也，作商頌十二篇。

〔一〇〕玄武司馬主玄武門。續漢志云「宮掖門，每門司馬一人，秩比千石」也。

〔一一〕言相爭不定也。

〔一二〕夔，堯樂官也。呂氏春秋曰，魯哀公問於孔子曰，樂正夔一足矣。

〔一三〕散略猶疏略也。

〔一四〕漢官儀曰「羽林左騎秩六百石，領羽林，屬光祿勳」也。

襃在射聲，營舍有停棺不葬者百餘所，襃親自履行，問其意故。吏對曰：「此等多是建武以來絕無後者，不得埋掩。」襃乃愴然，爲買空地，悉葬其無主者，設祭以祀之。遷城門校尉、將作大匠。時有疾疫，褒巡行病徒，爲致醫藥，經理饘粥，多蒙濟活。七年，出爲河內太守。時春夏大旱，糧穀踊貴。褒到，乃省吏幷職，退去姦殘，澍雨數降。其秋大孰，百姓給足，流宂皆還。後坐上災害不實免。有頃徵，再遷，復爲侍中。

褒博物識古，爲儒者宗。十四年，卒官。作通義十二篇，演經雜論百二十篇，又傳禮記四十九篇，教授諸生千餘人，慶氏學遂行於世。

論曰：漢初天下創定，朝制無文，叔孫通頗採經禮，參酌秦法，雖適物觀時，有救崩敝，然先王之容典蓋多闕矣，〔一〕是以賈誼、仲舒、王吉、劉向之徒，懷憤歎息所不能已也。〔二〕資文、宣之遠圖明懿（美），而終莫或用，〔三〕故知自燕而觀，有不盡矣。〔四〕孝章永言前王，明發興作，〔五〕專命禮臣，撰定國憲，洋洋乎盛德之事焉。〔六〕而業絕天筭，議黜異端，斯道竟復墜矣。〔七〕夫三王不相襲禮，五帝不相沿樂，所以咸、莖異調，中都殊絕。〔八〕況物運遷回，情數萬化，制則不能隨其流變，品度未足定其滋章，〔九〕斯固世主所當損益者也。且樂非夔、襄，而新音代起，律謝皐、蘇，而制令亟易，〔一〇〕修補舊文，獨何猜焉？〔一一〕禮云禮云，曷其然哉！〔一二〕

〔一〕容，禮容也，典，法則也，謂行禮威儀俯仰之容貌也。文帝時，魯徐生以容爲禮官，孫襄亦善爲容。「容」或作

「宏」，義亦通也。

〔二〕賈誼等以叔孫通禮制疎略，並上書對策，請更改作，皆不從，所以歎息也。班固曰：「今大漢久曠大義，此賈誼、仲舒、王吉、劉向之徒所爲發憤而增歎也。」見前書。

〔三〕資，用也。言用文帝、宣帝美略遠謀，而終不能用賈誼等言。誼，文帝時人。王吉，宣帝時人。

〔四〕禮記曰：「孔子之喪，有自燕來觀者，舍於子夏氏。子夏曰：『聖人之葬人與人之葬聖人也，子何觀焉？』」有不盡矣言未備也。

〔五〕明發謂發夕至明也。詩曰：「明發不寐。」

〔六〕洋洋，美也。

〔七〕業絕天筭謂章帝晏駕也。議黜異端謂張酺等奏褒擅制禮，遂不行也。

〔八〕咸，咸池，黃帝樂也。莖，六莖，顓頊樂也。見前書。異謂言古今不同處。中都，魯邑名也。家語曰：「孔子爲中都宰，制爲養生送死之節。」殊絕猶斷絕也。言古樂不同，舊禮亦絕也。

〔九〕言時代遷移，繁省不定也。

〔一〇〕夔，舜樂官。襄，魯樂官也。皐繇，虞士官。蘇忿生，周武王之司寇也。

〔一一〕言刑樂數改，而修禮則疑之。

〔一二〕歎其不能定也。

鄭玄字康成，北海高密人也。八世祖崇，哀帝時尙書僕射。玄少爲鄉嗇夫，〔一〕得休歸，常詣學官，不樂爲吏，父數怒之，不能禁。〔二〕遂造太學受業，師事京兆第五元先，始通京氏易、公羊春秋、三統歷、九章筭術。〔三〕又從東郡張恭祖受周官、禮記、左氏春秋、韓詩、古文尙書。以山東無足問者，乃西入關，因涿郡盧植，事扶風馬融。

〔一〕前書曰「鄉有嗇夫，掌聽訟收賦稅」也。

〔二〕鄭玄別傳曰「玄年十一二，隨母還家，正臘會同列十數人，皆美服盛飾，語言閑通，玄獨漠然如不及，母私督數之，乃曰『此非我志，不在所願』」也。

〔三〕三統曆，劉歆所撰也。九章筭術，周公作也，凡有九篇，方田一，粟米二，差分三，少廣四，均輸五，方程六，傍要七，盈不足八，鉤股九。

融門徒四百餘人，升堂進者五十餘生。融素驕貴，玄在門下，三年不得見，乃使高業弟子傳授於玄。玄日夜尋誦，未嘗怠倦。會融集諸生考論圖緯，聞玄善筭，乃召見於樓上，玄因從質諸疑義，問畢辭歸。融喟然謂門人曰：「鄭生今去，吾道東矣。」〔一〕

〔一〕前書曰：「田何授易於丁寬，學成，寬東歸，何謂門人曰：『易東矣。』」

玄自游學，十餘年乃歸鄉里。家貧，客耕東萊，學徒相隨已數百千人。及黨事起，乃與同郡孫嵩等四十餘人俱被禁錮，〔一〕遂隱修經業，杜門不出。時任城何休好公羊學，遂著公羊墨守、〔二〕左氏膏肓、〔三〕穀梁癈疾；玄乃發墨守，鍼膏肓，起癈疾。休見而歎曰：「康成入吾室，操吾矛，以伐我乎！」初，中興之後，范升、陳元、李育、賈逵之徒爭論古今學，後馬融荅北地太守劉瓌及玄荅何休，義據通深，由是古學遂明。

〔一〕嵩字賓石，見趙岐傳。

〔二〕言公羊義理深遠，不可駁難，如墨翟之守城也。

〔三〕說文曰：「肓，隔也。」心下爲膏，喩左氏之疾不可爲也。

靈帝末，黨禁解，大將軍何進聞而辟之。州郡以進權戚，不敢違意，遂迫脅玄，不得已而詣之。進爲設几杖，禮待甚優。玄不受朝服，而以幅巾見。一宿逃去。時年六十，弟子河內趙商等自遠方至者數千。後將軍袁隗表爲侍中，以父喪不行。國相孔融深敬於玄，屣履造門。〔一〕告高密縣爲玄特立一鄉，曰：「昔齊置『士鄉』，〔二〕越有『君子軍』，皆異賢之意也。〔三〕鄭君好學，實懷明德。昔太史公、廷尉吳公、謁者僕射鄧公，皆漢之名臣。又南山四皓有園公、夏黃公，潛光隱耀，世嘉其高，皆悉稱公。〔四〕然則公者仁德之正號，不必三事大夫也。今鄭君鄉宜曰『鄭公鄉』。昔東海于公僅有一節，猶或戒鄉人侈其門閭，〔五〕矧乃鄭公之德，而無駟牡之路！可廣開門衢，令容高車，號爲『通德門』。」

〔一〕屣謂納履未正，曳之而行，言趨賢急也。

〔二〕管仲相桓公，制國爲二十一鄉，工商鄉六，士鄉十五，以居工商士也。事見國語也。

〔三〕吳越相攻，越王句踐乃中分其師爲左右軍，以其私卒君子六千人爲中軍。注云：「君子，王所親近有志行者。」見國語。

〔四〕吳公，文帝時爲河南守。鄧公，景帝時爲謁者僕射。太史公司馬談，武帝時。四皓，高帝時也，有園公、夏黃公、角里先生、綺里季也。須眉皓白，故言皓。秦末隱於商雒南山，以待天下之定，漢興，迎而致之也。

〔五〕一節謂決獄也。昭帝時，東海于公爲縣獄吏，決獄平，郡爲生立祠，號曰于公祠。先是于公閭門壞，父老方共修之。于公曰「少高大其門，令容駟馬車。我決獄多陰德，子孫必有興者」也。

董卓遷都長安，公卿舉玄爲趙相，道斷不至。〔一〕會黃巾寇青部，乃避地徐州，徐州牧陶謙接以師友之禮。建安元年，自徐州還高密，道遇黃巾賊數萬人，見玄皆拜，相約不敢入縣境。玄後嘗疾篤，自慮，以書戒子益恩曰：「吾家舊貧，〔不〕爲父母羣弟所容，去廝役之吏，〔二〕游學周、秦之都，往來幽、并、兗、豫之域，獲覲乎在位通人，處逸大儒，得意者咸從捧手，有所受焉。〔三〕遂博稽六蓺，粗覽傳記，時覩祕書緯術之奧。年過四十，乃歸供養，假田播殖，以娛朝夕。遇閹尹擅埶，坐黨禁錮，十有四年，而蒙赦令，舉賢良方正有道，辟大將軍三司府。公車再召，比牒併名，早爲宰相。〔四〕惟彼數公，懿德大雅，克堪王臣，故宜式序。〔五〕吾自忖度，無任於此，但念述先聖之元意，思整百家之不齊，亦庶幾以竭吾才，故聞命罔從。

而黃巾為害，萍浮南北，復歸邦鄉。入此歲來，已七十矣。宿素衰落，仍有失誤，案之禮典，便合傳家。〔六〕今我告爾以老，歸爾以事，將閑居以安性，覃思以終業。自非拜國君之命，問族親之憂，展敬墳墓，觀省野物，胡嘗扶杖出門乎！家事大小，汝一承之。咨爾煢煢一夫，曾無同生相依。其勗求君子之道，研鑽勿替，敬慎威儀，以近有德。〔七〕顯譽成於僚友，德行立於己志。若致聲稱，亦有榮於所生，可不深念邪！可不深念邪！吾雖無紱冕之緒，頗有讓爵之高。〔八〕自樂以論贊之功，庶不遺後人之羞。末所憤憤者，徒以亡親墳壟未成，所好羣書率皆腐敝，不得於禮堂寫定，傳與其人。〔九〕日西方暮，其可圖乎！家今差多於昔，勤力務時，無恤飢寒。菲飲食，薄衣服，節夫二者，尚令吾寡恨。若忽忘不識，亦已焉哉！」

〔一〕趙王乾之相也。

〔二〕廝，賤也。

〔三〕處逸謂處士隱逸之大儒。

〔四〕比牒猶連牒也，併名謂齊名也，言連牒齊名被召者並為宰相也。併音步鼎反。

〔五〕式，用也。序，列也。

〔六〕傳家謂家事任子孫也。曲禮曰：「七十老而傳。」

〔七〕詩大雅人勞篇之言也。

〔八〕謂頻被辟不就也。

〔九〕其人謂好學者也。前書司馬遷曰「僕誠已著此書，傳之其人」也。

時大將軍袁紹總兵冀州，遣使要玄，大會賓客，玄最後至，乃延升上坐。身長八尺，飲酒一斛，秀眉明目，容儀溫偉。紹客多豪俊，並有才說，見玄儒者，未以通人許之，競設異端，百家互起。玄依方辯對，咸出問表，皆得所未聞，莫不嗟服。時汝南應劭亦歸於紹，因自贊曰：「故太山太守應中遠，北面稱弟子何如？」玄笑曰：「仲尼之門考以四科，〔一〕回、賜之徒不稱官閥。」劭有慚色。紹乃舉玄茂才，表爲左中郎將，皆不就。公車徵爲大司農，給安車一乘，所過長吏送迎。玄乃以病自乞還家。

〔一〕四科謂德行、言語、政事、文學，顏淵、閔子騫及子游、子夏，並見論語也。

五年春，夢孔子告之曰：「起，起，今年歲在辰，來年歲在巳。」〔一〕既寤，以讖合之，知命當終，有頃寢疾。時袁紹與曹操相拒於官度，〔二〕令其子譚遣使逼玄隨軍。不得已，載病到元城縣，疾篤不進，其年六月卒，年七十四。遺令薄葬。自郡守以下嘗受業者，縗絰赴會千餘人。

〔一〕北齊劉晝高才不遇傳論玄曰「辰爲龍，巳爲蛇，歲至龍蛇賢人嗟」，玄以讖合之，蓋謂此也。

〔三〕官度，津名也，在今鄭州中牟縣北。前書音義曰：「於滎陽下引河東南爲洪溝，以通宋、鄭、淮、泗，即今官度。」

門人相與撰玄荅諸弟子問五經，依論語作鄭志八篇。凡玄所注周易、尚書、毛詩、儀禮、禮記、論語、孝經、尚書大傳、中候、乾象歷，又著天文七政論、魯禮禘祫義、六藝論、毛詩譜、駁許慎五經異義、荅臨孝存周禮難，凡百餘萬言。〔一〕

〔一〕案：謝承書載玄所注與此略同，不言注孝經，唯此書獨有也。

玄質於辭訓，通人頗譏其繁。至於經傳洽孰，稱爲純儒，齊魯閒宗之。其門人山陽郗慮至御史大夫，東萊王基、清河崔琰著名於世。又樂安國淵、任嘏，〔一〕時並童幼，玄稱淵爲國器，嘏有道德，其餘亦多所鑒拔，皆如其言。玄唯有一子益恩，孔融在北海，舉爲孝廉；及融爲黃巾所圍，益恩赴難隕身。有遺腹子，玄以其手文似己，名之曰小同。〔二〕

〔一〕慮字鴻豫。基字伯輿，魏鎮南將軍安樂鄉侯。琰字季珪，魏東（西）曹掾，遷中尉。淵字子尼，魏司空掾，遷太僕。嘏字昭光，魏黃門侍郎也。

〔二〕魏氏春秋曰：「小同，高貴鄉公時爲侍中。嘗詣司馬文王，文王有密疏，未之屏也，如廁還，問之曰：『卿見吾疏乎？』荅曰：『不。』文王曰：『寧我負卿，無卿負我。』遂酖之。」

論曰：自秦焚六經，聖文埃滅。〔一〕漢興，諸儒頗修藝文；及東京，學者亦各名家。而守文之徒，滯固所稟，〔二〕異端紛紜，互相詭激，遂令經有數家，家有數說，章句多者或乃百餘萬言，學徒勞而少功，後生疑而莫正。鄭玄括囊大典，網羅衆家，〔三〕删裁繁誣，刊改漏失，自是學者略知所歸。王父豫章君每考先儒經訓，而長於玄，〔四〕常以爲仲尼之門不能過也。及傳授生徒，並專以鄭氏家法云。〔五〕

〔一〕埃，塵也。

〔二〕稟，受；滯固猶固執也。言學者各守所見，不疏通也。

〔三〕括，結也。易坤卦曰「括囊無咎」也。

〔四〕王父，祖父也。爾雅曰「父之父爲王父」也。范曄祖父甯，字武子，晉〔孝〕武帝時爲豫章太守，經義每以玄爲長也。

〔五〕言甯教授專崇鄭學也。

贊曰：富平之緒，承家載世。〔一〕伯仁先歸，釐我國祭。〔二〕玄定義乖，襃修禮缺。孔書遂明，漢章中輟。〔三〕

〔一〕載，重也。易師卦曰「大君有命，開國承家」也。

〔二〕釐，理也。言純釐理禘祫之祭也。

〔三〕孔書謂六經也。輟，止也。中輟謂曹襃禮不行也。

校勘記

一一九四頁三行　元帝以來　按：「帝」原譌「年」，逕據汲本、殿本改正。

一一九四頁五行　既事大宗　「大」原作「太」，逕據汲本、殿本改。注同。按：集解王先謙云「大」或作「太」，非。

一一九五頁三行　禘定昭穆尊卑之義也　按：集解引王補說，謂續漢志「禘定」作「禘諟」。

一一九五頁一三行　故合聚飲食也　按：集解引王補說，謂續漢志「合聚」上有「骨肉」二字。

一一九六頁七行　自十八年至此　按：集解引惠棟說，謂續志及本傳皆云十九年與朱浮共奏，至二十六年合八年之數，則「十八年」當作「十九年」，以十八年曾行禘禮故也。

一一九七頁五行　至于岱宗〔祡〕　據汲本、殿本補。按：汲本、殿本「祡」作「柴」，非，今改正。

一一九八頁八行　十〔七〕年儋耳降附　集解引錢大昭說，謂按本紀，儋耳諸國貢獻，公卿奉觴上壽，在永平十七年，此脫「七」字。今據補。

一二〇〇頁一〇行　爲之（節）〔等〕制　據汲本、殿本改。

一二〇一頁二行　父充持慶氏禮　按：集解引錢大昕說，謂「持」本是「治」字，章懷避諱改之。

一二〇一頁四行　大漢〔當〕自制禮　據汲本、殿本補。按：殿本考證謂監本脫去「當」字，從宋本增。

一二〇一頁六行　歌詩曲操　按：「歌」字原脫，逕據汲本、殿本補。

三〇一頁一三行　尤好禮事　按：汲本、殿本「事」作「士」。集解引汪文臺說，謂御覽六百十一引謝承書，云「褒尤好禮事，常感朝廷制度未備」云云，明此「士」字當作「事」。

三〇二頁一二行　況予頑陋　按：「予」原譌「于」，逕改正。

三〇三頁一三行　擢褒監羽林左騎　按：刊誤謂案百官志「騎」當作「監」。

三〇四頁四行　德隆道用　按：汲本「用」作「備」。

三〇四頁四行　時事彌順　按：殿本考證謂「順」疑「煩」之誤，又「事」字舊本作「士」。

三〇四頁八行　至十五日十六日落一葉　按：注文有脫譌，今本大戴禮作「至十五日生十五葉，十六日一葉落」。

三〇五頁八行　資文宣之遠圖明懿(美)　刊誤謂衍一「明」字，何焯謂衍一「美」字。今依何焯說刪「美」字。

三〇八頁四行　見趙岐傳　按：「岐」原作「歧」，逕依汲本、殿本改。

三〇九頁一〇行　吾家舊貧(不)爲父母羣弟所容　集解引周壽昌說，謂「不爲父母羣弟所容」一語，不應出之康成。錢氏曝書雜記云陳仲魚元刻後漢書康成傳無「不」字，與唐史承節所撰鄭康成祠碑云「吾家舊貧，爲父母羣弟所容」之語相合。今本作「不爲父母羣弟所容」，乃刻之誤。校補則謂玄意本謂家貧而父母羣弟力薄，不能並容，爲吏又非所樂，乃發憤游學耳。去「不」字，於文義轉覺其窒。今從校補說，據汲本，殿本補一「不」字。

〔三〇九頁一一行〕得意者咸從捧手　按：「者」字原脫，逕據汲本、殿本補。

〔三一〇頁一行〕復歸邦鄉　按：李慈銘謂碑作「鄉邦」，是也，此誤倒。

〔三一〇頁一〇行〕趙王乾之相也　按：汲本、殿本「乾」作「虔」。

〔三一一頁七行〕故太山太守應中遠　集解引惠棟說，謂「遠」當作「瑗」，具本傳注。今按：本傳注云謝承書、應氏譜並云「字仲遠」，續漢書、文士傳作「仲援」，漢官儀又作「仲瑗」，未知孰是。

〔三一二頁一〇行〕基字伯輿　汲本、殿本「輿」作「興」。按：魏志作「輿」。

〔三一三頁一〇行〕魏東(西)曹掾　據刊誤刪。

〔三一三頁二行〕刪裁繁誣　按：殿本「誣」作「蕪」。

〔三一三頁八行〕晉(孝)武帝時爲豫章太守　張森楷校勘記謂案晉書，范武子仕晉孝武，去武帝時百有餘年，明「武」上當有「孝」字。今據補。

後漢書卷三十六

鄭范陳賈張列傳第二十六

鄭興字少贛，河南開封人也。少學公羊春秋。晚善左氏傳，遂積精深思，通達其旨，同學者皆師之。〔一〕天鳳中，〔二〕將門人從劉歆講正大義，〔三〕歆美興才，使撰條例、章句、傳詁，及校三統歷。〔四〕

〔一〕東觀記曰：「興從博士金子嚴爲左氏春秋。」

〔二〕王莽年也。

〔三〕左氏義也。

〔四〕說文曰：「詁，訓古言也。」音古度反。三統歷，劉歆撰，謂夏、殷、周歷也。

更始立，以司直李松行丞相事，先入長安，松以興爲長史，令還奉迎遷都。更始諸將皆山東人，咸勸留洛陽。興說更始曰：「陛下起自荆楚，權政未施，〔一〕一朝建號，而山西雄桀爭誅王莽，開關郊迎者，何也？〔二〕此天下同苦王氏虐政，而思高祖之舊德也。今久不撫之，臣恐百姓離心，盜賊復起矣。春秋書『齊小白入齊』，不稱侯，未朝廟故也。〔三〕今議者欲先定赤眉而後入關，是不識其本而爭其末，恐國家之守轉在函谷，〔四〕雖臥洛陽，庸得安枕乎？」〔五〕更始曰：「朕西決矣。」拜興爲諫議大夫，使安集關西及朔方、涼、益三州，還拜涼州刺史。會天水有反者，攻殺郡守，興坐免。

〔一〕更始起南陽，南陽屬荆州，故曰荆楚也。

〔二〕山西謂陝山已西也。

〔三〕小白，齊桓公也。春秋「齊小白入于齊」。公羊傳曰：「曷爲以國氏？當國也。其言入何？篡辭也。」

〔四〕言若不早都關中，有人先入，則國家鎮守轉在函谷也。

〔五〕庸，用也。

時赤眉入關，東道不通，興乃西歸隗囂，〔囂〕虛心禮請，而興恥爲之屈，稱疾不起。囂矜己自飾，常以爲西伯復作，〔一〕乃與諸將議自立爲王。興聞而說囂曰：「春秋傳云：『口不道忠信之言爲嚚，耳不聽五聲之和爲聾。』〔二〕閒者諸將集會，無乃不道忠信之言；大將軍之聽，無乃阿而不察乎？昔文王承積德之緒，加之以睿聖，三分天下，尚服事殷。〔三〕及武王即位，八百諸侯不謀同會，皆曰『紂可伐矣』，武王以未知天命，還兵待時。〔四〕高祖征伐累年，猶以沛公行師。今令德雖明，世無宗周之祚，威略雖振，未有高祖之功，而欲舉未可之事，昭速禍患，無乃不可乎？惟將軍察之。」囂竟不稱王。後遂廣置職位，以自尊高。興復止囂曰：「夫中郎將、太中大夫、使持節官皆王者之器，非人臣所當制也。孔子曰：『唯器與名，不可以假人。』〔五〕不可以假人者，亦不可以假於人也。無益於實，有損於名，非尊上之意也。」囂病之而止。〔六〕

〔一〕西伯，文王也。作，起也。

〔二〕左傳富辰諫周襄王之辭。

〔三〕論語孔子曰：「三分天下有其二，以服事殷。」

〔四〕史記曰，武王觀兵孟津，諸侯不期而至者八百人，皆曰：「紂可伐矣。」王曰：「汝未知天命。」乃還師。後聞紂殺比干，囚箕子，乃告諸侯以伐之。故曰待時也。

〔五〕左傳杜預注曰：「器，車服；名，爵號也。」

〔六〕病猶難也。

及囂遣子恂入侍，將行，興因恂求歸葬父母，囂不聽而徙興舍，益其秩禮。興入見囂曰：「前遭赤眉之亂，以將軍僚舊，故敢歸身明德。〔一〕幸蒙覆載之恩，復得全其性命。興聞事親之道，生事之以禮，死葬之以禮，祭之以禮，奉以周旋，弗敢失墜。〔二〕今爲父母未葬，請乞骸骨，若以增秩徙舍，中更停留，是以親爲餌，〔三〕無禮甚矣。將軍焉用之！」囂曰：「囂將不足留故邪？」興曰：「將軍據七郡之地，〔四〕擁羌胡之衆，以戴本朝，德莫厚焉，威莫重焉。居則爲專命之使，入必爲鼎足之臣。興，從俗者也，不敢深居屏處，因將軍求進，不患不達，因將軍求入，何患不親，此興之計不逆將軍者也。興業爲父母請，不可以已，願留妻子獨歸葬，將軍又何猜焉？」囂曰：「幸甚。」促爲辨裝，遂令與妻子俱東。時建武六年也。

〔一〕興嘗爲涼州刺史，囂爲西州將軍，故曰「僚舊」也。

〔二〕周旋猶遵奉也。左傳季文子曰「先大夫臧文仲教行父事君之禮，奉以周旋，弗敢失墜」也。

〔三〕猶釣餌也。

〔四〕七郡，天水、隴西、武威、張掖、酒泉、敦煌、金城也。

侍御史杜林先與興同寓隴右，乃薦之曰：「竊見河南鄭興，執義堅固，敦悅詩書，〔一〕好古博物，見疑不惑，有公孫僑、觀射父之德，〔二〕宜侍帷幄，典職機密。昔張仲在周，燕翼宣王，而詩人悅喜。〔三〕惟陛下留聽少察，以助萬分。」乃徵爲太中大夫。

〔一〕左傳趙衰曰「臣亟聞郤穀之言矣，郤穀悅禮樂而敦詩書」也。

〔二〕左傳，子產辨黃熊，晉侯聞之，曰：「博物君子也。」觀射父，楚大夫也，對楚昭王以重黎、羲和之事。見國語。

〔三〕張仲，周宣王時賢臣也。燕，樂也。翼，敬也。詩小雅曰：「侯誰在矣，張仲孝友。」

明年三月晦，日食。興因上疏曰：

春秋以天反時爲災，地反物爲妖，人反德爲亂，亂則妖災生。〔一〕往年以來，謫咎連見，意者執事頗有闕焉。案春秋『昭公十七年夏六月甲戌朔，日有食之』。〔二〕傳曰：『日過分而未至，〔三〕三辰有災，〔四〕於是百官降物，〔五〕君不舉，〔六〕避移時，〔七〕樂奏鼓，〔八〕祝用幣，〔九〕史用辭。』〔一〇〕今孟夏，純乾用事，陰氣未作，其災尤重。夫國無善政，則謫見日月，變咎之來，不可不愼，其要在因人之心，擇人處位也。〔一一〕堯知鯀不可用而用之者，是屈己之明，因人之心也。齊桓反政而相管仲，晉文歸國而任郤穀者，是不私其私，擇人處位也。〔一二〕今公卿大夫多舉漁陽太守郭伋可大司空者，而不以時定，道路流言，咸曰「朝廷欲用功臣」，功臣用則人位謬矣。願陛下上師唐、虞，下覽齊、晉，以成屈己從衆之德，以濟羣臣讓善之功。〔一三〕

〔一〕左傳晉伯宗之辭。天反時爲災謂寒暑易節也。地反物爲妖謂羣物失性也。

〔二〕杜預注曰：「於周爲六月，於夏爲四月，純陽用事，陰氣未動而侵陽也。」

〔三〕言過春分而未及夏至也。

〔四〕三辰，日、月、星也。

〔五〕降物，素服。

〔六〕不舉盛饌。

〔七〕避正寢過日食時也。

〔八〕伐鼓。

〔九〕用幣於社。

〔一〇〕用辭以自責也。此以上皆左傳載魯太史答季平子之詞也。

〔一一〕左傳晉士文伯曰「國無政，不用善，則自取謫于日月之災，故政不可不慎也。務三而已，一曰擇人，二曰因人，三曰從時」也。

〔一二〕史記曰，桓公與兄子糾爭位，糾使管仲將兵遮道，射桓公鉤帶，及桓公即位，任政於管仲也。又晉文公自秦歸國，懷公故臣郤芮謀燒公宮，殺文公，宦者勃鞮告之，後文公以郤縠爲中軍帥。縠即郤芮之族，文公不以爲讎而任焉，言唯賢是用，不私其私也。

〔一三〕濟，成也。

夫日月交會，數應在朔，而頃年日食，每多在晦。先時而合，皆月行疾也。日君象而月臣象，君亢急則臣下促迫，故行疾也。今年正月繁霜，自爾以來，率多寒日，〔一〕此亦急咎之罰。〔二〕天於賢聖之君，猶慈父之於孝子也，丁寧申戒，欲其反政，故災變仍見，此乃國之福也。今陛下高明而羣臣惶促，宜留思柔克之政，垂意洪範之法，〔三〕博採廣謀，納羣下之策。

〔一〕正月，夏之四月。

〔二〕書曰：「急恆寒若。」

〔三〕剋，能也。柔剋謂和柔而能立事也。尚書洪範曰：「高明柔剋。」

書奏，多有所納。

帝嘗問興郊祀事，曰：「吾欲以讖斷之，何如？」興對曰：「臣不爲讖。」帝怒曰：「卿之不爲讖，非之邪？」興惶恐曰：「臣於書有所未學，而無所非也。」帝意乃解。興數言政事，依經守義，文章溫雅，然以不善讖故不能任。

九年，使監征南、積弩營於津鄉，〔一〕會征南將軍岑彭爲刺客所殺，興領其營，遂與大司馬吳漢俱擊公孫述。述死，詔興留屯成都。頃之，侍御史舉奏興奉使私買奴婢，坐左轉蓮勺令。〔二〕是時喪亂之餘，郡縣殘荒，興方欲築城郭，修禮教以化之，會以事免。

〔一〕征南將軍岑彭、積弩將軍傅俊屯津鄉，以拒公孫述。津鄉在今荆州也。

〔二〕蓮勺，縣，屬左馮翊，故城在今同州下邽縣東北。蓮音輦，勺音酌。

興好古學，尤明左氏、周官，長於歷數，自杜林、桓譚、衞宏之屬，莫不斟酌焉。〔一〕世言左氏者多祖於興，而賈逵自傳其父業，故有鄭、賈之學。興去蓮勺，後遂不復仕，客授閿鄉，〔二〕三公連辟不肯應，卒于家。子衆。

〔一〕斟酌謂取其意指也。

〔二〕閿音聞，古字也，建安中改作「聞」。

衆字仲師。年十二，從父受左氏春秋，精力於學，明三統歷，作春秋難記條例，兼通易、詩，知名於世。建武中，皇太子及山陽王荊，因虎賁中郎將梁松以縑帛聘請衆，欲爲通義，引籍出入殿中。衆謂松曰：「太子儲君，無外交之義，漢有舊防，蕃王不宜私通賓客。」遂辭不受。松復風衆以「長者意，不可逆」。衆曰：「犯禁觸罪，不如守正而死。」太子及荊聞而奇之，亦不強也。及梁氏事敗，〔一〕賓客多坐之，唯衆不染於辭。

〔一〕梁松坐懸飛書誹謗下獄死，事見梁統傳也。

永平初，辟司空府，以明經給事中，再遷越騎司馬，〔一〕復留給事中。是時北匈奴遣使求和親。八年，顯宗遣衆持節使匈奴。衆至北庭，虜欲令拜，衆不爲屈。單于大怒，圍守閉之，不與水火，欲脅服衆。衆拔刀自誓，單于恐而止，乃更發使隨衆還京師。朝議復欲遣使報之，衆上疏諫曰：「臣伏聞北單于所以要致漢使者，欲以離南單于之衆，堅三十六國之心也。〔二〕又當揚漢和親，誇示鄰敵，令西域欲歸化者局促狐疑，懷土之人絕望中國耳。漢使既到，便偃蹇自信。〔三〕若復遣之，虜必自謂得謀，其羣臣駁議者不敢復言。〔四〕如是，南庭動搖，烏桓有離心矣。南單于久居漢地，具知形埶，萬分離析，旋爲邊害。今幸有度遼之衆揚威北垂，雖勿報荅，不敢爲患。」〔五〕帝不從，復遣衆。衆因上言：「臣前奉使不爲匈奴拜，單于恚恨，故遣兵圍臣。今復銜命，必見陵折。臣誠不忍持大漢節對氈裘獨拜。如令匈奴遂能服臣，將有損大漢之強。」帝不聽，衆不得已，既行，在路連上書固爭之。詔切責衆，追還繫廷尉，會赦歸家。

〔一〕漢官儀曰「越騎司馬一人，秩千石」也。

〔二〕武帝開通西域，本三十六國。

〔三〕信音申。

〔四〕駮議謂勸單于歸漢。

〔五〕明帝八年，初置度遼將軍，屯五原曼柏。

其後帝見匈奴來者，問衆與單于爭禮之狀，皆言匈奴中傳衆意氣壯勇，雖蘇武不過。乃復召衆爲軍司馬，使與虎賁中郎將馬廖擊車師。至敦煌，拜爲中郎將，使護西域。會匈奴脅車師，圍戊己校尉，衆發兵救之。還武威太守，謹修邊備，虜不敢犯。遷左馮翊，政有名迹。

建初六年，代鄧彪爲大司農。是時肅宗議復鹽鐵官，衆諫以爲不可。〔一〕詔數切責，至被奏劾，衆執之不移。帝不從。在位以清正稱。其後受詔作春秋删十九篇。八年，卒官。

〔一〕武帝時國用不足，乃賣鹽鐵，置官以主之。昭帝罷之，今議欲復之。

子安世，亦傳家業，爲長樂、未央廄令。〔一〕延光中，安帝廢太子爲濟陰王，安世與太常桓焉、太僕來歷等共正議諫爭。及順帝立，安世已卒，追賜錢帛，除子亮爲郎。衆曾孫公業，自有傳。

〔一〕續漢志曰：「廄令一人，秩六百石。」

范升字辯卿，代郡人也。少孤，依外家居。九歲通論語、孝經，及長，習梁丘易、老子，教授後生。〔一〕

〔一〕宣帝時梁丘賀之易也。

王莽大司空王邑辟升爲議曹史。時莽頻發兵役，徵賦繁興，升乃奏記邑曰：「升聞子以人不閒於其父母爲孝，臣以下不非其君上爲忠。〔一〕今衆人咸稱朝聖，皆曰公明。蓋明者無不見，聖者無不聞。今天下之事，昭昭於日月，震震於雷霆，而朝云不見，公云不聞，則元元焉所呼天？公以爲是而不言，則過小矣；知而從令，則過大矣。二者於公無可以免，宜乎天下歸怨於公矣。朝以遠者不服爲至念，升以近者不悅爲重憂。今動與時戾，事與道反，馳騖覆車之轍，探湯敗事之後，〔二〕後出益可怪，晚發愈可懼耳。方春歲首，而動發遠役，藜藿不充，田荒不耕，穀價騰躍，斛至數千，吏人陷於湯火之中，非國家之人也。如此，則胡、貊守關，青、徐之寇在於帷帳矣。〔三〕升有一言，可以解天下倒縣，免元元之急，不可書傳，願蒙引見，極陳所懷。」邑雖然其言，而竟不用。升稱病乞身，邑不聽，令乘傳使上黨。升遂與漢兵會，因留不還。

〔一〕論語孔子曰：「孝哉閔子騫，人不間於其父母兄弟之言。」間，非也。言子騫之孝，化其父母兄弟，言人無非之者。忠臣事君，有過即諫。在下無有非君者，是忠臣也。

〔二〕賈誼曰：「前車覆，後車誡。」論語曰：「見不善如探湯。」

〔三〕王莽時，青徐二部爲寇，號「青徐賊」。

建武二年，光武徵詣懷宮，拜議郎，遷博士，上疏讓曰：「臣與博士梁恭、山陽太守呂羌俱修梁丘易。二臣年並耆艾，經學深明，而臣不以時退，與恭並立，深知羌學，又不能達，〔一〕慙負二老，無顏於世。誦而不行，知而不言，不可開口以爲人師，願推博士以避恭、羌。」帝不許，然由是重之，數詔引見，每有大議，輒見訪問。

〔一〕達，進也。

時尚書令韓歆上疏，欲為費氏易、左氏春秋立博士，〔一〕詔下其議。四年正月，朝公卿、大夫、博士，見於雲臺。帝曰：「范博士可前平說。」升起對曰：「左氏不祖孔子，而出於丘明，師徒相傳，又無其人，且非先帝所存，無因得立。」遂與韓歆及太中大夫許淑等互相辯難，日中乃罷。升退而奏曰：「臣聞主不稽古，無以承天；臣不述舊，無以奉君。陛下愍學微缺，勞心經蓺，情存博聞，故異端競進。近有司請置京氏易博士，羣下執事，莫能據正。京氏既立，費氏怨望，左氏春秋復以比類，亦希置立。京、費已行，次復高氏，〔二〕春秋之家，又有騶、夾。〔三〕如令左氏、費氏得置博士，高氏、騶、夾，五經奇異，並復求立，各有所執，乖戾分爭。從之則失道，不從則失人，將恐陛下必有猒倦之聽。孔子曰：『博學約之，弗叛矣夫。』〔四〕夫學而不約，必叛道也。顏淵曰：『博我以文，約我以禮。』孔子可謂知教，顏淵可謂善學矣。老子曰：『學道日損。』損猶約也。又曰：『絕學無憂。』絕末學也。今費、左二學，無有本師，而多反異，先帝前世，有疑於此，故京氏雖立，輒復見廢。疑道不可由，疑事不可行。詩書之作，其來已久。孔子尚周流遊觀，至于知命，自衞反魯，乃正雅、頌。〔五〕今陛下草創天下，紀綱未定，雖設學官，無有弟子，詩書不講，禮樂不修，奏立左、費，非政急務。孔子曰：『攻乎異端，斯害也已。』〔六〕傳曰：『聞疑傳疑，聞信傳信，而堯舜之道存。』〔七〕願陛下疑先帝之所疑，信先帝之所信，以示反本，明不專己。天下之事所以異者，以不一本也。易曰：『天下之動，貞夫一也。』〔八〕又曰：『正其本，萬事理。』〔九〕五經之本自孔子始，謹奏左氏之失凡十四事。」時難者以太史公多引左氏，升又上太史公違戾五經，謬孔子言，及左氏春秋不可錄三十一事。詔以下博士。

〔一〕費直字長翁，善易，長於卦筮，見前書。

〔二〕沛人高相善易，與費直同時，見前書。

〔三〕前書曰，騶氏無師，夾氏未有其書也。

〔四〕論語孔子之言。弗叛言不違道也。

〔五〕孔子以魯哀公十一年自衞還魯。是時道衰樂廢，孔子來還，乃正之，故雅、頌各得其所。見史記。

〔六〕攻猶習也。異端謂奇技也。

〔七〕穀梁傳曰：「信以傳信，疑以傳疑。」公羊傳曰：「君子曷爲春秋？樂堯舜之道也。」

〔八〕易下繫之文也。

〔九〕今易無此文也。

後升爲出妻所告，坐繫，得出，還鄉里。永平中，爲聊城令，坐事免，卒於家。

陳元字長孫，蒼梧廣信人也。〔一〕父欽，習左氏春秋，事黎陽賈護，與劉歆同時而別自名家。〔二〕王莽從歆受左氏學，以歆爲猒難將軍。〔三〕元少傳父業，爲之訓詁，銳精覃思，至不與鄉里通。以父任爲郎。

〔一〕廣信故城在今梧州蒼梧縣。

〔二〕元父歆，字子佚。以左氏授王莽，自名陳氏春秋，故曰別也。賈護字季君。並見前書也。

〔三〕猒，一葉反。

建武初，元與桓譚、杜林、鄭興俱爲學者所宗。時議欲立左氏傳博士，范升奏以爲左氏淺末，不宜立。元聞之，乃詣闕上疏曰：

陛下撥亂反正，文武並用，〔一〕深愍經蓺謬雜，眞僞錯亂，每臨朝日，輒延羣臣講論聖道。知丘明至賢，親受孔子，而公羊、穀梁傳聞於後世，故詔立左氏，博詢可否，示不專己，盡之羣下也。今論者沈溺所習，翫守舊聞，固執虛言傳受之辭，以非親見實事之道。左氏孤學少與，〔二〕遂爲異家之所覆冒。夫至音不合衆聽，故伯牙絕弦；〔三〕至寶不同衆好，故卞和泣血。〔四〕仲尼聖德，而不容於世，〔五〕況於竹帛餘文，其爲雷同者所排，固其宜也。非陛下至明，孰能察之！

〔一〕撥，理也。語見公羊傳。

〔二〕與猶黨也。

〔三〕伯牙善鼓琴，鍾子期善聽，相與爲友。子期死，伯牙破琴絕弦，不復鼓琴，以時人莫之能聽也。見呂覽。

〔四〕卞和得寶玉，獻楚武王，王示玉人，曰「石也」，刖其右足。武王歿後，復獻之文王，復曰「石也」，刖其左足。至成王時，卞和抱其璞於郊，泣盡以血繼之，王乃使玉尹攻之，果得寶玉。事見韓子也。

〔五〕仲尼去魯，斥齊，逐乎宋、衞，困於陳、蔡之閒。見史記。

臣元竊見博士范升等所議奏左氏春秋不可立，及太史公違戾凡四十五事。案升等所言，前後相違，皆斷截小文，媟黷微辭，以年數小差，掇爲巨謬，〔一〕遺脫纖微，指爲大尤，抉瑕擿釁，〔二〕掩其弘美，所謂「小辯破言，小言破道」者也。〔三〕升等又曰：「先帝不以左氏爲經，故不置博士，後主所宜因襲。」臣愚以爲若先帝所行而後主必行者，則盤庚不當遷于殷，周公不當營洛邑，〔四〕陛下不當都山東也。往者，孝武皇帝好公羊，衞太子好穀梁，有詔詔太子受公羊，不得受穀梁。孝宣皇帝在人閒時，聞衞太子好穀梁，於是獨學之。及卽位，爲石渠論而穀梁氏興，〔五〕至今與公羊並存。此先帝後帝各有所立，不必其相因也。孔子曰，純，儉，吾從衆；至於拜下，則違之。〔六〕夫明者獨見，不惑於朱紫，聽者獨聞，不謬於清濁，故離朱不爲巧眩移目，〔七〕師曠不爲新聲易耳。〔八〕方今干戈少弭，戎事略戢，留思聖藝，眷顧儒雅，採孔子拜下之義，卒淵聖獨見之旨，分明白黑，建立左氏，解釋先聖之積結，洮汰學者之累惑，〔九〕使基業垂於萬世，後進無復狐疑，則天下幸甚。

〔一〕媟，狎也；黷，垢濁也。掇，拾也，音丁括反。

〔二〕抉音於決反。

〔三〕大戴記小辯篇孔子曰：「小辯破言，小言破義，小義破道。」

〔四〕盤庚都耿，自耿遷於殷。文王都酆，武王都鎬，周公輔成王營洛邑。

〔五〕石渠閣以藏祕書，在未央殿北。宣帝甘露三年，詔諸儒韋玄成、梁丘賀等講論五經於石渠也。

〔六〕論語孔子曰：「麻冕，禮也。今也純，儉，吾從衆。拜下，禮也。今拜乎上，泰也。雖違衆，吾從下。」何晏注云：「麻冕，緇布冠也，古績麻三十升以爲之。純，絲也。絲易成，故從儉。臣之與君行禮者，下拜然後升。時臣驕泰，故於上拜。今從下，禮之恭也。」

〔七〕離朱，黃帝時明目者也，一號離婁。愼子曰：「離朱之明，察毫末於百步之外。」

〔八〕桓譚新論曰：「晉師曠善知音，衞靈公將之晉，宿於濮水之上，夜聞新聲，召師涓告之曰：『爲我聽寫之。』曰：『臣得之矣。』遂之晉。晉平公饗之，酒酣，靈公曰：『有新聲，願奏之。』乃令師涓鼓琴。未終，師曠止之曰：『此亡國之聲也。』」

〔九〕洮汰猶洗濯也。

臣元愚鄙，嘗傳師言。如得以褐衣召見，俯伏庭下，〔一〕誦孔氏之正道，理丘明之宿冤；若辭不合經，事不稽古，退就重誅，雖死之日，生之年也。

〔一〕褐，織毛爲布，貧者之服也。

書奏，下其議，范升復與元相辯難，凡十餘上。帝卒立左氏學，太常選博士四人，元爲第一。帝以元新忿爭，乃用其次司隸從事李封，於是諸儒以左氏之立，論議讙譁，自公卿以下，數廷爭之。會封病卒，左氏復廢。

元以才高著名，辟司空李通府。時大司農江馮上言，宜令司隸校尉督察三公。事下三府。元上疏曰：「臣聞師臣者帝，賓臣者霸。〔一〕故武王以太公爲師，齊桓以夷吾爲仲父。孔子曰：『百官總己聽於冢宰。』〔二〕近則高帝優相國之禮，〔三〕太宗假宰輔之權。〔四〕及亡新王莽，遭漢中衰，專操國柄，以偸天下，〔五〕況己自喻，不信羣臣。奪公輔之任，損宰相之威，以刺舉爲明，徼訐爲直。至乃陪僕告其君長，子弟變其父兄，〔六〕罔密法峻，大臣無所措手足。然不能禁董忠之謀，身爲世戮。〔七〕故人君患在自驕，不患驕臣；失在自任，不在任人。是以文王有日昃之勞，周公執吐握之恭，〔八〕不聞其崇刺舉，務督察也。方今四方尚擾，天下未一，百姓觀聽，咸張耳目。陛下宜修文武之聖典，襲祖宗之遺德，勞心下士，屈節待賢，誠不宜使有司察公輔之名。」帝從之，宣下其議。〔九〕

〔一〕言以臣爲師，以臣爲賓也。

〔二〕論語文也。

〔三〕蕭何爲相國，高帝賜劒履上殿，入朝不趨。

〔四〕太宗，孝文也。申屠嘉爲丞相，坐府召太中大夫鄧通，欲誅之。孝文使持節召通，令人謝嘉，故曰「假權」也。

〔五〕偷，竊也。

〔六〕王莽時開吏告其將，奴婢告其主。

〔七〕董忠爲王莽大司馬，共劉歆等謀誅莽，事發覺死也。

〔八〕尚書曰：「文王自朝至于日中昃，不遑暇食。」史記曰，伯禽封魯，周公戒之曰：「我文王之子，武王之弟，成王之叔父，亦不賤矣。我一沐三握髮，一飯三吐哺，以待士，猶恐失天下之賢人。汝無以國驕人也。」

〔九〕司察猶督察也。

李通罷，元後復辟司徒歐陽歙府，數陳當世便事、郊廟之禮，帝不能用。以病去，年老，卒於家。子堅卿，有文章。

賈逵字景伯，扶風平陵人也。九世祖誼，文帝時爲梁王太傅。〔一〕曾祖父光，爲常山太守，宣帝時以吏二千石自洛陽徙焉。父徽，從劉歆受左氏春秋，兼習國語、周官，又受古文尚書於塗惲，〔二〕學毛詩於謝曼卿，作左氏條例二十一篇。

〔一〕爲文帝子梁王揖之傅也。

〔三〕風俗通曰：「塗姓，塗山氏之後。」惲字子眞，受尚書於胡常，見前書。

逵悉傳父業，弱冠能誦左氏傳及五經本文，以大夏侯尚書教授，雖爲古學，兼通五家穀梁之說。〔一〕自爲兒童，常在太學，不通人閒事。身長八尺二寸，諸儒爲之語曰：「問事不休賈長頭。」性愷悌，多智思，俶儻有大節。〔二〕尤明左氏傳、國語，爲之解詁五十一篇，〔三〕永平中，上疏獻之。顯宗重其書，寫藏祕館。

〔一〕五家謂尹更始、劉向、周慶、丁姓、王彥等，皆爲穀梁，見前書也。

〔二〕愷，樂也。悌，易也。言有和樂簡易之德也。俶儻，卓異也。

〔三〕左氏三十篇，國語二十一篇也。

時有神雀集宮殿官府，冠羽有五采色，帝異之，以問臨邑侯劉復，〔一〕復不能對，薦逵博物多識，帝乃召見逵，問之。對曰：「昔武王終父之業，鸑鷟在岐，〔二〕宣帝威懷戎狄，神雀仍集，此胡降之徵也。」〔三〕帝敕蘭臺給筆札，使作神雀頌，拜爲郎，與班固並校祕書，應對左右。

〔一〕臨邑，東郡縣也。復，齊武王伯升孫，北海王興子。

〔二〕鸑鷟，鳳之別名也。周大夫內史過對周惠王曰：「周之興也，鸑鷟鳴于岐山。」事見國語也。

〔三〕仍，頻也。宣帝時神雀再見，改爲年號，後匈奴降服，呼韓入朝也。

肅宗立，降意儒術，特好古文尚書、左氏傳。建初元年，詔逵入講北宮白虎觀、南宮雲臺。帝善逵說，使發出左氏傳大義長於二傳者。逵於是具條奏之曰：

臣謹擿出左氏三十事尤著明者，斯皆君臣之正義，父子之紀綱。其餘同公羊者什有七八，或文簡小異，無害大體。至如祭仲、紀季、伍子胥、叔術之屬，左氏義深於君父，公羊多任於權變，〔一〕其相殊絕，固以甚遠，而寃抑積久，莫肯分明。

〔一〕左傳，宋人執鄭祭仲，曰：「不立突，將死。」祭仲許之，遂出昭公而立厲公。杜預注云：「祭仲之如宋，非會非聘，見誘被拘。廢長立少，故書名罪之。」公羊傳曰：「祭仲者何？鄭之相也。何以不名？賢也。何賢乎祭仲？以爲知權也。其知權柰何？宋人執之，謂之曰：『爲我出忽而立突。』祭仲不從其言，則君必死，國必亡；從其言，則君可以生易死，國可以存易亡。」古之有權者，祭仲之權是也。左傳，紀季以酅入于齊，紀侯大去其國。賈逵以爲紀季不能兄弟同心以存國，乃背兄歸讎，書以譏之。公羊傳曰：「紀季者何？紀侯之弟也。何以不名？賢也。何賢乎？服罪也。其服罪柰何？請後五廟以存姑姊妹。」左傳，楚平王將殺伍奢，召伍奢子伍尚、伍員曰：「來，吾免而父。」尚謂員曰：「聞免父之命，不可以莫之奔，親戚爲戮，不可以莫之報。父不可弃，名不可廢。」子胥奔吳，遂以吳師入郢，卒復父讎。公羊傳曰：「父受誅，子復讎，推刃之道也。」公羊不許子胥復讎，是不深父也。左傳曰：「冬，邾黑肱以濫來奔。賤而書名，重地故也。君子曰：『名之不可不愼。』以地叛，雖賤必書。地以名其人，終爲不義，不可滅已。是以君子動則思禮，行則思義。」公羊傳曰：「冬，黑弓以濫來奔，文何以無邾婁？通濫也。曷〔謂〕〔爲〕通濫？賢者子孫宜有地。賢者孰謂？謂叔術也。何賢乎叔術？讓國也。」

臣以永平中上言左氏與圖讖合者，先帝不遺芻蕘，省納臣言，寫其傳詁，藏之祕書。建平中，〔一〕侍中劉歆欲立左氏，不先暴論大義，而輕移太常，恃其義長，詆挫諸儒，諸儒內懷不服，相與排之。〔二〕孝哀皇帝重逆衆心，故出歆爲河內太守。從是攻擊左氏，遂爲重讎。至光武皇帝，奮獨見之明，興立左氏、穀梁，會二家先師不曉圖讖，故令中道而廢。凡所以存先王之道者，要在安上理民也。今左氏崇君父，卑臣子，彊幹弱枝，勸善戒惡，至明至切，至直至順。〔三〕且三代異物，損益隨時，故先帝博觀異家，各有所採。易有施、孟，復立梁丘，〔四〕尚書歐陽，復有大小夏侯，〔五〕今三傳之異亦猶是也。又五經家皆無以證圖讖明劉氏爲堯後者，而左氏獨有明文。〔六〕五經家皆言顓頊代黃帝，而堯不得爲火德。〔七〕左氏以爲少昊代黃帝，即圖讖所謂帝宣也。〔八〕如令堯不得爲火，則漢不得爲赤。其所發明，補益實多。

〔一〕建平，哀帝年也。

〔二〕排，擯却也。劉歆欲建立左氏，哀帝令歆與諸儒講論其義，諸博士不肯置對，歆乃移書太常以責之，故被排擯。事見前書。

〔三〕左傳曰：「翼戴天子，加之以恭。」又曰：「君命，天也，天可讎乎？委質策名，貳乃辟也。父教子貳，何以事君？」又曰：「弃父之命，惡用子矣，以有無父之國則可。」是崇君父，卑臣子也。左氏王人雖微，序在諸侯之上。又曰：

「五大不在邊，五細不在庭，末大必折，尾大不掉。」是彊幹弱枝也。又曰：「盡而不汙，懲惡而勸善，非聖人誰能修之？」史記曰，孔子曰：「我欲載之空言，不如見之行事深切著明也。」

〔四〕施讎、孟喜、梁丘賀也。

〔五〕歐陽和伯、大夏侯勝、小夏侯建也。並見前書。

〔六〕春秋晉大夫蔡墨曰：「陶唐氏既衰，其後有劉累，學擾龍，事孔甲，范氏其後也。」范會自秦還晉，其處者爲劉氏。明漢承堯後也。

〔七〕史記曰「黃帝崩，其孫昌意之子立，是爲帝顓頊」。當時五經家同爲此說。若以顓頊代黃帝以土德王，即顓頊當爲金德，高辛爲水德，堯爲木德。漢承堯後，自然不得爲火德也。

〔八〕左氏傳曰：「黃帝氏以雲紀，少昊氏以鳥紀。」是以少昊代黃帝也。河圖曰：「大星如虹，下流華渚，女節意感，生白帝朱宣。」宋均注曰：「朱宣，少昊氏也。」

陛下通天然之明，建大聖之本，改元正歷，垂萬世則，〔一〕是以麟鳳百數，嘉瑞雜遝。〔二〕猶朝夕恪勤，遊情六蓺，研機綜微，靡不審覈。〔三〕若復留意廢學，以廣聖見，庶幾無所遺失矣。〔四〕

〔一〕改元謂改建初九年爲元和元年，正歷謂元和二年始用四分歷也。

〔二〕雜遝言多也。章帝時，鳳皇見百三十九，麒麟五十二，白虎二十九，黃龍三十四，神雀、白燕等史官不可勝紀。見東觀記。

〔三〕覈，實也。

〔四〕廢學謂左氏傳也。

書奏，帝嘉之，賜布五百匹，衣一襲，令逵自選公羊嚴、顏諸生高才者二十人，教以左氏，〔一〕與簡紙經傳各一通。〔二〕

〔一〕公羊高作春秋傳，號曰公羊春秋。嚴彭祖、顏安樂俱受公羊春秋，故公羊有嚴、顏之學。見前書也。

〔二〕竹簡及紙也。

逵母常有疾，帝欲加賜，以校書例多，特以錢二十萬，使潁陽侯馬防與之。謂防曰：「賈逵母病，此子無人事於外，〔一〕屢空則從孤竹之子於首陽山矣。」〔二〕

〔一〕無人事謂不廣交通也。

〔二〕屢，數也。空，乏也。史記曰，伯夷、叔齊，孤竹君之子也，隱於首陽山，卒餓死也。

逵數爲帝言古文尙書與經傳爾雅詁訓相應，詔令撰歐陽、大小夏侯尙書古文同異。逵集爲三卷，帝善之。復令撰齊、魯、韓詩與毛氏異同。幷作周官解故。〔一〕遷逵爲衞士令。〔二〕八年，乃詔諸儒各選高才生，受左氏、穀梁春秋、古文尙書、毛詩，由是四經遂行於世。皆拜逵所選弟子及門生爲千乘王國郎，〔三〕朝夕受業黃門署，學者皆欣欣羨慕焉。

〔一〕轅固，齊人也，爲齊詩；申公，魯人也，爲魯詩；韓嬰爲韓詩；毛萇爲毛詩。故謂事之指意也。

〔二〕北宮衞士令一人，掌南、北宮，秩比六百石，見續漢志也。

〔三〕千乘王伉，章帝子也。

和帝卽位，永元三年，以逵爲左中郎將。八年，復爲侍中，領騎都尉。內備帷幄，兼領祕書近署，甚見信用。

逵薦東萊司馬均、陳國汝郁，帝卽徵之，並蒙優禮。均字少賓，安貧好學，隱居教授，不應辟命。信誠行乎州里，鄉人有所計爭，輒令祝少賓，〔一〕不直者終無敢言。位至侍中，以老病乞身，帝賜以大夫祿，歸鄉里。郁字叔異，性仁孝，〔二〕及親歿，遂隱處山澤。後累遷爲魯相，以德教化，百姓稱之，流人歸者八九千戶。

〔一〕祝，詛也。東觀記曰：「爭曲直者，輒言『敢祝少賓乎』？心不直者，終不敢祝也。」

〔二〕東觀記曰：「郁年五歲，母病不能食，郁常抱持啼泣，亦不食。母怜之，強爲飯。宗親共異之，因字曰『異』也。」

逵所著經傳義詁及論難百餘萬言，又作詩、頌、誄、書、連珠、酒令凡九篇，學者宗之，後世稱爲通儒。〔一〕然不修小節，當世以此頗譏焉，故不至大官。永元十三年卒，時年七十二。朝廷愍惜，除兩子爲太子舍人。

〔一〕應劭風俗通義曰：「授先王之制，立當時之事，綱紀國體，原本要化，此通儒也。」

論曰：鄭、賈之學，行乎數百年中，遂爲諸儒宗，亦徒有以焉爾。〔一〕桓譚以不善讖流亡，鄭興以遜辭僅免，賈逵能附會文致，最差貴顯。〔二〕世主以此論學，悲矣哉！〔三〕

〔一〕言賈、鄭雖爲儒宗，而不爲帝所重，故曰「亦徒有以焉爾」。

〔二〕賈逵附會文致，謂引左氏明漢爲堯後也。

〔三〕言時主不重經而重讖也。

張霸字伯饒，蜀郡成都人也。年數歲而知孝讓，雖出入飲食，自然合禮，鄉人號爲「張曾子」。七歲通春秋，復欲進餘經，父母曰「汝小未能也」，霸曰「我饒爲之」，故字曰「饒」焉。〔一〕

〔一〕饒猶益也。

後就長水校尉樊（鯈）〔儵〕受嚴氏公羊春秋，遂博覽五經。諸生孫林、劉固、段著等慕之，各市宅其傍，以就學焉。

舉孝廉光祿主事，稍遷，〔一〕永元中爲會稽太守，表用郡人處士顧奉、公孫松等。奉後爲潁川太守，松爲司隸校尉，並有名稱。其餘有業行者，皆見擢用。郡中爭厲志節，習經者以千數，道路但聞誦聲。

〔一〕光祿勳之主事也，見漢官。

初，霸以樊（儵）〔鯈〕刪嚴氏春秋猶多繁辭，乃減定爲二十萬言，更名張氏學。

霸始到越，賊未解，郡界不寧，乃移書開購，明用信賞，賊遂束手歸附，不煩士卒之力。童謠曰：「弃我戟，捐我矛，盜賊盡，吏皆休。」視事三年，謂掾史曰：「太守起自孤生，致位郡守。蓋日中則移，月滿則虧。〔一〕老氏有言：『知足不辱。』」遂上病。

〔一〕史記蔡澤之辭也。易豐卦曰「日中則昃，月盈則食」也。

後徵，四遷爲侍中。時皇后兄虎賁中郎將鄧騭，當朝貴盛，聞霸名行，欲與爲交，霸逡巡不荅，衆人笑其不識時務。後當爲五更，會疾卒，年七十。遺勑諸子曰：「昔延州使齊，子死嬴、博，因坎路側，遂以葬焉。〔一〕今蜀道阻遠，不宜歸塋，可止此葬，足藏髮齒而已。務遵速朽，副我本心。人生一世，但當畏敬於人，若不善加己，直爲受之。」諸子承命，葬於河南梁縣，因遂家焉。將作大匠翟酺等與諸儒門人追錄本行，謚曰憲文。中子楷。

〔一〕嬴，博，二縣名，屬泰山郡。禮記曰：「延陵季子適齊，其長子死於嬴、博之閒，因葬焉。」

楷字公超，通嚴氏春秋、古文尚書，門徒常百人。賓客慕之，自父黨夙儒，偕造門焉。車馬填街，徒從無所止，黃門及貴戚之家，皆起舍巷次，以候過客往來之利。楷疾其如此，輒徙避之。家貧無以爲業，常乘驢車至縣賣藥，足給食者，輒還鄉里。司隸舉茂才，除長陵令，不至官。隱居弘農山中，學者隨之，所居成市，後華陰山南遂有公超市。五府連辟，舉賢良方正，不就。〔一〕

〔一〕五府，太傅、太尉、司徒、司空、大將軍也。

漢安元年，順帝特下詔告河南尹曰：「故長陵令張楷行慕原憲，操擬夷、齊，〔一〕輕貴樂賤，竄跡幽藪，高志確然，獨拔羣俗。前比徵命，盤桓未至，將主者翫習於常，優賢不足，使其難進歟？郡時以禮發遣。」楷復告疾不到。

〔一〕原憲，魯人，字子思，孔子弟子。清約守節，貧而樂道。

性好道術，能作五里霧。時關西人裴優亦能爲三里霧，自以不如楷，從學之，楷避不肯見。桓帝卽位，優遂行霧作賊，事覺被考，引楷言從學術，楷坐繫廷尉詔獄，積二年，恆諷誦經籍，作尚書注。後以事無驗，見原還家。建和三年，下詔安車備禮聘之，辭以篤疾不行。年七十，終於家。子陵。

陵字處沖，官至尚書。元嘉中，歲首朝賀，大將軍梁冀帶劍入省，陵呵叱令出，勑羽林、虎賁奪冀劍。冀跪謝，陵不應，卽劾奏冀，請廷尉論罪，有詔以一歲俸贖，而百僚肅然。

初，冀弟不疑爲河南尹，舉陵孝廉。不疑疾陵之奏冀，因謂曰：「昔舉君，適所以自罰也。」陵對曰：「明府不以陵不肖，誤見擢序，今申公憲，以報私恩。」不疑有愧色。陵弟玄。

玄字處虛，沈深有才略，以時亂不仕。司空張溫數以禮辟，不能致。中平二年，溫以車騎將軍出征涼州賊邊章等，將行，玄自田廬被褐帶索，要說溫曰：「天下寇賊雲起，豈不以黃門常侍無道故乎？聞中貴人公卿已下當出祖道於平樂觀，明公總天下威重，握六師之要，若於中坐酒酣，鳴金鼓，整行陣，召軍正執有罪者誅之，引兵還屯都亭，以次翦除中官，解天下之倒縣，報海內之怨毒，然後顯用隱逸忠正之士，則邊章之徒宛轉股掌之上矣。」溫聞大震，不能對，良久謂玄曰：「處虛，非不悅子之言，顧吾不能行，如何！」玄乃歎曰：「事行則爲福，不行則爲賊。今與公長辭矣。」卽仰藥欲飲之。溫前執其手曰：「子忠於我，我不能用，是吾罪也，子何爲當然！且出口入耳之言，誰今知之！」〔一〕玄遂去，隱居魯陽山中。〔二〕及董卓秉政，聞之，辟以爲掾，舉侍御史，不就。卓臨之以兵，不得已彊起，至輪氏，道病終。〔三〕

〔一〕左傳曰：「言出於余口，入於爾耳。」
〔二〕山在今汝州南。

〔三〕輪氏，縣，屬潁川郡，故城在今洛州洛陽縣城西南。

贊曰：中世儒門，賈、鄭名學。衆馳一介，爭禮氈幄。〔一〕升、元守經，義偏情較，霸貴知止，辭交戚里。公超善術，所舍成市。

〔一〕一介，單使也。左傳曰：「君亦不使一介行李告於寡君。」氈幄謂匈奴也。

校勘記

一二一七頁四行　使撰條例章句傳詁　汲本、殿本「傳詁」作「訓詁」。今按：注專釋「詁」字，引說文「詁，訓古言也」，似正文不作「訓詁」。下賈逵傳云「寫其傳詁」，亦當作「傳詁」之一證也。

一二一八頁一〇行　〔囂〕虛心禮請　據刊誤及校補說補。

一二一八頁一〇行　囂矝己自飾　汲本、殿本「矝」作「矜」。按：段注說文依漢石經論語，改「矜」為「矝」，云从矛令聲，則以作「矝」為是。然紹興本「矝」「矜」互見，前後亦不一致也。

一二一九頁八行　諸侯不期而至者八百人　按：汲本、殿本「至」作「會」。

一二二〇頁四行　促為辨裝　汲本、殿本「辨」作「辦」。按：「辨」本作「辧」，从刀辡聲。段玉裁謂俗作「辨」，為辨別字，別作从力之「辦」，為幹辦字，實則古辨別、幹辦無二義，亦無二音二形也。

一二二四頁二行　建安中改作「閗」　按：集解引沈欽韓說，謂閿字本作「閺」，建安中改作「閿」，非改作「閗」也。

一二二四頁一三行　局促狐疑　「局促」原作「局足」，逕據汲本、殿本改。按：此疊韻謰語，通常皆作「局促」也。

一二二七頁三行　胡貊守關　按：刊誤謂「關」當作「闕」。方喻迫近，不當云關。

一二二九頁一行　萬事理　按：張森楷校勘記謂惠校本「事」作「物」，補注引劉向說苑亦作「物」。

一二三三頁六行　賓臣者霸　按：集解引沈欽韓說，謂袁宏紀作「賓臣者王」。

一二三六頁二行　使發出左氏傳大義長於二傳者　汲本、殿本無「發」字。按：殿本考證謂監本「出」字上有「發」字。

一二三六頁一五行　曷（謂）〔爲〕通濫　據汲本、殿本改，與今公羊傳合。

一二四〇頁七行　郁字叔異　集解引沈欽韓說，謂文選四十六注引東觀記作「字幼異」。按：今聚珍本東觀記亦作「字叔異」。

一二四二頁九行　長水校尉樊（儵）〔鯈〕　據樊宏傳改。下同。

一二四三頁四行　弃我戟　按：王先謙謂類聚十五引續漢書作「棄子戟」。

一三四三頁二行　中子楷　按：「楷」原作「揩」，據汲本、殿本改正。下同。

一三四四頁一〇行　且出口入耳之言誰今知之　王先謙謂「今」當爲「令」之誤文，言出於子口，入於我耳，我不言，誰令他人知之，語意自順。今按：今猶卽也，則也，言誰則知之，王說未諦。

一三四四頁二一行　至輪氏　按：「輪」續志同，前志作「綸」。

一三四五頁二行　義偏情較　按：殿本「較」作「駁」。

後漢書卷三十七

桓榮丁鴻列傳第二十七

桓榮字春卿，沛郡龍亢人也。〔一〕少學長安，習歐陽尚書，事博士九江朱普。〔二〕貧窶無資，〔三〕常客傭以自給，精力不倦，十五年不闚家園。至王莽篡位乃歸。會朱普卒，榮奔喪九江，負土成墳，因留教授，徒衆數百人。莽敗，天下亂。榮抱其經書與弟子逃匿山谷，雖常飢困而講論不輟，後復客授江淮閒。

〔一〕續漢書曰：「榮本齊人，遷于龍亢，至榮六葉。」東觀記曰：「榮本齊桓公後也。桓公作伯，支庶用其謚立族命氏焉。」

〔二〕朱普字公文，受業於平當，爲博士，徒衆尤盛。見前書。

〔三〕字林曰：「窶，空也。」

建武十九年，年六十餘，始辟大司徒府。時顯宗始立爲皇太子，選求明經，乃擢榮弟子豫章何湯爲虎賁中郎將，以尚書授太子。世祖從容問湯〔一〕本師爲誰，湯對曰：「事沛國桓榮。」帝卽召榮，令說尙書，甚善之。〔二〕拜爲議郎，賜錢十萬，入使授太子。每朝會，輒令榮於公卿前敷奏經書。帝稱善，曰：「得生幾晚！」會歐陽博士缺，帝欲用榮。榮叩頭讓曰：「臣經術淺薄，不如同門生郎中彭閎、揚州從事皐弘。」帝曰：「俞，往，女諧。」〔三〕因拜榮爲博士，引閎、弘爲議郎。

〔一〕從音七容反。

〔二〕謝承書曰：「何湯字仲弓，豫章南昌人也。榮門徒常四百餘人，湯爲高第，以才明知名。榮年四十無子，湯乃去榮妻爲更娶，生三子，榮甚重之。後拜郎中，守開陽門候。上微行夜還，湯閉門不納，更從中東門入。明旦，召詣太官賜食，諸門候皆奪俸。建武十八年夏旱，公卿皆暴露請雨。洛陽令著車蓋出門，湯將衞士鉤令車收案，有詔免令官，拜湯虎賁中郎將。上嘗歎曰：『赳赳武夫，公侯干城，何湯之謂也。』湯以明經嘗授太子，推薦榮，榮拜五更，封關內侯。榮常言曰：『此皆何仲弓之力也。』」

〔三〕續漢書曰：「閎字作明。」俞，然也。然其所舉，勑令往，言汝能和諧此官。謝承書曰「皐弘字奉卿，吳郡人也。家代爲冠族。少有英才，與桓榮相善。子徽，至司徒長史」也。

車駕幸大學，會諸博士論難於前，榮被服儒衣，溫恭有蘊籍，〔一〕辯明經義，每以禮讓相猒，不以辭長勝人，儒者莫之及，〔二〕特加賞賜。又詔諸生雅吹擊磬，盡日乃罷。〔三〕後榮入會庭中，詔賜奇果，受者皆懷之，榮獨舉手捧之以拜。帝笑指之曰：「此眞儒生也。」以是愈見敬厚，常令止宿太子宮。積五年，榮薦門下生九江胡憲侍講，乃聽得出，旦一入而已。榮嘗寢病，太子朝夕遣中傳問病，賜以珍羞、帷帳、奴婢，謂曰：「如有不諱，無憂家室也。」〔四〕後病愈，復入侍講。

〔一〕蘊籍猶言寬博有餘也。蘊音於問反。

〔二〕猒，服也。音一葉反。

〔三〕吹管奏雅頌也。

〔四〕不諱謂死也。死者人之常，故言不諱也。

二十八年，大會百官，詔問誰可傅太子者，羣臣承望上意，皆言太子舅執金吾原鹿侯陰識可。〔一〕博士張佚正色曰：「今陛下立太子，爲陰氏乎？爲天下乎？即爲陰氏，則陰侯可；爲天下，則固宜用天下之賢才。」帝稱善，曰：「欲置傅者，以輔太子也。今博士不難正朕，況太子乎？」即拜佚爲太子太傅，而以榮爲少傅，賜以輜車、乘馬。榮大會諸生，陳其車馬、印綬，曰：「今日所蒙，稽古之力也，可不勉哉！」榮以太子經學成畢，上疏謝曰：「臣幸得侍帷幄，執經連年，而智學淺短，無以補益萬分。今皇太子以聰叡之姿，通明經義，觀覽古今，儲君副主莫能專精博學若此者也。斯誠國家福祐，天下幸甚。臣師道已盡，皆在太子，謹使掾臣汜再拜歸道。」〔二〕太子報書曰：「莊以童蒙，學道九載，而典訓不明，無所曉識。夫五經廣大，聖言幽遠，非天下之至精，豈能與於此！〔三〕況以不才，敢承誨命。昔之先師謝弟子者有矣，上則通達經旨，分明章句，〔四〕下則去家慕鄉，求謝師門。〔五〕今蒙下列，不敢有辭，願君慎疾加餐，重愛玉體。」〔六〕

〔一〕言可任也。

〔二〕續漢書曰：「三公東西曹掾四百石，餘掾比二百石。」歸猶謝也。

〔三〕此上二句，周易之繫辭。與音預。

〔四〕前書丁寬受學於田何，學成，何謝寬，寬東歸，何謂門人曰：「易東矣。」是先師謝弟子。

〔五〕韓詩外傳曰「孔子行，見皋魚哭。孔子曰：『子非有喪，何哭悲也？』皋魚曰：『吾少而好學，周流諸侯，以沒吾親。樹欲靜而風不止，子欲養而親不待。往而不可追者年也，去而不見者親也。』孔子曰：『弟子識之。』於是門人辭歸者十有三」也。

〔六〕史記曰：「伏聞太后玉體不安。」君子於玉比德，故以言也。

三十年，拜爲太常。榮初遭倉卒，與族人桓元卿同飢戹，而榮講誦不息。元卿嗤榮曰：「但自苦氣力，何時復施用乎？」榮笑不應。及爲太常，元卿歎曰：「我農家子，豈意學之爲利乃若是哉！」〔一〕

〔一〕東觀漢記曰：「榮爲太常，元卿來候榮，榮諸弟子謂曰：『平生笑盡氣力，今何如？』元卿曰：『我安能知此哉！』」

顯宗即位，尊以師禮，甚見親重，拜二子爲郎。榮年踰八十，自以衰老，數上書乞身，輒加賞賜。乘輿嘗幸太常府，令榮坐東面，設几杖，會百官驃騎將軍東平王蒼以下及榮門生數百人，天子親自執業，每言輒曰「大師在是」。〔一〕既罷，悉以太官供具賜太常家。其恩禮若此。

〔一〕東觀記曰「時執經生避位發難，上謙曰『大師在是』」也。

永平二年，三雍初成，拜榮爲五更。〔一〕每大射養老禮畢，帝輒引榮及弟子升堂，執經自爲下說。〔二〕乃封榮爲關內侯，食邑五千戶。〔三〕

〔一〕三雍，宮也，謂明堂、靈臺、辟雍。前書音義曰：「皆叶天人雍和之氣爲之，故謂三雍。」五更，解見明紀。

〔二〕下說謂下語而講說之也。

〔三〕東觀記曰：「榮以尚書授朕十有餘年。詩云：『日就月將，示我顯德行。』乃封之。」

榮每疾病，帝輒遣使者存問，太官、太醫相望於道。及篤，上疏謝恩，讓還爵土。帝幸其家問起居，入街下車，擁經而前，撫榮垂涕，賜以牀茵、帷帳、刀劍、衣被，良久乃去。自是諸侯將軍大夫問疾者，不敢復乘車到門，皆拜牀下。榮卒，帝親自變服，臨喪送葬，賜冢塋于首山之陽。〔一〕除兄子二人補四百石，都講生八人補二百石，其餘門徒多至公卿。〔二〕子郁嗣。〔三〕

〔一〕首陽山在今偃師縣西北也。

〔二〕華嶠書曰：「榮弟子丁鴻學最高。」

〔三〕華嶠書曰：「榮長子雍早卒，少子郁嗣。」

論曰：張佚訐切陰侯，以取高位，危言犯衆，義動明后，知其直有餘也。若夫一言納賞，志士爲之懷恥；〔一〕受爵不讓，風人所以興歌。〔二〕而佚廷議戚援，自居全德，〔三〕意者以廉不足乎？昔樂羊食子，有功見疑；西巴放麑，以罪作傅。〔四〕蓋推仁審僞，本乎其情。君人者能以此察，則眞邪幾於辨矣。〔五〕

〔一〕秦兵圍趙，時魯仲連在趙，因說令退兵。平原君趙勝乃以千金爲仲連壽，連笑曰：「所貴於天下之士者，能排患解紛而無取也。即有取者，是商賈之事也，而連不忍爲也。」遂去，終身不復見。見史記也。

〔二〕詩小雅角弓篇曰：「受爵不讓，至於已斯亡。」風人猶詩人也。

〔三〕佚諫云「當用天下之賢才」，而乃自當其任，故曰「自居全德」。全德言無玷缺也。莊子曰「是謂全德」也。

〔四〕並解見吳漢傳。

〔五〕幾，近也，音鉅依反。

郁字仲恩，少以父任爲郎。敦厚篤學，傳父業，以尚書教授，門徒常數百人。榮卒，郁當襲爵，上書讓於兄子汎，顯宗不許，不得已受封，悉以租入與之。帝以郁先師子，有禮讓，甚見親厚，常居中論經書，問以政事，稍遷侍中。〔一〕帝自制五家要說章句，令郁校定於宣明殿，〔一〕以侍中監虎賁中郎將。

〔一〕東觀記曰「永平十四年爲議郎，遷侍中」也。

〔二〕華嶠書曰「帝自制五行章句」，此言「五家」，卽謂五行之家也。宣明殿在德陽殿後。東觀記曰：「上謂郁曰：『卿經及先師，致復文雅。』其冬，上親於辟雍，自講所制五行章句已，復令郁說一篇。上謂郁曰：『我爲孔子，卿爲子夏，起予者商也。』又問郁曰：『子幾人能傳學？』郁曰：『臣子皆未能傳學，孤兄子一人學方起。』上曰：『努力敎之，有起者卽白之。』」

永平十五年，入授皇太子經，遷越騎校尉，詔勅太子、諸王各奉賀致禮。郁數進忠言，多見納錄。〔一〕肅宗卽位，郁以母憂乞身，詔聽以侍中行服。〔二〕建初二年，遷屯騎校尉。

〔一〕東觀記曰：「皇太子賜郁鞍馬、刀劍，郁乃上疏皇太子曰：『伏見太子體性自然，包含今古，謙謙允恭，天下共見，郁父子受恩，無以明益，夙夜慙懼，誠思自竭。愚以爲太子上當合聖心，下當卓絕於衆，宜思遠慮，以光朝廷。』」

〔二〕華嶠書曰「郁上書乞身，天子憂之，有詔公卿議。議者皆以郁身爲名儒，學者之宗，可許之，於是詔郁以侍中行服」也。

和帝卽位，富於春秋，侍中竇憲自以外戚之重，欲令少主頗涉經學，上疏皇太后曰：「禮記云：『天下之命，懸於天子；天子之善，成乎所習。習與智長，則切而不勤；化與心成，則中道若性。昔成王幼小，越在襁保，周公在前，史佚在後，太公在左，召公在右。中立聽朝，四聖維之。是以慮無遺計，擧無過事。』〔一〕孝昭皇帝八歲卽位，大臣輔政，亦選名儒韋賢、蔡義、夏侯勝等入授於前，平成聖德。〔二〕近建初元年，張酺、魏應、召訓亦講禁中。〔三〕臣伏惟皇帝陛下，躬天然之姿，宜漸教學，而獨對左右小臣，未聞典義。昔五更桓榮，親爲帝師，子郁，結髮教尙，繼傳父業，故再以校尉入授先帝，父子給事禁省，更歷四世，今白首好禮，經行篤備。又宗正劉方，宗室之表，善爲詩經，先帝所褒。宜令郁、方並入教授，以崇本朝，光示大化。」由是遷長樂少府，復入侍講。頃之，轉爲侍中奉車都尉。永元四年，代丁鴻爲太常。明年，病卒。

〔一〕自禮記以下，至此以上，皆大戴禮之文也。切而不勤，謂習與智長，則常自切厲而不須勤勑，若性猶自然也。襁，絡也；保，小兒被也。「保」當作「褓」，古字通也。史佚，成王時史官，名佚，賢者也。維，持也。遺，失也。

〔二〕韋賢字長孺，魯國鄒人，治魯詩。蔡義，河內溫人也，爲韓詩，給事中也。夏侯勝，魯人也，字長公，治歐陽尙書。並見前書。

〔三〕酺等並自有傳。

郁經授二帝，恩寵甚篤，賞賜前後數百千萬，顯於當世。門人楊震、朱寵，皆至三公。〔一〕

〔一〕鄧騭傳曰：「朱寵字仲威，京兆人也。篤行好學，從桓榮受尙書，位至太尉。」

初，榮受朱普學章句四十萬言，浮辭繁長，多過其實。〔一〕及榮入授顯宗，減爲二十三萬言。郁復刪省定成十二萬言。由是有桓君大小太常章句。

〔一〕長音直亮反。

子普嗣，傳爵至曾孫。郁中子焉，能世傳其家學。〔一〕孫鸞、曾孫彬，並知名。

〔一〕華嶠書曰：「郁六子，普、延、焉、俊、酆、良。普嗣侯，傳國至曾孫，絕。酆、良子孫皆博學有才能。」

焉字叔元，少以父任爲郎。明經篤行，有名稱。永初元年，入授安帝，三遷爲侍中步兵校尉。永寧中，順帝立爲皇太子，以焉爲太子少傅，月餘，遷太傅，以母憂自乞，聽以大夫行喪。踰年，詔使者賜牛酒，奪服，即拜光祿大夫，遷太常。時廢皇太子爲濟陰王，焉與太僕來歷、廷尉張晧諫，不能得，事已具來歷傳。

順帝即位，拜太傅，與太尉朱寵並錄尚書事。焉復入授經禁中，因讌見，建言宜引三公、尚書入省事，〔一〕帝從之。以焉前廷議守正，封陽平侯，固讓不受。視事三年，坐辟召禁錮者爲吏免。復拜光祿大夫。陽嘉二年，代來歷爲大鴻臚，數日，遷爲太常。永和五年，代王龔爲太尉。漢安元年，以日食免。明年，卒於家。

〔一〕省猶視也。

弟子傳業者數百人，黃瓊、楊賜最爲顯貴。焉孫典。〔一〕

〔一〕華嶠書曰：「焉長子衡，早卒。中子順，順子典。」

典字公雅，復傳其家業，〔一〕以尚書教授潁川，門徒數百人。舉孝廉爲郎。居無幾，會國相王吉以罪被誅，〔二〕故人親戚莫敢至者。典獨弃官收斂歸葬，服喪三年，負土成墳，爲立祠堂，盡禮而去。

〔一〕華嶠書曰「典十二喪父母，事叔母如事親。立廉操，不取於人，門生故吏問遺，一無所受」也。

〔二〕沛相。

辟司徒袁隗府，舉高第，拜侍御史。是時宦官秉權，典執政無所回避。常乘驄馬，京師畏憚，爲之語曰：「行行且止，避驄馬御史。」及黃巾賊起滎陽，典奉使督軍。賊破，還，以牾宦官賞不行。在御史七年不調，〔一〕後出爲郎。

〔一〕華嶠書作「十年」。

靈帝崩，大將軍何進秉政，典與同謀議，三遷羽林中郎將。〔一〕獻帝即位，三公奏典前與何進謀誅閹官，功雖不遂，忠義炳著。詔拜家一人爲郎，賜錢二十萬。

〔一〕華嶠書曰「遷平津都尉、鉤盾令、羽林中郎將」也。

從西入關，拜御史中丞，賜爵關內侯。車駕都許，遷光祿勳。建安六年，卒官。

鸞字始春，焉弟子也。〔一〕少立操行，縕袍糟食，不求盈餘。〔二〕以世濁，州郡多非其人，恥不肯仕。

〔一〕東觀記曰「鸞父良，龍舒侯相」也。

〔二〕東觀記曰「鸞貞亮之性，著乎幼沖。學覽六經，莫不貫綜。推財孤寡，分賄友朋。泰於待賢，狹於養己。常著大布縕袍，糲食醋餐」也。

年四十餘，時太守向苗有名迹，乃舉鸞孝廉，遷爲膠東令。始到官而苗卒，鸞卽去職奔喪，終三年然後歸，淮汝之閒高其義。後爲巳吾、汲二縣令，〔一〕甚有名迹。諸公並薦，復徵（辟）拜議郎。上陳五事：舉賢才，審授用，黜佞倖，省苑囿，息役賦。書奏御，忤內豎，故不省。以病免。中平元年，年七十七，卒于家。子曄。

〔一〕東觀記曰：「（除）陳留巳吾長，旬月閒遷河內汲令。」

曄字文林，一名嚴，〔一〕尤修志介。姑爲司空楊賜夫人。初鸞卒，姑歸寧赴哀，將至，止於傳舍，整飾從者而後入，曄心非之。及姑勞問，終無所言，號哭而已。賜遣吏奉祠，因縣發取祠具，曄拒不受。後每至京師，未嘗舍宿楊氏。其貞忮若此。〔二〕賓客從者，皆祗其志行，一餐不受於人。仕爲郡功曹。後舉孝廉、有道、方正、茂才，三公並辟，皆不應。

〔一〕東觀記「嚴」作「礹」。

〔二〕忮，堅也。

初平中，天下亂，避地會稽，遂浮海客交阯，〔一〕越人化其節，至閭里不爭訟。爲凶人所誣，遂死于合浦獄。

〔一〕東觀記曰「礹到吳郡，揚州刺史劉繇振給穀食衣服所乏者，悉不受。後東適會稽，住止山陰縣故魯相鍾離意舍，太守王朗餉給粮食、布帛、牛羊，一無所（當）〔留〕。臨去之際，屋中尺寸之物，悉疏付主人，纖微不漏。移居揚州從事屈豫室中，中庭橘樹一株，遇實熟，乃以竹藩樹四面，風吹落兩實，以繩繫著樹枝。每當危亡之急，其志彌固，賓客從者皆肅其行」也。

彬字彥林，焉之兄孫也。父麟，字元鳳，早有才惠。〔一〕桓帝初，爲議郎，入侍講禁中，以直道牾左右，出爲許令，〔二〕病免。會母終，麟不勝喪，未祥而卒，年四十一。所著碑、誄、讚、說、書凡二十一篇。〔三〕

〔一〕華嶠書曰「酆生麟」也。

〔二〕許，縣名，今許州許昌縣也。

〔三〕案摯虞文章志，麟文見在者十八篇，有碑九首，誄七首，七說一首，沛相郭府君書一首。

彬少與蔡邕齊名。初舉孝廉，拜尚書郎。時中常侍曹節女壻馮方亦爲郎，彬厲志操，與左丞劉歆、右丞杜希同好交善，未嘗與方共酒食之會，方深怨之，遂章言彬等爲酒黨。事下尚書令劉猛，〔猛〕雅善彬等，不舉正其事，節大怒，劾奏猛，以爲阿黨，請收下詔獄，在朝者爲之寒心，猛意氣自若，旬日得出，免官禁錮。彬遂以廢。光和元年，卒於家，年四十六。諸儒莫不傷之。

所著七說及書凡三篇，蔡邕等共論序其志，僉以爲彬有過人者四：夙智早成，岐嶷也；〔一〕學優文麗，至通也；仕不苟祿，絕高也；辭隆從窊，絜操也。〔二〕乃共樹碑而頌焉。

〔一〕夙，早也。岐，行皃也。嶷然有所識也。詩曰「克岐克嶷」也。

〔二〕窊，下也，音烏瓜反。

劉猛，琅邪人。桓帝時爲宗正，直道不容，自免歸家。靈帝即位，太傅陳蕃、大將軍竇武輔政，復徵用之。

論曰：伏氏自東西京相襲爲名儒，以取爵位。〔一〕中興而桓氏尤盛，自榮至典，世宗其道，父子兄弟代作帝師，受其業者皆至卿相，顯乎當世。〔孔〕子曰：「古之學者爲己，今之學者爲人。」〔二〕爲人者，憑譽以顯物；爲己者，因心以會道。桓榮之累世見宗，豈其爲已乎！

〔一〕謂伏生已後至伏湛也。

〔二〕論語文也。

丁鴻字孝公，潁川定陵人也。父綝，字幼春，王莽末守潁陽尉。世祖略地潁陽，潁陽城守不下，綝說其宰，遂與俱降，世祖大喜，厚加賞勞，以綝爲偏將軍，因從征伐。綝將兵先度河，移檄郡國，攻營略地，下河南、陳留、潁川二十一縣。建武元年，拜河南太守。及封功臣，帝令各言所樂，諸將皆占豐邑美縣，唯綝願封本鄉。或謂綝曰：「人皆欲縣，子獨求鄉，何也？」綝曰：「昔孫叔敖勑其子，受封必求墝埆之地，〔一〕今綝能薄功微，得鄉亭厚矣。」帝從之，封定陵新安鄉侯，食邑五千戶，後徙封陵陽侯。

〔一〕孫叔敖，楚相也。墝埆，瘠薄之地。叔敖將死，戒其子曰：「王封汝，必無居利地也。楚、越之閒，有寢丘者，甚惡，可長有以食也。」見呂氏春秋也。

鴻年十三，從桓榮受歐陽尚書，三年而明章句，善論難，爲都講，遂篤志精銳，布衣荷擔，不遠千里。

初，綝從世祖征伐，鴻獨與弟盛居，憐盛幼小而共寒苦。及綝卒，鴻當襲封，上書讓國於盛，不報。既葬，乃挂縗絰於冢廬而逃去，留書與盛曰：「鴻貪經書，不顧恩義，弱而隨師，〔一〕生不供養，死不飯唅，皇天先祖，並不祐助，身被大病，不任茅土。〔二〕前上疾狀，願辭爵仲公，〔三〕章寢不報，迫且當襲封。謹自放弃，逐求良醫。如遂不瘳，永歸溝壑。」鴻初與九江人鮑駿同事桓榮，甚相友善，及鴻亡封，與駿遇於東海，陽狂不識駿。駿乃止而讓之曰：「昔伯夷、吳札亂世權行，故得申其志耳。〔四〕春秋之義，不以家事廢王事。〔五〕今子以兄弟私恩而絕父不滅之基，可謂智乎？」鴻感悟，垂涕歎息，乃還就國，開門教授。鮑駿亦上書言鴻經學至行，顯宗甚賢之。〔六〕

〔一〕弱，少也。

〔二〕任，堪也。

〔三〕仲公，盛之字也。

〔四〕伯夷，孤竹君之子，讓其弟叔齊，餓死於首陽之山。吳札，吳王壽夢之季子也，諸兄欲讓其國，季子乃舍其室而耕。皆是權時所行，非常之道也。伯夷當紂時，吳札當周之末，故言亂〔也〕〔世〕。

〔五〕春秋衞靈公卒，孫輒立，父蒯聵與輒爭國。公羊傳曰：「輒者曷爲？蒯聵之子。然則曷爲不立蒯聵而立輒？蒯聵無道，靈公逐之而立輒。然則輒之義可以立乎？曰可。不以父命辭於王命，不以家事辭於王事。」故駿引以爲言也。

〔六〕續漢書載駿書曰：「臣聞武王克殷，封比干之墓，表商容之閭，二人無功，下車先封之，表善顯仁，爲國之砥礪也。伏見丁鴻經明行修，志節清妙。」由是上賢之也。

永平十年詔徵，鴻至卽召見，說文侯之命篇，〔一〕賜御衣及綬，稟食公車，〔二〕與博士同禮。頃之，拜侍中。十三年，兼射聲校尉。建初四年，徙封魯陽鄉侯。〔三〕

〔一〕周平王東遷洛邑，晉文侯仇有輔佐之功，平王賜以車馬、弓矢而策命之，因以名篇，事見尚書也。

〔二〕稟，給也。公車，署名，公車所在，因以名。諸待詔者，皆居以待命，故令給食焉。

〔三〕東觀記曰：「魯陽鄉在尋陽〔郡〕〔縣〕」也。

肅宗詔鴻與廣平王羨及諸儒樓望、成封、桓郁、賈逵等，論定五經同異於北宮白虎觀，〔一〕使五官中郎將魏應主承制問難，侍中淳于恭奏上，帝親稱制臨決。鴻以才高，論難最明，諸儒稱之，帝數嗟美焉。時人嘆曰：「殿中無雙丁孝公。」〔二〕數受賞賜，擢徙校書，遂代成封爲少府。門下由是益盛，遠方至者數千人。彭城劉愷、北海巴茂、九江朱倀皆至公卿。元和三年，徙封馬亭鄉侯。〔三〕

〔一〕廣平王羨，明帝子也。東觀記曰「與太常樓望、少府成封、屯騎校尉桓郁、衞士令賈逵等集議」也。白虎，門名。

於門立觀，因之以名焉。

〔二〕東觀記曰：「上嘆嗟其才，號之曰『殿中無雙丁孝公』，賜錢二十萬。」續漢書亦同。而此書獨作「時人歎」也。

〔三〕東觀記曰：「元和二年，車駕東巡狩，鴻以少府從。上奏曰：『臣聞古之帝王，統治天下，五載巡狩，至于岱宗，柴祭於天，望秩山川，協時月正日，同斗斛權衡，使人不爭。陛下尊履蒸蒸，奉承弘業，祀五帝於明堂，配以光武，二祖四宗，咸有告祀。瞻望太山，嘉澤降澍，柴祭之日，白氣上升，與燎煙合，黃鵠羣翔，所謂神人以和，荅響之休符也。』上善焉。」又曰「以廬江郡爲六安國」，所以徙封爲馬亭侯。

和帝即位，遷太常。永元四年，代袁安爲司徒。是時竇太后臨政，憲兄弟各擅威權。鴻因日食，上封事曰：

臣聞日者陽精，守實不虧，君之象也；月者陰精，盈毀有常，臣之表也。故日食者，臣乘君，陰陵陽；月滿不虧，下驕盈也。昔周室衰季，皇甫之屬專權於外，黨類強盛，侵奪主執，則日月薄食，〔一〕故詩曰：「十月之交，朔月辛卯，日有食之，亦孔之醜。」〔二〕春秋日食三十六，弒君三十二。變不空生，各以類應。夫威柄不以放下，利器不可假人。〔三〕覽觀往古，近察漢興，傾危之禍，靡不由之。是以三桓專魯，田氏擅齊，六卿分晉；諸呂握權，統嗣幾移；哀、平之末，廟不血食。〔四〕故雖有周公之親，而無其德，不得行其執也。〔五〕

〔一〕周室衰謂幽王時也。皇甫卿幽王后之黨也。詩小雅曰：「皇甫卿士，番惟司徒，家伯維宰，仲允膳夫。」其類非一，故言之屬也。

〔二〕十月之交，詩小雅篇名也。孔，甚也。醜，惡也。周之十月，夏之八月也。八月朔，日月交而日食，陰侵陽，臣侵君之象也。日辰之義，日爲君，辰爲臣。辛，金也。卯，木也。又以卯侵金，故甚惡也。

〔三〕劉向上書云：「弑君三十六。」今據春秋與劉向同，而東觀及續漢范氏諸本皆云「三十二」，蓋誤也。威柄謂周禮之八柄，即爵、祿、生、置、予、奪、廢、誅也。利器謂國之權埶。假，借也。左傳曰「唯器與名，不可以假人」也。

〔四〕三桓謂季孫氏、叔孫氏、仲孫氏。三家皆出自魯桓公，故言三桓。並專權魯國。至魯昭公，遂爲季氏所逐，平子乃攝行君事。田氏，陳敬仲之後，因自陳奔齊，改爲田氏，遂執齊政，至田和乃簒齊。六卿謂晉之智氏、中行氏、范氏、韓氏、趙氏、魏氏，並專晉政，韓、趙、魏卒三分晉國也。諸呂謂呂產、呂祿也。產領南軍，祿領北軍，謀危劉氏，故曰「統嗣幾移」。

〔五〕言親賢兼重，方可執政。孟子曰：「有伊尹之心則可，無伊尹之心則簒也。」

今大將軍雖欲敕身自約，不敢僭差，然而天下遠近皆惶怖承旨，刺史二千石初除謁辭，求通待報，雖奉符璽，受臺敕，不敢便去，久者至數十日。背王室，向私門，此乃上威損，下權盛也。人道悖於下，效驗見於天，雖有隱謀，神照其情，垂象見戒，以告人君。閒者月滿先節，過望不虧，〔一〕此臣驕溢背君，專功獨行也。陛下未深覺悟，故天重見戒，誠宜畏懼，以防其禍。詩云：「敬天之怒，不敢戲豫。」〔二〕若敕政責躬，杜漸防萌，則凶妖銷滅，害除福湊矣。

〔一〕易曰「天垂象，見吉凶」，故言見戒也。月滿先節謂未及望而滿也。東觀記亦〔云〕作「先節」，俗本作「失節」，字之誤也。

〔二〕詩大雅也。雷電震耀，天怒也。戲豫猶逸豫也。不敢自逸，所以敬天也。

夫壞崖破巖之水，源自涓涓；干雲蔽日之木，起於葱青。禁微則易，救末者難，人莫不忽於微細，以致其大。恩不忍誨，義不忍割，去事之後，未然之明鏡也。臣愚以爲左官外附之臣，〔一〕依託權門，傾覆諂諛，以求容媚者，宜行一切之誅。間者大將軍再出，威振州郡，莫不賦斂吏人，遣使貢獻。大將軍雖云不受，而物不還主，部署之吏無所畏憚，縱行非法，不伏罪辜，故海內貪猾，競爲姦吏，小民吁嗟，怨氣滿腹。臣聞天不可以不剛，不剛則三光不明；〔二〕王不可以不彊，不彊則宰牧從橫。宜因大變，改政匡失，以塞天意。

〔一〕前書：「左官附益阿黨之法設。」左官者，人道尚右，舍天子而事諸侯爲左官。外附謂背正法而附私家

〔二〕三光，日、月、星也。天道尚剛。周易曰：「乾，健也。」左傳曰：「天爲剛德。」

書奏十餘日，帝以鴻行太尉兼衞尉，屯南、北宮。於是收竇憲大將軍印綬，憲及諸弟皆自殺。

時大郡口五六十萬舉孝廉二人，小郡口二十萬幷有蠻夷者亦舉二人，帝以爲不均，下公卿會議。鴻與司空劉方上言：「凡口率之科，宜有階品，蠻夷錯雜，不得爲數。自今郡國率二十萬口歲舉孝廉一人，四十萬二人，六十萬三人，八十萬四人，百萬五人，百二十萬六人。不滿二十萬二歲一人，不滿十萬三歲一人。」帝從之。

六年，鴻薨，賜贈有加常禮。子湛嗣。湛卒，子浮嗣。浮卒，子夏嗣。〔一〕

〔一〕東觀記及續漢書「夏」字作「夓」也。

論曰：孔子曰「太伯三以天下讓，民無得而稱焉」。〔一〕孟子曰「聞伯夷之風者，貪夫廉，懦夫有立志」。若乃太伯以天下而違周，伯夷率絜情以去國，並未始有其讓也。〔二〕故太伯稱至德，伯夷稱賢人。後世聞其讓而慕其風，徇其名而昧其致，所以激詭行生而取與妄矣。〔三〕至夫鄧彪、劉愷，讓其弟以取義，使弟受非服而已厚其名，於義不亦薄乎！〔四〕君子立言，非苟顯其理，將以啓天下之方悟者；立行，非獨善其身，將以訓天下之方動者。言行之所開塞，可無慎哉！原丁鴻之心，主於忠愛乎？何其終悟而從義也！異夫數子類乎徇名者焉。

〔一〕此上論語載孔子之言也。鄭玄注云：「太伯，周太王之長子，次子仲雍，次子季歷。太王見季歷賢，又生文王有聖人表，故欲立之，而未有命。太王疾，太伯因適吳、越採藥，太王歿而不返，季歷爲喪主，一讓也。季歷赴之，不來奔喪，二讓也。免喪之後，遂斷髮文身，三讓也。三讓之美皆蔽隱不著，故人無得而稱焉。」

〔二〕違，去也。未始猶未嘗也。言太伯、伯夷率性清絜，超然去國，未嘗故有求讓之名。

〔三〕徇，營也。言二子非故立讓風以求聲譽，故至德稱於前古。後代之人直欲營慕其名，而昧其深致，所以激射詭譎之行生，而取與之間多詐妄矣。

〔四〕彪讓國異母弟荆及鳳，愷以國讓弟憲，帝皆許焉。弟不當襲爵，故言非服，而彪、愷皆獨受美名，而陷弟於不義也。

贊曰：五更待問，應若鳴鍾。〔一〕庭列輜駕，堂修禮容。穆穆帝則，擁經以從。〔二〕丁鴻翼翼，讓而不飾。高論白虎，深言日食。〔三〕

〔一〕禮記曰：「夙夜強學以待問。」又曰「善待問者如撞鍾，扣之以小者則小鳴，扣之以大者則大鳴，待其舂容而後盡其聲，不善荅問者反此」也。

〔二〕從，就也。

〔三〕春秋經書「日有食之」。杜注云：「日食者，月掩日。聖人不言月掩日，而以自食爲文，闕於所不見也。」

校勘記

一二四九頁三行　桓榮字春卿　按：集解引汪文臺說，謂書鈔云字子春。

一二四九頁三行　事博士九江朱普　按：王先謙謂今本東觀記作「朱文剛」。

一二五〇頁一行　入使授太子　刊誤謂案文「入使」當作「使入」。按：孔廣陶校注本北堂書鈔五十六引續漢書作「入授太子」，無「使」字。張森楷校勘記謂治要無「使」字。

一二五〇頁四行　引閎弘爲議郎　按：東觀記無「弘」字。

一二五〇頁八行　建武十八年夏旱　汲本、殿本「十八年」作「十六年」。按：光武紀建武十八年夏五月旱，是作「十六年」者誤也。

一二五〇頁一一行　皐弘字奉卿　按：「奉」原譌「秦」，逕據汲本、殿本改正。

一二五〇頁一二行　吳郡人也　按：張熷謂吳郡順帝時置，榮時乃會稽郡耳，「郡」當爲「縣」。

一二五三頁五行　食邑五千戶　按：東觀記作「五百戶」，云後以五更祿終厥身。

一二五四頁五行　則眞邪幾於辨矣　按：王先謙謂「眞」蓋「貞」之誤。

一二五四頁一〇行　並解見吳漢傳　按：集解引黃山說，謂注誤，乃見公孫述傳。

一二五五頁一行　以侍中監虎賁中郎將　按：刊誤謂漢無監虎賁官，蓋是「秉」字，與丁鴻同也。

一二五五頁一四行　則切而不勤　按：集解引沈欽韓說，謂大戴禮保傅篇作「切而不攘」，賈誼傳及新書作「切而不媿」。

一二五六頁一行　召訓　按：集解引惠棟說，謂本傳作「馴」，徐廣云馴古訓字。

三五八頁六行　典執政無所回避　刊誤謂典爲御史，非執政者，「政」當作「正」。按：御覽四二一七引作「正」。

三五九頁五行　糲食醋餐　按：聚珍本東觀記「醋餐」作「粗餐」。

三五九頁六行　時太守向苗　按：校補引錢大昭說，謂鸞，沛國人，苗當爲國相，桓典之爲孝廉，國相王吉舉之，是其證。此云「太守」，誤。

三五九頁七行　復徵（辟）拜議郎　刊誤謂徵則上徵之，辟則諸府辟之，議郎當云徵而已，明多「辟」字。今據刪。

三五九頁一〇行　〔除〕陳留巳吾長　據汲本、殿本補。

三六〇頁六行　一無所（當）〔留〕　據殿本改，與聚珍本東觀記合。

三六一頁三行　〔猛〕雅善彬等　據汲本、殿本補。按：御覽二一一五引重「猛」字。

三六一頁四行　彬遂以廢　按：御覽二一一五引「以」作「見」。

三六一頁六行　所著七說　按：校補引侯康及柳從辰說，並謂「七說」當作「七誤」。

三六一頁六行　夙智早成岐嶷也　按：刊誤謂案蔡邕本以早成爲一德，傳寫之誤，反以「岐嶷」在下，當云「夙智岐嶷，早成也」。

三六二頁三行　〔孔〕子曰　據汲本、殿本補。

一三六二頁四行　丁鴻字孝公　按：王先謙謂李善文選注作「字季公」。

一三六二頁七行　九江人鮑駿　按：集解引惠棟說，謂袁宏紀「駿」作「俊」。

一三六三頁一五行　故言亂(也)〔世〕　據殿本改。

一三六四頁一行　父蒯聵與輒爭國　按：汲本、殿本「聵」作「瞶」。下同。

一三六四頁二行　不以父命辭於王命　按：陳景雲謂按公羊傳本文，當作「不以父命辭王父命」。

一三六四頁一〇行　魯陽鄉在尋陽(郡)〔縣〕也　集解引洪亮吉說，謂漢時止有尋陽縣，屬廬江郡，此「郡」字蓋「縣」字之誤。今據改。

一三六四頁一三行　數受賞賜擢徙校書　刊誤謂漢校書者郎官而已，鴻已爲二千石，不當以校書爲擢徙也，明衍「校書」二字。集解引惠棟說，謂如劉說，則「擢徙」二字無所附麗，或作「尙書」。校補謂案劉意，「擢徙」二字承上「數受賞賜」爲一句，不必有所附麗，尙書六百石，亦非二千石擢徙之官。此傳但云「校書」，未言「校書郎」，則「賞賜擢徙」與「校書」各爲一事，原不必校書定爲官名。今按：句當有脫譌，諸說皆未諦。

一三六五頁四行　同斗斛權衡　按：「同」原譌「角」，逕據汲本、殿本改正。

一三六五頁一三行　弒君三十二　按：「弒」原譌「殺」，逕據汲本、殿本改正。

一三六六頁一一行　有伊尹之心則可無伊尹之心則簒也　按：殿本「心」皆改作「志」，取與今本孟子合。校

一二六六頁一四行　補謂案周章傳論已引作「心」，官本同，周廣業據爲孟子異本是也。

一二六七頁二行　雖有隱謀　按：集解引王補說，謂袁宏紀作「雖欲隱諱」。

一二六七頁一三行　東觀記亦(云)作先節　據校補刪。

一二六八頁五行　左傳曰天爲剛德　按：汲本、殿本注無此七字，而有「天道終日乾乾是其剛也」十字。

一二六八頁一〇行　〔湛〕卒子浮嗣。　據汲本、殿本補。

一二六九頁一三行　而已厚其名　按：集解引惠棟說，謂華嶠書「厚」作「享」。

而以自食爲文　按：汲本、殿本「自食」譌「日食」。

後漢書卷三十八

張法滕馮度楊列傳第二十八

張宗字諸君，南陽魯陽人也。王莽時，爲縣陽泉鄉佐。〔一〕會莽敗，義兵起，宗乃率陽泉民三四百人起兵略地，西至長安，更始以宗爲偏將軍。宗見更始政亂，因將家屬客安邑。

〔一〕續漢書曰：「鄉佐，主佐鄉收稅賦。」

及大司徒鄧禹西征，定河東，宗詣禹自歸。禹聞宗素多權謀，乃表爲偏將軍。禹軍到栒邑，赤眉大衆且至，禹以栒邑不足守，欲引師進就堅城，而衆人多畏賊追，憚爲後拒。禹乃書諸將名於竹簡，署其前後，亂著笥中，令各探之。〔二〕宗獨不肯探，曰：「死生有命，張宗豈辭難就逸乎！」禹歎息謂曰：「將軍有親弱在營，柰何不顧？」宗曰：「愚聞一卒畢力，百人不當；萬夫致死，可以橫行。宗今擁兵數千，以承大威，何遽其必敗乎！」遂留爲後拒。諸營既引兵，宗方勒厲軍士，堅壘壁，以死當之。禹到前縣，議曰：「以張將軍之衆，當百萬之師，猶以小雪投沸湯，雖欲戮力，其埶不全也。」乃遣步騎二千人反還迎宗。宗引兵始發，而赤眉卒至，宗與戰，卻之，乃得歸營，於是諸將服其勇。及還到長安，宗夜將銳士入城襲赤眉，中矛貫胛，〔二〕又轉攻諸營保，爲流矢所激，皆幾至於死。

〔一〕筩以竹爲之。鄭玄注禮記云：「圜曰簞，方曰筩。」

〔二〕胛，背上兩髆閒。

及鄧禹徵還，光武以宗爲京輔都尉，〔一〕將突騎與征西大將軍馮異共擊關中諸營保，破之，遷河南都尉。建武六年，都尉官省，拜太中大夫。八年，潁川桑中盜賊羣起，宗將兵擊定之。後青、冀盜賊屯聚山澤，宗以謁者督諸郡兵討平之。十六年，琅邪、北海盜賊復起，宗督二郡兵討之，乃設方略，明購賞，皆悉破散，於是沛、楚、東海、臨淮羣賊懼其威武，相捕斬者數千人，青、徐震慄。後遷琅邪相，其政好嚴猛，敢殺伐。永平二年，卒於官。

〔一〕秦每郡有尉一人，典兵禁，景帝更名都尉。武帝元鼎四年，置京輔都尉，各一人，二千石，見前書也。

法雄字文彊，扶風郿人也，齊襄王法章之後。秦滅齊，子孫不敢稱田姓，故以法爲氏。〔一〕宣帝時，徙三輔，世爲二千石。雄初仕郡功曹，〔二〕辟太傅張禹府，舉雄高第，除平氏長。〔三〕善政事，好發擿姦伏，盜賊稀發，吏人畏愛之。南陽太守鮑得上其理狀，遷宛陵令。

〔一〕法章，齊湣王子也。法章子建立，爲秦所滅。見史記也。

〔二〕續漢志曰「郡皆置諸曹掾史。功曹史，主選署功勞」也。

〔三〕平氏，縣，屬南陽郡，故城今唐州平氏縣也。

永初三年，海賊張伯路等三千餘人，冠赤幘，服絳衣，自稱「將軍」，寇濱海九郡，殺二千石令長。初，遣侍御史龐雄督州郡兵擊之，伯路等乞降，尋復屯聚。明年，伯路復與平原劉文河等三百餘人稱「使者」，攻厭次城，殺長吏，〔一〕轉入高唐，〔二〕燒官寺，出繫囚，渠帥皆稱「將軍」，共朝謁伯路。伯路冠五梁冠，佩印綬，〔三〕黨衆浸盛。乃遣御史中丞王宗持節發幽、冀諸郡兵，合數萬人，乃徵雄爲青州刺史，與王宗并力討之。連戰破賊，斬首溺死者數百人，餘皆奔走，收器械財物甚衆。會赦詔到，賊猶以軍甲未解，不敢歸降。於是王宗召刺史太守共議，皆以爲當遂擊之。雄曰：「不然。兵，凶器；戰，危事。〔四〕勇不可恃，勝不可必。賊若乘船浮海，深入遠島，攻之未易也。及有赦令，可且罷兵，以慰誘其心，埶必解散，然後圖之，可不戰而定也。」宗善其言，卽罷兵。賊聞大喜，乃還所略人。而東萊郡兵獨未解甲，賊復驚恐，遁走遼東，止海島上。五年春，乏食，復抄東萊閒，雄率郡兵擊破之，賊逃還遼東，遼東人李久等共斬平之，於是州界淸靜。

〔一〕厭次，今棣州縣是也。

〔二〕高唐今博州縣。

〔三〕漢官儀曰「諸侯冠進賢三梁，卿大夫、尚書、二千石冠兩梁，千石以下至小吏冠一梁」，無五梁制者也。

〔四〕史記范蠡之詞。

雄每行部，録囚徒，察顔色，多得情僞，長吏不奉法者皆解印綬去。在州四年，遷南郡太守，斷獄省少，戶口益增。郡濱帶江沔，〔一〕又有雲夢藪澤，〔二〕永初中，多虎狼之暴，前太守賞募張捕，反爲所害者甚衆。雄乃移書屬縣曰：「凡虎狼之在山林，猶人〔民〕之居城市。古者至化之世，猛獸不擾，〔三〕皆由恩信寬澤，仁及飛走。太守雖不德，敢忘斯義。記到，其毀壞檻穽，不得妄捕山林。」〔四〕是後虎害稍息，人以獲安。在郡數歲，歲常豐稔。〔五〕元初中卒官。

〔一〕水經曰：「沔水出武都沮縣東狼谷中，至江夏沙羨縣北，南入于江。」羨音夷。

〔二〕雲夢澤今在安州。

〔三〕禮記曰：「大道之行，四靈以爲畜。龍以爲畜，故魚鮪不淰；鳳以爲畜，故鳥不獝；麟以爲畜，故獸不狘。」是不擾之也。

〔四〕檻謂捕獸之機也。穽謂穿地陷獸也。

〔五〕稔，熟也。

子真，在逸人傳。

滕撫字叔輔，北海劇人也。初仕州郡，稍遷爲涿令，有文武才用。太守以其能，委任郡職，兼領六縣。〔一〕風政修明，流愛于人，在事七年，道不拾遺。

〔一〕續漢志涿郡領七縣，除涿以外，有迺、故安、范陽、良鄉、北新城、方城六縣，使撫兼領之。

順帝末，揚、徐盜賊羣起，磐牙連歲。〔一〕建康元年，九江范容、周生等相聚反亂，屯據歷陽，〔二〕爲江淮巨患，遣御史中丞馮緄將兵督揚州刺史尹燿、九江太守鄧顯討之。燿、顯軍敗，爲賊所殺。又陰陵人徐鳳、馬勉等復寇郡縣，殺略吏人。鳳衣絳衣，帶黑綬，稱「無上將軍」，勉皮冠黃衣，帶玉印，稱「黃帝」，築營於當塗山中。〔三〕乃建年號，置百官，遣別帥黃虎攻沒合肥。〔四〕明年，廣陵賊張嬰等復聚衆數千人反，據廣陵。朝廷博求將帥，三公舉撫有文武才，拜爲九江都尉，與中郎將趙序助馮緄合州郡兵數萬人共討之。又廣開賞募，錢、邑各有差。梁太后慮羣賊屯結，諸將不能制，又議遣太尉李固。未及行，會撫等進擊，大破之，斬馬勉、范容、周生等千五百級，徐鳳遂將餘衆攻燒東城縣。〔五〕下邳人謝安應募，率其宗親設伏擊鳳，斬之，封安爲平鄉侯，邑三千戶。拜撫中郎將，督揚徐二州事。撫復進擊張嬰，斬獲千餘人。趙序坐畏懦不進，詐增首級，徵還弃市。又歷陽賊華孟自稱「黑帝」，攻九江，殺郡守。撫乘勝進擊，破之，斬孟等三千八百級，虜獲七百餘人，牛馬財物不可勝筭。於是東南悉平，振旅而還。以撫爲左馮翊，除一子爲郎。撫所得賞賜，盡分於麾下。

〔一〕犛牙謂相連結。

〔二〕歷陽今和州縣。

〔三〕當塗縣之山也，在今宣州。

〔四〕合肥故城在今廬州北也。

〔五〕東城縣故城在今豪州定遠縣東南。

性方直，不交權埶，宦官懷忿。及論功當封，太尉胡廣時錄尙書事，承旨奏黜撫，天下怨之。卒於家。

馮緄字鴻卿，巴郡宕渠人也，〔一〕少學春秋、司馬兵法。〔二〕父煥，安帝時爲幽州刺史，疾忌姦惡，數致其罪。時玄菟太守姚光亦失人和。建光元年，怨者乃詐作璽書譴責煥、光，賜以歐刀。又下遼東都尉龐奮使速行刑，奮卽斬光收煥。煥欲自殺，緄疑詔文有異，止煥曰：「大人在州，志欲去惡，實無它故，必是凶人妄詐，規肆姦毒。願以事自上，甘罪無晚。」煥從其言，上書自訟，果詐者所爲，徵奮抵罪。會煥病死獄中，帝愍之，賜煥、光錢各十萬，以子爲郎中。緄由是知名。

〔一〕宕渠，縣，故城在今渠州東北。緄音古本反。

〔二〕謝承書曰：緄學公羊春秋。史記曰：司馬穰苴者，田完之苗裔也，當景公時，善用兵。至齊威王時，使大夫追論古者司馬兵法，而附穰苴其中，號曰司馬穰苴也。

家富好施，賑赴窮急，爲州里所歸愛。初舉孝廉，七遷爲廣漢屬國都尉，徵拜御史中丞。順帝末，以緄持節督揚州諸郡軍事，與中郎將滕撫擊破羣賊，遷隴西太守。後鮮卑寇邊，以緄爲遼東太守，曉喻降集，虜皆弭散。〔一〕徵拜京兆尹，轉司隸校尉，所在立威刑。遷廷尉、太常。

〔一〕弭，止也。

時長沙蠻寇益陽，屯聚積久，至延熹五年，衆轉盛，而零陵蠻賊復反應之，合二萬餘人，攻燒城郭，殺傷長吏。又武陵蠻夷悉反，寇掠江陵閒，荆州刺史劉度、南郡太守李肅並奔走，荆南皆没。於是拜緄爲車騎將軍，將兵十餘萬討之，詔策緄曰：「蠻夷猾夏，久不討攝，〔一〕各焚都城，蹈籍官人。州郡將吏，死職之臣，相逐奔竄，曾不反顧，可愧言也。將軍素有威猛，是以擢授六師。〔二〕前代陳湯、馮、傅之徒，以寡擊衆，〔三〕郅支、夜郎、樓蘭之戎，頭懸都街，〔四〕衛、霍北征，功列金石，是皆將軍所究覽也。〔五〕今非將軍，誰與修復前迹？進赴之宜，權時之策，將軍一之，出郊之事，不復內御。〔六〕已命有司祖于國門。〔七〕詩不云乎：『進厥虎臣，闞如虓虎，敷敦淮濆，仍執醜虜。』將軍其勉之！」〔八〕

〔一〕猾，亂也。夏，華夏也。攝，持也。書曰：「蠻夷猾夏。」

〔二〕六師猶六軍也，詩云「整我六師，以修我戎」也。

〔三〕陳湯字子公，山陽瑕丘人也。元帝時，為西域副校尉，矯發西域諸國兵四萬人，誅斬郅支單于，傳首長安，懸於槀街。馮奉世字子明，上黨潞人也。宣帝時，以衞尉持節送大宛諸國客到伊修城。時莎車王萬年殺漢使者，子明乃以節告諸國王，發兵五千人擊莎車，殺其王，傳首詣長安。傅介子，北地人。昭帝時，為平樂監。時樓蘭國數反覆，霍光白遣介子與士卒，齎金幣以賜外國為名，至樓蘭，樓蘭王與介子飲，乃令壯士二人刺殺之，持首詣闕。

〔四〕夜郎，西南夷之國也。成帝時，夜郎王興數不從命，牂柯太守陳立行縣至夜郎，召興，興從邑君數十人見立，立數責，因斷興頭。案：夜郎王首不傳京師，殺之者陳立，又非陳湯、馮、傅，此蓋泛論誅戮戎夷耳。

〔五〕衞青、霍去病俱出擊匈奴，青至寘顏山，斬首九千級，去病斬首七萬餘級，次(到)〔封〕狼居胥山迺還也。

〔六〕一猶專也，言出郊以外，不復由內制御也。淮南子曰「凡命將，主親授鉞曰：『從此上至天，將軍制之。』將荅曰：『國不可從外理，軍不可從中御』」也。

〔七〕祖，道祭也。鄭玄注禮記云：「天子九門：路門也，應門也，雉門也，庫門也，皐門也，國門也，近郊門也，遠郊門也，關門也。」

〔八〕詩大雅也。當周宣王時，徐方、淮夷反叛，宣王乃進其虎猛之臣，謂方叔、召虎之類也。虓虎，怒聲也。水涯曰潰。敷，布也。醜，衆也。仍，因也。言布兵敦逼淮水之涯，因執得衆虜。引詩戒緄，令其勉也。

時天下飢饉，帑藏虛盡，每出征伐，常減公卿奉祿，假王侯租賦，前後所遣將帥，宦官輒陷以折耗軍資，往往抵罪。緄性烈直，不行賄賂，懼爲所中，乃上疏曰：「埶得容姦，伯夷可疑；苟曰無猜，盜跖可信。〔一〕故樂羊陳功，文侯示以謗書。〔二〕願請中常侍一人監軍財費。」尙書朱穆奏緄以財自嫌，失大臣之節。有詔勿劾。

〔一〕莊子曰，孔子與柳下季爲友，弟名曰盜跖，從卒九千人，橫行，侵暴諸侯，驅人馬牛，取人婦女，貪虐無親，萬人苦之。

〔二〕樂羊，魏將軍也。史記曰，魏文侯令樂羊將而攻中山，三年而拔之。樂羊反而論功，文侯示之謗書一篋。樂羊再拜曰：「此非臣之功也。」

緄軍至長沙，賊聞，悉詣營道乞降。〔一〕進擊武陵蠻夷，斬首四千餘級，受降十餘萬人，荆州平定。詔書賜錢一億，固讓不受。振旅還京師，推功於從事中郎應奉，薦以爲司隸校尉，而上書乞骸骨，朝廷不許。監軍使者張敞承宦官旨，奏緄將傳婢二人戎服自隨，又輒於江陵刻石紀功，請下吏案理。尙書令黃儁奏議，以爲罪無正法，不合致糾。會長沙賊復起，攻桂陽、武陵，緄以軍還盜賊復發，策免。

〔一〕營道，今道州縣也。

頃之，拜將作大匠，轉河南尹。上言「舊典，中官子弟不得爲牧人職」，帝不納。復爲廷尉。時山陽太守單遷以罪繫獄，緄考致其死。遷，故車騎將軍單超之弟，中官相黨，遂共誹章誣緄，坐與司隸校尉李膺、大司農劉祐俱輸左校。應奉上疏理緄等，得免。後拜屯騎校尉，復爲廷尉，卒於官。

緄弟允，清白有孝行，能理尚書，善推步之術。〔一〕拜降虜校尉，終於家。〔二〕

〔一〕推步謂究日月五星之度，昏旦節氣之差。

〔二〕謝承書曰：「緄子鸞，舉孝廉，除郎中。」

度尚字博平，山陽湖陸人也。家貧，不修學行，不爲鄉里所推舉。〔一〕積困窮，乃爲宦者同郡侯覽視田，得爲郡上計吏，拜郎中，除上虞長。〔二〕爲政嚴峻，明於發擿姦非，吏人謂之神明。〔三〕遷文安令，〔四〕遇時疾疫，穀貴人飢，尚開倉稟給，營救疾者，百姓蒙其濟。時冀州刺史朱穆行部，見尚甚奇之。

〔一〕續漢書曰：「尚少喪父，事母至孝，通京氏易、古文尚書。爲吏清絜，有文武才略。」與此不同。

〔二〕上虞，縣，故城在今越州餘姚縣西。

〔三〕謝承書曰：「尚進善愛人，坐以待旦，擢門下書佐朱儁，恒嘆述之，以爲有不凡之操。儁後官至車騎將軍，遠近奇尚有知人之鑒。」

〔四〕文安，縣，故城在今瀛州文安縣東北。

延熹五年，長沙、零陵賊合七八千人，自稱「將軍」，入桂陽、蒼梧、南海、交阯，交阯刺史及蒼梧太守望風逃奔，二郡皆沒。遣御史中丞盛修募兵討之，不能剋。豫章艾縣人六百餘人，應募而不得賞直，怨恚，遂反，焚燒長沙郡縣，寇益陽，〔一〕殺縣令，衆漸盛。又遣謁者馬睦，督荊州刺史劉度擊之，軍敗，睦、度奔走。桓帝詔公卿舉任代劉度者，尚書朱穆舉尚，自右校令擢爲荊州刺史。尚躬率部曲，與同勞逸，廣募雜種諸蠻夷，明設購賞，進擊，大破之，降者數萬人。桂陽宿賊渠帥卜陽、潘鴻等畏尚威烈，徙入山谷。尚窮追數百里，遂入南海，破其三屯，多獲珍寶。而陽、鴻等黨衆猶盛，尚欲擊之，而士卒驕富，莫有鬭志。尚計緩之則不戰，逼之必逃亡，乃宣言卜陽、潘鴻作賊十年，習於攻守，今兵寡少，未易可進，當須諸郡所發悉至，爾乃并力攻之。申令軍中，恣聽射獵。兵士喜悅，大小皆相與從禽。尚乃密使所親客潛焚其營，珍積皆盡。獵者來還，莫不泣涕。尚人人慰勞，深自咎責，因曰：「卜陽等財寶足富數世，諸卿但不并力耳。所亡少少，何足介意！」衆聞咸憤踊，尚勑令秣馬蓐食，明旦，徑赴賊屯。陽、鴻等自以深固，不復設備，吏士乘銳，遂大破平之。

〔一〕益陽，縣，在益水之陽，故城在今潭州益陽縣東。

尙出兵三年，羣寇悉定。七年，封右鄉侯，遷桂陽太守。明年，徵還京師。時荆州兵朱蓋等，征戍役久，財賞不贍，忿恚，復作亂，與桂陽賊胡蘭等三千餘人復攻桂陽，焚燒郡縣，太守任胤弃城走，賊衆遂至數萬。轉攻零陵，太守陳球固守拒之。於是以尙爲中郎將，將幽、冀、黎陽、烏桓步騎二萬六千人救球，又與長沙太守抗徐等發諸郡兵，并埶討擊，大破之，斬蘭等首三千五百級，餘賊走蒼梧。詔賜尙錢百萬，餘人各有差。

時抗徐與尙俱爲名將，數有功。徐字伯徐，丹陽人，鄉邦稱其膽智。初試守宣城長，悉移深林遠藪椎髻鳥語之人置於縣下，〔一〕由是境內無復盜賊。後爲中郎將宗資別部司馬，擊太山賊公孫舉等，破平之，斬首三千餘級，封烏程東鄉侯五百戶。〔二〕遷太山都尉，寇盜望風奔亡。及在長沙，宿賊皆平。卒於官。桓帝下詔追增封徐五百戶，并前千戶。

〔一〕宣城，縣，故城在今宣州南陵縣東。椎，獨髻也，音直追反。鳥語謂語聲似鳥也。書曰：「島夷卉服。」

〔二〕烏程，今湖州縣。

復以尙爲荆州刺史。尙見胡蘭餘黨南走蒼梧，懼爲己負，乃僞上言蒼梧賊入荆州界，於是徵交阯刺史張磐下廷尉。辭狀未正，會赦見原。磐不肯出獄，方更牢持械節，獄吏謂磐曰：「天恩曠然而君不出，（何）〔可〕乎？」磐因自列曰：「前長沙賊胡蘭作難荆州，餘黨散入交阯。磐身嬰甲胄，涉危履險，討擊凶患，斬殄渠帥，餘盡鳥竄冒遁，還奔荆州。刺史度尚懼磐先言，怖畏罪戾，〔一〕伏奏見誣。磐備位方伯，爲國爪牙，〔二〕而爲尚所枉，受罪牢獄。夫事有虛實，法有是非。磐實不辜，赦無所除。如忍以苟免，永受侵辱之恥，生爲惡吏，死爲敝鬼。乞傳尚詣廷尉，面對曲直，足明眞僞。尚不徵者，磐埋骨牢檻，終不虛出，望塵受枉。」廷尉以其狀上，詔書徵尚到廷尉，辭窮受罪，以先有功得原。磐字子石，丹陽人，以清白稱，終於廬江太守。

〔一〕戾亦罪也。

〔二〕爪牙，以猛獸爲喻，言爲國之扞衞也。詩曰「圻父，予王之爪牙」也。

尚後爲遼東太守，數月，鮮卑率兵攻尚，與戰，破之，戎狄憚畏。年五十，延熹九年，卒於官。

楊琁字機平，會稽烏傷人也。高祖父茂，本河東人，從光武征伐，爲威寇將軍，封烏傷新陽鄉侯。建武中就國，傳封三世，有罪國除，因而家焉。父扶，交阯刺史，有理能名。兄喬，爲尚書，容儀偉麗，數上言政事，桓帝愛其才兒，詔妻以公主，喬固辭不聽，遂閉口不食，七日而死。

琁初舉孝廉，稍遷，靈帝時爲零陵太守。是時蒼梧、桂陽猾賊相聚，攻郡縣，賊衆多而琁力弱，吏人憂恐。琁乃特制馬車數十乘，以排囊盛石灰於車上，〔一〕繫布索於馬尾，又爲兵車，專彀弓弩，剋（共）〔期〕會戰。乃令馬車居前，順風鼓灰，賊不得視，因以火燒布，〔布〕然馬驚，奔突賊陣，因使後車弓弩亂發，鉦鼓鳴震。羣盜波駭破散，追逐傷斬無數，梟其渠帥，郡境以清。〔二〕荆州刺史趙凱，誣奏琁實非身破賊，而妄有其功。琁與相章奏，凱有黨助，遂檻車徵琁。防禁嚴密，無由自訟，乃噬臂出血，書衣爲章，具陳破賊形埶，及言凱所誣狀，潛令親屬詣闕通之。詔書原琁，拜議郎，凱反受誣人之罪。

〔一〕排囊即今囊袋也。排音蒲拜反。

〔二〕梟，縣也。

琁三遷爲勃海太守，所在有異政，以事免。後尚書令張溫特表薦之，徵拜尚書僕射。以病乞骸骨，卒於家。

論曰：安順以後，風威稍薄，寇攘寖橫，緣隙而生，剽人盜邑者不闋時月，〔一〕假署皇王者蓋以十數。或託驗神道，或矯妄冕服。然其雄渠魁長，未有聞焉，猶至壘盈四郊，奔命首尾。〔二〕若夫數將者，並宜力勤慮，以勞定功，〔三〕而景風之賞未甄，膚受之言互及。〔四〕以

此而推，政道難乎以免。〔五〕

〔一〕闋，息也。

〔二〕壘，軍壁也。禮記曰：「四郊多壘，卿大夫之辱。」弃命謂有命卽弃赴之。左傳曰「余必使爾罷於弃命」也。

〔三〕宣，布也。尚書曰：「宣力四方。」禮記曰：「以勞定國則祀之。」

〔四〕景風至則行賞，解見和紀。甄，明也。膚受謂得皮膚之言而受之，不深知其情核者也。孔子曰：「膚受之愬不行焉，可謂明矣。」

〔五〕論語孔子曰：「不有祝鮀之佞，難乎免於今之世矣。」

贊曰：張宗禕禹，敢殿後拒。〔一〕江、淮、海、岱，虔劉寇阻。〔二〕其誰清之？雄、尚、緄、撫。琁能用譎，亦云振旅。

〔一〕殿音丁見反。

〔二〕虔、劉皆殺也。

校勘記

三七五頁六行　禹軍到栒邑　按：「栒」原譌「拘」，逕據汲本、殿本改正。下同。

三七五頁一〇行　何遽其必敗乎　按：王先謙謂「遽」下疑奪「知」字。

三七五頁一三行　雖欲戮力　「戮」汲本作「勠」。按：戮勠通。

一二七六頁一〇行　武帝元鼎四年置京輔都尉各一人　按：漢書百官公卿表云「元鼎四年，更置三輔都尉，都尉丞各一人」。京輔都尉爲三輔都尉之一，注文有脱誤。刊誤謂脱「左右輔」三字。

一二七六頁一三行　遷宛陵令　按：宛陵屬丹陽郡，此指河南郡之苑陵，「宛」當作「苑」，説詳校補。

一二七八頁七行　猶人之居城市　按：御覽卷五七引作「猶人民之居城市」，「民」當爲唐避太宗諱删，應依御覽補入。

一二七八頁八行　是後虎害稍息人以獲安　按：汲本、集解本「稍」作「消」。王先謙謂作「稍」蓋誤，稍息不得云人安也。

一二七八頁一六行　子真在逸人傳　按：集解引錢大昕説，謂逸人即逸民，章懷避諱，改爲「人」字，後來追改，不及偏檢它傳，故或改或否耳。

一二七九頁四行　磐牙連歲　殿本考證謂「牙」字是「㸦」字之誤。按：「㸦」即「互」之俗字。

一二八〇頁五行　當塗縣之山也在今宣州　集解引吳仁傑説，謂有兩當塗縣，一在九江郡，一在宣州。宣之當塗，晉成帝始置，東都固未之有。今按：「宣州」當依下邳惠王傳注作「濠州」。

一二八〇頁七行　在今豪州定遠縣東南　「豪州」集解本作「濠州」。按：元和郡縣志謂隋開皇三年改高齊之西楚州爲濠州，因水爲名，大業三年改爲鍾離郡，唐武德五年復改爲濠州。中間誤去「水」旁作「豪」，元和三年又加「水」焉。

一二八二頁一一行　次(到)〔封〕狼居胥山迺還也　據汲本、殿本改。

一二八三頁一〇行　受降十餘萬人　按：汲本、殿本「十餘萬」作「十萬餘」。

一二八四頁五行　緄弟允　集解引惠棟説，謂華陽國志作「元」，字公信。今按：古人名字相應，元無信義，當從本傳爲是。

一二八五頁四行　豫章艾縣人六百餘人　王先謙謂案上下文衍一「人」字。今按：疑本作「豫章艾縣民六百餘人」，後避唐太宗諱，改「民」爲「人」耳。

一二八六頁一〇行　書曰島夷卉服　集解引錢大昕説，謂禹貢「島夷」漢書地理志作「鳥夷」，鄭康成、王肅本皆同，故章懷引以證鳥語之義。後人依今本改「鳥」字爲「島」，而此注遂成贅文矣。按：王先謙謂注引「島夷」當作「鳥夷」。

一二八六頁一二行　乃僞上言蒼梧賊入荆州界　按：「僞」原譌「爲」，逕據汲本、殿本改正。

一二八六頁一四行　天恩曠然而君不出(何)〔可〕乎　汲本、殿本「何乎」作「何也」，今據通鑑改。

一二八八頁二行　以排囊盛石灰於車上　按：「上」原譌「土」，逕改正。

一二八八頁三行　剋(共)〔期〕會戰　按：刊誤謂已言會戰，何用「共」字，蓋本是「期」字，誤作「共」，遂轉作「共」也。今據改。

一二八八頁三行　因以火燒布〔布〕然　據汲本、殿本補。

一二八八頁六行　及言凱所誣狀　按：汲本、殿本「及」作「又」。

一二八九頁七行　不有祝鮀之佞　按：殿本此下有「而有宋朝之美」六字。

後漢書卷三十九

劉趙淳于江劉周趙列傳第二十九

孔子曰：「夫孝莫大於嚴父，嚴父莫大於配天，則周公其人也。」〔一〕子路曰：「傷哉貧也！生無以養，死無以葬。」子曰：「啜菽飲水，孝也。」〔二〕夫鍾鼓非樂云之本，而器不可去；〔三〕三牲非致孝之主，而養不可廢。〔四〕存器而忘本，樂之遁也；〔五〕調器以和聲，樂之成也。崇養以傷行，孝之累也；〔六〕脩己以致祿，養之大也。故言能大養，則周公之祀，致四海之祭；言以義養，則仲由之菽，甘於東鄰之牲。〔七〕夫患水菽之薄，干祿以求養者，是以恥祿親也。〔八〕存誠以盡行，孝積而祿厚者，此能以義養也。

〔一〕配天謂宗祀文王於明堂，以配上帝。

〔二〕事見禮記。啜音昌悅反。廣雅曰：「啜，食也。」

〔三〕論語孔子曰：「樂云樂云，鍾鼓云乎哉？」言樂之所貴者，移風易俗也，非謂鍾鼓而已，然而不可去鍾鼓。去音丘呂反。

〔四〕孝經曰：「雖日用三牲，猶爲不孝。」言孝子者，以和顏悅色爲難也，非謂三牲而已，然不可闕甘旨。
〔五〕遁，失也。言盛飾鍾簴之器而忘移風之本，是失樂之意也。
〔六〕不義而崇養，更爲親憂，是孝之累也。
〔七〕易曰「東鄰殺牛，不如西鄰之禴祭」也。
〔八〕干，求也。謂不以道求祿，故可恥也。

中興，廬江毛義少節，家貧，以孝行稱。南陽人張奉慕其名，往候之。坐定而府檄適至，以義守令，〔一〕義奉檄而入，喜動顏色。奉者，志尚士也，心賤之，自恨來，固辭而去。及義母死，去官行服。數辟公府，爲縣令，進退必以禮。後舉賢良，公車徵，遂不至。張奉歎曰：「賢者固不可測。往日之喜，乃爲親屈也。斯蓋所謂『家貧親老，不擇官而仕』者也。」〔二〕建初中，章帝下詔褒寵義，賜穀千斛，常以八月長吏問起居，加賜羊酒。壽終于家。

〔一〕檄，召書也。東觀記曰「義爲安陽尉，府檄到，當守令」也。
〔二〕韓詩外傳曾子曰：「任重道遠，不擇地而息。家貧親老，不擇官而仕。」

安帝時，汝南薛包孟嘗，好學篤行，喪母，以至孝聞。及父娶後妻而憎包，分出之，包日夜號泣，不能去，至被毆杖。不得已，廬於舍外，旦入而洒埽，父怒，又逐之。乃廬於里門，昏晨不廢。積歲餘，父母慙而還之。後行六年服，喪過乎哀。既而弟子求分財異居，包不能止，乃中分其財。奴婢引其老者，曰：「與我共事久，若不能使也。」田廬取其荒頓者，〔一〕曰：「吾少時所理，意所戀也。」器物取朽敗者，曰：「我素所服食，身口所安也。」弟子數破其產，輒復賑給。建光中，公車特徵，至，拜侍中。包性恬虛，稱疾不起，以死自乞。有詔賜告歸，加禮如毛義。〔二〕年八十餘，以壽終。

〔一〕頓猶廢也。

〔二〕告，請假也。漢制，吏病滿三月當免，天子優賜其告，使得帶印綬，將官屬，歸家養病，謂之賜告也。

若二子者，推至誠以爲行，行信於心而感於人，以成名受祿致禮，斯可謂能以孝養也。若夫江革、劉般數公者之義行，猶斯志也。撰其行事著于篇。〔一〕

〔一〕自此已上，並略華嶠之詞也。

劉平字公子，楚郡彭城人也。本名曠，顯宗後改爲平。王莽時爲郡吏，守菑丘長，〔一〕政教大行。其後每屬縣有劇賊，輒令平守之，所至皆理，由是一郡稱其能。

〔一〕菑丘，縣，屬彭城國。

更始時，天下亂，平弟仲爲賊所殺。其後賊復忽然而至，平扶侍其母，奔走逃難。仲遺腹女始一歲，平抱仲女而弃其子。母欲還取之，平不聽，曰：「力不能兩活，仲不可以絕類。」遂去不顧，與母俱匿野澤中。平朝出求食，逢餓賊，將亨〔之〕，平叩頭曰：「今旦為老母求菜，老母待嚝為命，願得先歸，食母畢，還就死。」〔一〕因涕泣。賊見其至誠，哀而遣之。平還，既食母訖，因白曰：「屬與賊期，義不可欺。」遂還詣賊。衆皆大驚，相謂曰：「常聞烈士，乃今見之。子去矣，吾不忍食子。」於是得全。

〔一〕食音飼。下同。

建武初，平狄將軍龐萌反於彭城，攻敗郡守孫萌。平時復為郡吏，冒白刃伏萌身上，被七創，困頓不知所為，號泣請曰：「願以身代府君。」賊乃斂兵止，曰：「此義士也，勿殺。」遂解去。萌傷甚氣絕，有頃蘇，渴求飲。平傾其創血以飲之。後數日萌竟死，平乃裹創，扶送萌喪，至其本縣。

後舉孝廉，拜濟陰郡丞，太守劉育甚重之，任以郡職，上書薦平。會平遭父喪去官。服闋，拜全椒長。〔一〕政有恩惠，百姓懷感，人或增貲就賦，或減年從役。刺史、太守行部，獄無繫囚，人自以得所，不知所問，〔二〕唯班詔書而去。後以病免。

〔一〕全椒，縣，屬九江郡也。

〔二〕「所」或作「何」。

顯宗初，尚書僕射鍾離意上書薦平及琅邪王望、東萊王扶曰：「臣竊見琅邪王望、楚國劉曠、東萊王扶，皆年七十，執性恬淡，所居之處，邑里化之，脩身行義，應在朝次。臣誠不足知人，竊慕推士進賢之義。」書奏，有詔徵平等，特賜辦裝錢。至皆拜議郎，並數引見。平再遷侍中。永平三年，拜宗正，數薦達名士承宮、郇恁等。〔一〕在位八年，以老病上疏乞骸骨，卒於家。

〔一〕恁字君大，見黃憲傳。恁音人甚反。

王望字慈卿，客授會稽，自議郎遷青州刺史，甚有威名。是時州郡災旱，百姓窮荒，望行部，道見飢者，裸行草食，五百餘人，愍然哀之，因以便宜出所在布粟，給其(廪)〔稟〕糧，爲作褐衣。〔一〕事畢上言，帝以望不先表請，章示百官，詳議其罪。時公卿皆以爲望之專命，法有常條。鍾離意獨曰：「昔華元、子反，楚、宋之良臣，不稟君命，擅平二國，春秋之義，以爲美談。〔二〕今望懷義忘罪，當仁不讓，若繩之以法，忽其本情，將乖聖朝愛育之旨。」帝嘉意議，赦而不罪。

〔一〕許慎注淮南子曰：「楚人謂袍爲短褐。」

〔二〕春秋：「楚子圍宋，宋人及楚人平。」公羊傳曰：「外平不書，此何以書？大其平乎己也。何大其平乎己？莊王圍宋，有七日之糧爾，盡此不勝，將去而歸爾，於是使司馬子反乘堙而闚宋城，宋華元亦乘堙而出見之。子反曰：『子之國何如？』華元曰：『憊矣。』曰：『何如？』曰：『易子而食之，析骸而炊之。』子反曰：『諾。吾軍有七日之糧爾。盡此不勝，將去而歸爾。』揖而去之，反於莊王。莊王怒曰：『吾使子往視之，子曷爲告之！』子反曰：『以區區之宋，猶有不欺人之臣，可以楚而無乎？是以告之。』王曰：『諾。』引師而去之。故君子大其平乎己也。」

王扶字子元，掖人也。〔一〕少脩節行，客居琅邪不其縣，所止聚落化其德。〔二〕國相張宗謁請，不應，欲強致之，遂杖策歸鄉里。連請，固病不起。太傅鄧禹辟，不至。後拜議郎，會見，恂恂似不能言。〔三〕然性沈正，不可干以非義，當世高之。永平中，臨邑侯劉復〔四〕著漢德頌，盛稱扶爲名臣云。

〔一〕掖，今萊州縣。

〔二〕小於鄉曰聚。廣雅曰：「落，居也。」

〔三〕恂恂，恭順之皃。

〔四〕復，光武兄伯升之孫，北海王興之子也。

趙孝字長平，沛國蘄人也。〔一〕父普，王莽時爲田禾將軍，〔二〕任孝爲郎。每告歸，常白衣步擔。嘗從長安還，欲止郵亭。亭長先時聞孝當過，以有長者客，掃洒待之。〔三〕孝既至，不自名，〔四〕長不肯內，因問曰：「聞田禾將軍子當從長安來，何時至乎？」孝曰：「尋到矣。」於是遂去。〔五〕及天下亂，人相食。孝弟禮爲餓賊所得，孝聞之，卽自縛詣賊，曰：「禮久餓羸瘦，不如孝肥飽。」賊大驚，並放之，謂曰：「可且歸，更持米糒來。」孝求不能得，復往報賊，願就亨。衆異之，遂不害。鄉黨服其義。州郡辟召，進退必以禮。舉孝廉，不應。

〔一〕蘄音機。

〔二〕王莽時置田禾將軍，屯田北邊。

〔三〕素聞孝高名，故以爲長者客也。「洒」與「灑」通，音所買反。

〔四〕不稱名也。

〔五〕華嶠書曰：「孝報云三日至矣。」

永平中，辟太尉府，顯宗素聞其行，詔拜諫議大夫，遷侍中，又遷長樂衞尉。復徵弟禮爲御史中丞。禮亦恭謙行己，類於孝。帝嘉其兄弟篤行，欲寵異之，詔禮十日一就衞尉府，太官送供具，令共相對盡歡。數年，禮卒，帝令孝從官屬送喪歸葬。後歲餘，復以衞尉賜告歸，卒于家。孝無子，拜禮兩子爲郎。

時汝南有王琳巨尉者，年十餘歲喪父母。因遭大亂，百姓奔逃，唯琳兄弟獨守冢廬，號泣不絕。弟季，出遇赤眉，將爲所哺，〔一〕琳自縛，請先季死。賊矜而放遣，由是顯名鄉邑。後辟司徒府，薦士而退。

〔一〕哺，食之也。哺音補胡反。

琅邪魏譚少閒者，時亦爲飢寇所獲，等輩數十人皆束縛，以次當亨。賊見譚似謹厚，獨令主爨，暮輒執縛。賊有夷長公，〔一〕特哀念譚，密解其縛，語曰：「汝曹皆應就食，急從此去。」對曰：「譚爲諸君爨，恆得遺餘，餘人皆茹草萊，不如食我。」長公義之，相曉赦遣，並得俱免。譚永平中爲主家令。〔二〕

〔一〕夷，姓也。

〔二〕公主家令也。

又齊國兒萌子明、〔一〕梁郡車成子威二人，兄弟並見執於赤眉，將食之，萌、成叩頭，乞以身代，賊亦哀而兩釋焉。

〔一〕兒音五兮反。

淳于恭字孟孫，北海淳于人也。〔一〕善說老子，清靜不慕榮名。家有山田果樹，人或侵盜，輒助爲收採。又見偸刈禾者，恭念其愧，因伏草中，盜去乃起，里落化之。

〔一〕淳于，縣，故城（今）在〔今〕密州安丘縣東北，故淳于國也。

王莽末，歲飢兵起，恭兄崇將爲盜所亨，恭請代，得俱免。後崇卒，恭養孤幼，教誨學問，有不如法，輒反用杖自箠，以感悟之，兒慙而改過。初遭賊寇，百姓莫事農桑。恭常獨力田耕，鄉人止之曰：「時方淆亂，死生未分，何空自苦爲？」恭曰：「縱我不得，它人何傷。」墾耨不輟。後州郡連召，不應，遂幽居養志，潛於山澤。舉動周旋，必由禮度。建武中，郡舉孝廉，司空辟，皆不應，客隱琅邪黔陬山，遂數十年。〔一〕

〔一〕黔陬縣之山也。黔陬故城在今密州諸城縣東北也。

建初元年，肅宗下詔美恭素行，告郡賜帛二十匹，遣詣公車，除爲議郎。引見極日，訪以政事，遷侍中騎都尉，禮待甚優。其所薦名賢，無不徵用。進對陳政，皆本道德，帝與之言，未嘗不稱善。五年，病篤，使者數存問，卒於官。詔書褒歎，賜穀千斛，刻石表閭。除子孝爲太子舍人。

江革字次翁，齊國臨淄人也。少失父，獨與母居。遭天下亂，盜賊並起，革負母逃難，備經阻險，常採拾以爲養。數遇賊，或劫欲將去，革輒涕泣求哀，言有老母，辭氣愿款，有足感動人者。〔一〕賊以是不忍犯之，或乃指避兵之方，〔二〕遂得俱全於難。革轉客下邳，窮貧裸跣，行傭以供母，便身之物，莫不必給。

〔一〕愿，謹也。款，誠也。

〔二〕華嶠書曰「語以避兵道」也。

建武末年，與母歸鄉里。每至歲時，縣當案比，〔一〕革以母老，不欲搖動，自在轅中輓車，不用牛馬，由是鄉里稱之曰「江巨孝」。〔二〕太守嘗備禮召，革以母老不應。及母終，至性殆滅，嘗寢伏冢廬，服竟，不忍除。郡守遣丞掾釋服，因請以爲吏。

〔一〕案驗以比之，猶今兒閱也。

〔二〕巨，大也。華嶠書曰「臨淄令楊音高之，設特席，顯異巨孝於稠人廣衆中，親奉錢以助供養」也。

永平初，舉孝廉爲郎，補楚太僕。月餘，自劾去。楚王英馳遣官屬追之，遂不肯還。復使中傅贈送，辭不受。後數應三公命，輒去。

建初初，太尉牟融舉賢良方正，再遷司空長史。肅宗甚崇禮之，遷五官中郎將。每朝會，帝常使虎賁扶侍，及進拜，恆目禮焉。〔一〕時有疾不會，輒太官送醪膳，恩寵有殊。於是京師貴戚衞尉馬廖、侍中竇憲慕其行，各奉書致禮，革無所報受。〔三〕帝聞而益善之。後上書乞骸骨，轉拜諫議大夫，賜告歸，因謝病稱篤。

〔二〕獨覗之也。

〔三〕華嶠書曰：「終不報書，一無所受。」

元和中，天子思革至行，制詔齊相曰：「諫議大夫江革，前以病歸，今起居何如？夫孝，百行之冠，衆善之始也。國家每惟志士，未嘗不及革。縣以見穀千斛賜『巨孝』，常以八月長吏存問，致羊酒，以終厥身。〔一〕如有不幸，祠以中牢。」由是「巨孝」之稱，行於天下。及卒，詔復賜穀千斛。

〔一〕華嶠書曰：「致羊一頭，酒二斛。」

劉般字伯興，宣帝之玄孫也。宣帝封子囂於楚，是爲孝王。孝王生思王衍，衍生王紆，紆生般。自囂至般，積累仁義，世有名節，而紆尤慈篤。早失母，同產弟原鄉侯平尚幼，紆親自鞠養，常與共臥起飲食。及成人，未嘗離左右。平病卒，紆哭泣歐血，數月亦殁。初，紆襲王封，因值王莽篡位，廢爲庶人，因家於彭城。

般數歲而孤，獨與母居。王莽敗，天下亂，太夫人聞更始卽位，〔一〕乃將般俱奔長安。會更始敗，復與般轉側兵革中，西行上隴，遂流至武威。般雖尚少，而篤志脩行，講誦不怠。其母及諸舅，以爲身寄絕域，死生未必，〔二〕不宜苦精若此，數以曉般，般猶不改其業。

〔一〕太夫人，般之母也。前書音義曰：「列侯之妻稱夫人，母稱太夫人。」

〔二〕「必」或作「分」也。

建武八年，隗囂敗，河西始通，般卽將家屬東至洛陽，脩經學於師門。明年，光武下詔，封般爲菑丘侯，奉孝王祀，使就國。後以國屬楚王，徙封杼秋侯。〔一〕

〔一〕杼秋，縣，屬梁國。杼音是與反。

十九年，行幸沛，詔問郡中諸侯行能。太守薦言般束脩至行，爲諸侯師。〔一〕帝聞而嘉之，乃賜般綬，錢百萬，繒二百匹。二十年，復與車駕會沛，因從還洛陽，賜穀什物，留爲侍祠侯。

〔一〕束脩謂謹束脩絜也。

永平元年，以國屬沛，徙封居巢侯，〔一〕復隨諸侯就國。數年，楊州刺史觀恂薦般在國口無擇言，行無怨惡，宜蒙旌顯。顯宗嘉之。十年，徵般行執金吾事，從至南陽，還爲朝侯。明年，兼屯騎校尉。時五校官顯職閑，而府寺寬敞，輿服光麗，伎巧畢給，故多以宗室肺腑居之。〔二〕每行幸郡國，般常將長水胡騎從。

〔一〕居巢，縣，屬廬江郡也。

〔二〕肺腑，天子之親屬也。

帝曾欲置常平倉，〔一〕公卿議者多以爲便。般對以「常平倉外有利民之名，而內實侵刻百姓，豪右因緣爲姦，小民不能得其平，置之不便」。帝乃止。是時下令禁民二業，〔二〕又以郡國牛疫，通使區種增耕，〔三〕而吏下檢結，多失其實，百姓患之。般上言：「郡國以官禁二業，至有田者不得漁捕。今濱江湖郡率少蠶桑，民資漁採以助口實，且以冬春閑月，不妨農事。夫漁獵之利，爲田除害，有助穀食，無關二業也。又郡國以牛疫、水旱，墾田多減，故詔敕區種，增進頃畝，以爲民也。而吏舉度田，欲令多前，〔四〕至於不種之處，亦通爲租。可申敕刺史、二千石，務令實覈，其有增加，皆使與奪田同罪。」帝悉從之。〔五〕

〔一〕宣帝時，大司農耿壽昌請令邊郡皆築倉，以穀賤時增其價而糴之以利農，穀貴時減價而糶之，名曰常平倉。

〔二〕謂農者不得商賈也。

〔三〕氾勝之書曰：「上農區田（大）〔法〕，區方深各六寸，閒相去七寸，一畝三千七百區，丁男女種十畝，至秋收區三升粟，畝得百斛。中農區田法，方七寸，深六寸，閒相去二尺，一畝千二十七區，丁男女種十畝，秋收粟畝得五十一石。下農區田法，方九寸，深六寸，閒相去三尺，秋收畝得二十八石。旱即以水沃之。」

〔四〕多於前歲。

〔五〕華嶠書（日）「奪」作「脫」也。

肅宗卽位，以爲長樂少府。建初二年，遷宗正。般妻卒，厚加賵贈，及賜冢塋地於顯節陵下。般在位數言政事。其收恤九族，行義尤著，時人稱之。年六十，建初三年卒。子憲嗣。憲卒，子重嗣。憲兄愷。

愷字伯豫，以當襲般爵，讓與弟憲，遁逃避封。久之，章和中，有司奏請絕愷國，肅宗美其義，特優假之，〔一〕愷猶不出。積十餘歲，至永元十年，有司復奏之，侍中賈逵因上書曰：「孔子稱『能以禮讓爲國，於從政乎何有』。〔二〕竊見居巢侯劉般嗣子愷，素行孝友，謙遜絜清，讓封弟憲，潛身遠迹。有司不原樂善之心，而繩以循常之法，〔三〕懼非長克讓之風，成含弘之化。前世扶陽侯韋玄成，〔四〕近有陵陽侯丁鴻、鄳侯鄧彪，〔五〕並以高行絜身辭爵，未聞貶削，而皆登三事。今愷景仰前脩，有伯夷之節，〔六〕宜蒙矜宥，全其先功，以增聖朝尚德之美。」和帝納之，下詔曰：「故居巢侯劉般嗣子愷，當襲般爵，而稱父遺意，致國弟憲，遁亡七年，所守彌篤。蓋王法崇善，成人之美。其聽憲嗣爵。遭事之宜，後不得以爲比。」乃徵愷，拜爲郎，稍遷侍中。

〔一〕假，借也。

〔二〕論語之文也。何有者，言（善無）〔何難之〕有也。
〔三〕原，本也。繩，政也。
〔四〕玄成字少翁，韋賢薨，讓封於兄弘。宣帝高其節，以爲河南太守。元帝時爲御史大夫，又爲丞相。見前書也。
〔五〕鴻讓國於弟盛，和帝時爲司徒。彪讓國於弟荆、鳳，明帝時爲太尉。鄳音盲。
〔六〕景猶慕也。詩云：「景行行止。」前修，前賢也。楚辭曰：「謇吾法夫前修。」

愷之入朝，在位者莫不仰其風行。遷步兵校尉。十三年，遷宗正，免。復拜侍中，遷長水校尉。永初元年，代周章爲太常。愷性篤古，貴處士，每有徵舉，必先巖穴。論議引正，辭氣高雅。（永初）六年，代張敏爲司空。元初二年，代夏勤爲司徒。

舊制，公卿、二千石、刺史不得行三年喪，由是內外衆職並廢喪禮。元初中，鄧太后詔長吏以下不爲親行服者，不得典城選舉。時有上言牧守宜同此制，詔下公卿，議者以爲不便。愷獨議曰：「詔書所以爲制服之科者，蓋崇化厲俗，以弘孝道也。今刺史一州之表，二千石千里之師，〔一〕職在辯章百姓，宣美風俗，〔二〕尤宜尊重典禮，以身先之。而議者不尋其端，至於牧守則云不宜，是猶濁其源而望流清，曲其形而欲景直，不可得也。」〔三〕太后從之。

〔一〕前書杜欽曰「即以二千石守千里之地，任兵馬之重，不宜去郡」也。
〔二〕尚書曰：「九族既睦，辯章百姓。」鄭玄注云：「辯，別也。章，明也。」
〔三〕前書〔杜欽〕曰：「今淫僻之化流，而欲黎庶敦樸，猶濁其源而求流清也。」

時征西校尉任尚以姦利被徵抵罪。尚曾副大將軍鄧騭，騭黨護之，而太尉馬英、司空李郃承望騭旨，不復先請，即獨解尚臧錮，愷不肯與議。後尚書案其事，二府並受譴咎，〔一〕朝廷以此稱之。

〔一〕二府即馬英、李郃。

視事五歲，永寧元年，稱病上書致仕，有詔優許焉，加賜錢三十萬，以千石祿歸養，河南尹常以歲八月致羊酒。時安帝始親政事，朝廷多稱愷之德，帝乃遣問起居，厚加賞賜。會馬英策罷，尚書陳忠上疏薦愷曰：「臣聞三公上則台階，下象山岳，〔一〕股肱元首，鼎足居職，〔二〕協和陰陽，調訓五品，〔三〕考功量才，以序庶僚，遭烈風不迷，遇迅雨不惑，位莫重焉。〔四〕而今上司缺職，未議其人。臣竊差次諸卿，考合衆議，咸稱太常朱倀、少府荀遷。臣父寵，前忝司空，倀、遷並爲掾屬，具知其能。倀能說經書而用心褊狹，遷嚴毅剛直而薄於藝文。伏見前司徒劉愷，沈重淵懿，道德博備，克讓爵土，致祚弱弟，躬浮雲之志，兼浩然之氣，〔五〕頻歷二司，舉動得禮。〔六〕以疾致仕，側身里巷，處約思純，進退有度，百僚景式，〔七〕海內歸懷。往者孔光、師丹，近世鄧彪、張酺，皆去宰相，復序上司。〔八〕誠宜簡練卓異，以猒衆望。」書奏，詔引愷拜太尉。安帝初，清河相叔孫光坐臧抵罪，遂增錮二世，釁及其子。〔九〕是時居延都尉范邠復犯臧罪，詔下三公、廷尉議。司徒楊震、司空陳褒、廷尉張皓議依光比。〔一〇〕愷獨以爲「春秋之義，『善善及子孫，惡惡止其身』，所以進人於善也。〔一一〕尚書曰：『上刑挾輕，下刑挾重。』〔一二〕如今使臧吏禁錮子孫，以輕從重，懼及善人，〔一三〕非先王詳刑之意也」。〔一四〕有詔：「太尉議是。」

〔一〕前書音義曰：「泰階者，天之三階也。上階爲天子，中階爲諸侯、公卿、大夫，下階爲士、庶人。」春秋漢含孳曰：「三公象五岳。」

〔二〕易曰：「鼎折足，覆公餗。」鼎足，三公之象。

〔三〕五品，五常之教也。三公燮理陰陽，敬敷五教也。

〔四〕尚書：「納舜於大麓，烈風雷雨不迷。」史記曰「堯使舜入山林川澤，暴風雨，舜行不迷，堯以爲聖」也。

〔五〕孔子曰：「不義而富〔且貴〕，於我如浮雲。」孟子曰「我善養浩然之氣，而無怨害，則塞乎天地之閒」也。言愷有仲尼、孟軻之德也。

〔六〕二司謂爲司徒、司空。

〔七〕景慕以爲法式。

〔八〕孔光，成帝時丞相，哀帝時免，後以日食徵詣公車，復爲丞相。師丹，哀帝時代王莽爲大司馬，後爲大司空。鄧彪，明帝時爲太尉，章帝元和元年賜策罷，和帝即位，以彪爲太傅，錄尚書事。張酺，和帝永元五年爲太尉，後策免，十六年復爲司徒。

〔九〕二代謂父子俱禁錮。

〔一〇〕比，類也。以郊類叔孫光，亦錮及子也。比音庇。

〔一一〕公羊傳曰：「曹公孫會自鄸出奔宋，畔也。曷爲不言畔？爲公子喜時之後諱也，春秋爲賢者諱也。何賢乎公子喜時？讓國也。君子之善善也長，惡惡也短。惡惡止其身，善善及子孫。賢者子孫，故君子爲其諱也。」

〔一二〕今尚書呂刑篇曰：「上刑適輕下服，下刑適重上服。」謂二罪俱發，原其本情，須有虧減，故言適輕適重。此言「挾輕挾重」，意亦不殊，但與今尚書不同耳。

〔一三〕左傳曰：「刑濫則懼及善人。」

〔一四〕尚書周穆王曰：「有邦有土，告汝詳刑。」鄭玄注云：「詳，審察之也。」

視事三年，以疾乞骸骨，久乃許之，下河南尹禮秩如前。歲餘，卒于家。詔使者護喪事，賜東園祕器，錢五十萬，布千匹。

少子茂，字叔盛，亦好禮讓，歷位出納，〔一〕桓帝時爲司空。會司隸校尉李膺等抵罪，而南陽太守成瑨、太原太守劉瓆下獄當死，茂與太尉陳蕃、司徒劉矩共上書訟之。帝不悅，有司承旨劾奏三公，茂遂坐免。建寧中，復爲太中大夫，卒於官。

〔一〕出納謂尚書，喉舌之官也。出謂受上言宣於下，納謂聽下言傳於上。

周磐字堅伯，汝南安成人，徵士燮之宗也。〔一〕祖父業，建武初爲天水太守。磐少游京師，學古文尚書、洪範五行、左氏傳，好禮有行，非典謨不言，諸儒宗之。居貧養母，儉薄不充。嘗誦詩至汝墳之卒章，慨然而歎，〔二〕乃解韋帶，就孝廉之舉。〔三〕和帝初，拜謁者，除任城長，遷陽夏、重合令，〔四〕頻歷三城，皆有惠政。後思母，弃官還鄉里。及母歿，哀至幾於毁滅，服終，遂廬于家側。教授門徒常千人。

〔一〕夔自有傳。

〔二〕韓詩曰：「汝墳，辭家也。」其卒章曰：「魴魚赬尾，王室如燬，雖則如燬，父母孔邇。」薛君章句：「赬，赤也。燬，烈火也。孔，甚也。邇，近也。言魴魚勞則尾赤，君子勞苦則顏色變。以王室政教如烈火矣，猶觸冒而仕者，以父母甚迫近飢寒之憂，爲此祿仕。」

〔三〕以韋皮爲帶，未仕之服也。求仕則服革帶，故解之。賈山上書曰「布衣韋帶之士」也。

〔四〕陽夏屬淮南郡。重合屬勃海郡。

公府三辟，皆以有道特徵，磐語友人曰：「昔方回、支父嗇神養和，不以榮利滑其生術。〔一〕吾親以沒矣，從物何爲？」遂不應。〔二〕建光元年，年七十三，歲朝會集諸生，講論終日，〔三〕因令其二子曰：「吾日者夢見先師東里先生，與我講於陰堂之奧。」〔四〕既而長歎：「豈吾齒之盡乎！若命終之日，桐棺足以周身，外槨足以周棺，斂形懸封，濯衣幅巾。〔五〕編二尺四寸簡，寫堯典一篇，并刀筆各一，以置棺前，示不忘聖道。」其月望日，無病忽終，學者以爲知命焉。

〔一〕嗇，愛惜也。滑，亂也。列仙傳曰：「方回，堯時隱人也。堯聘之，練食雲母，隱於五柞山。至夏啓末，爲人所劫，閉之室中，從求道，回化而去。」高士傳曰：「堯舜各以天下讓支父，支父曰：『予適有勞憂之病，方且療之，未暇理天下也。』」莊子作「支伯」。

〔二〕物猶事也。

〔三〕歲朝，歲旦。

〔四〕東南隅謂之奧，陰堂幽暗之室。又入其奧，死之象也。

〔五〕斂形謂衣覆其形。縣封謂直下棺，不爲埏道也。濯衣，浣衣也，不更新制。幅巾，不加冠也。封音窆。

磐同郡蔡順，字君仲，亦以至孝稱。〔一〕順少孤，養母。嘗出求薪，有客卒至，〔二〕母望順不還，乃噬其指，〔三〕順即心動，弃薪馳歸，跪問其故。母曰：「有急客來，吾噬指以悟汝耳。」母年九十，以壽終。未及得葬，里中災，火將逼其舍，順抱伏棺柩，號哭叫天，火遂越燒它室，順獨得免。太守韓崇召爲東閤祭酒。母平生畏雷，自亡後，每有雷震，順輒圜冢泣，曰：「順在此。」崇聞之，每雷輒爲差車馬到墓所。後太守鮑衆舉孝廉，順不能遠離墳墓，遂不就。年八十，終于家。

〔一〕汝南先賢傳曰：「蔡順事母至孝。井桔槔朽，在母生年上，而順憂，不敢理之。俄而有扶老藤生，繞之，遂堅固焉。」

〔二〕卒音千訥反。

〔三〕噬，嚙也。

趙咨字文楚，東郡燕人也。〔一〕父暢，爲博士。咨少孤，有孝行，州郡召舉孝廉，並不就。

〔一〕燕故城，今滑州胙城縣也，古南燕之國也。

延熹元年，大司農陳奇舉咨至孝有道，仍遷博士。靈帝初，太傅陳蕃、大將軍竇武爲宦者所誅，咨乃謝病去。太尉楊賜特辟，使飾巾出入，請與講議。〔一〕舉高第，累遷敦煌太守。以病免還，躬率子孫耕農爲養。

〔一〕以幅巾爲首飾，不加冠冕。

盜嘗夜往劫之，咨恐母驚懼，乃先至門迎盜，因請爲設食，謝曰：「老母八十，疾病須養，居貧，朝夕無儲，乞少置衣糧。」妻子物餘，一無所請。盜皆慙歎，跪而辭曰：「所犯無狀，干暴賢者。」言畢奔出，咨追以物與之，不及。由此益知名。徵拜議郎，辭疾不到，詔書切讓，州郡以禮發遣，前後再三，不得已應召。

復拜東海相。之官，道經滎陽，令敦煌曹暠，咨之故孝廉也，〔一〕迎路謁候，咨不爲留。暠送至亭次，望塵不及，謂主簿曰：「趙君名重，今過界不見，必爲天下笑！」即弃印綬，追至東海。謁咨畢，辭歸家。其爲時人所貴若此。

〔一〕咨爲敦煌太守時，薦暠爲孝廉。

咨在官清簡，計日受奉，豪黨畏其儉節。視事三年，以疾自乞，徵拜議郎。抗疾京師，將終，告其故吏朱祇、蕭建等，使薄斂素棺，藉以黃壤，〔一〕欲令速朽，早歸后土，不聽子孫改之。乃遺書勑子胤曰：「夫含氣之倫，有生必終，蓋天地之常期，自然之至數。是以通人達士，鑒茲性命，以存亡爲晦明，死生爲朝夕，故其生也不爲娛，亡也不知戚。夫亡者，元氣去體，貞魂游散，反素復始，歸於無端。〔二〕既已消仆，還合糞土。土爲弃物，豈有性情，而欲制其厚薄，調其燥溼邪？但以生者之情，不忍見形之毀，乃有掩骼埋窆之制。易曰：『古之葬者，衣以薪，藏之中野，後世聖人易之以棺槨。』〔三〕棺槨之造，自黃帝始。〔四〕爰自陶唐，逮于虞、夏，猶尚簡樸，或瓦或木，及至殷人而有加焉。〔五〕周室因之，制兼二代。復重以牆翣之飾，〔六〕表以旌銘之儀，〔七〕招復含斂之禮，〔八〕殯葬宅兆之期，〔九〕棺槨周重之制，〔一〇〕衣衾稱襲之數，〔一一〕其事煩而害實，品物碎而難備。然而秩爵異級，貴賤殊等。自成、康以下，其典稍乖。至於戰國，漸至穨陵，〔一二〕法度衰毀，上下僭雜。終使晉侯請隧，〔一三〕秦伯殉葬，〔一四〕陳大夫設參門之木，宋司馬造石椁之奢。〔一五〕爰暨暴秦，違道廢德，滅三代之制，興淫邪之法，國貲糜於三泉，人力單於酈墓，玩好窮於糞土，伎巧費於窀穸。〔一六〕自生民以來，厚終之敝，未有若此者。雖有仲尼重明周禮，〔一七〕墨子勉以古道，猶不能禦也。〔一八〕是以華夏之士，爭相陵尙，違禮之本，事禮之末，務禮之華，弃禮之實，單家竭財，以相營赴。廢事生而營終亡，替所養而爲厚葬，〔一九〕豈云聖人制禮之意乎？記曰：『喪雖有禮，哀爲主矣。』又曰：『喪與其易也寧戚。』今則不然，并棺合椁，以爲孝愷，豐貲重襚，以昭惻隱，〔二〇〕吾所不取也。昔舜葬蒼梧，二妃不從。〔二一〕豈有匹配之會，守常之所乎？聖主明王，其猶若斯，況於品庶，禮所不及。古人時同即會，〔二二〕時乖則別，〔二三〕動靜應禮，臨事合宜。王孫裸葬，〔二四〕墨夷露骸，〔二五〕皆達於性理，貴於速變。梁伯鸞父沒，卷席而葬，身亡不反其尸。〔二六〕彼數子豈薄至親之恩，亡忠孝之道邪？況我鄙闇，不德不敏，薄意內昭，志有所慕，〔二七〕上同古人，下不爲咎。果必行之，勿生疑異。恐爾等目厭所見，耳諱所議，必欲改殯，以乖吾志，故遠采古聖，近揆行事，以悟爾心。但欲制坎，令容棺椁，棺歸即葬，〔二八〕平地無墳。勿卜時日，葬無設奠，勿留墓側，無起封樹。於戲小子，其勉之哉，吾蔑復有言矣！」朱祇、蕭建送喪到家，〔二九〕子胤不忍父體與土并合，欲更改殯，祇、建譬以顧命，〔三〇〕於是奉行，時稱咨明達。

〔一〕棺中置土，以籍其屍也。

〔二〕元氣，天之氣也。貞，正也。復，旋也。端，際也。太素、太始，天地之初也。言人既死，正魂游散，反於太素，旋於太始，無復端際者也。

〔三〕易繫辭之文也。

〔四〕劉向曰：「棺椁之作，自黃帝始。」案：禮記曰「殷人棺椁」，蓋至殷而加飾。

〔五〕禮記：「有虞氏之瓦棺，夏后氏之堲周，殷人棺椁。」古史考曰：「禹作土堲以周棺。」堲音即七反。

〔六〕禮記曰：「周人牆置翣。」盧植曰：「牆，載棺車箱也。」三禮圖曰「翣，以竹爲之，高二尺四寸，廣三尺，衣以白布，柄長五尺，葬時令人執之於柩車傍」也。

〔七〕禮記曰：「銘，明旌也。以死者爲不可別，故以其旗識之。」

〔八〕招復謂招魂復魄也。含，以玉珠實口也。斂，以衣服斂屍也。禮記曰：「凡復，男子稱名，婦人稱字。」穀梁傳曰：「貝玉曰含。」禮記曰「小斂於戶內，大斂於阼」也。

〔九〕期謂諸侯五日而殯，五月而葬；大夫三日而殯，三月而葬；士〔三〕〔二〕日而殯，踰月而葬。宅兆，葬之塋域也。

〔一〇〕禮記曰：「天子之棺四重。」鄭玄注云：「諸公三重，諸侯再重，大夫一重，士不重。」又曰：「君松椁，大夫柏椁，士雜木椁。」注云「天子〔七〕〔五〕重，諸公四重，諸侯三重，大夫再重，士一重」也。

〔一一〕凡小斂，諸侯、大夫、士皆用複衾，君錦衾，大夫縞衾，士緇衾。又曰，天子襲十二稱，諸公九稱，諸侯七稱，大夫五稱，士三稱。小斂，尊卑同，十九稱。大斂，天子百稱，上公九十稱，侯伯七十稱，大夫五十稱，士三十稱。衣單複具曰稱。

〔一二〕戰國，當春秋時也。穨陵謂穨廢陵遲。

〔三〕隧謂掘地爲埏道，王之葬禮也。諸侯則懸柩，故請之也。左傳，晉文公朝于襄王，請隧，不許。

〔四〕左傳：「秦伯任好卒。」任好，秦穆公名也。以子車氏奄息、仲行、鍼虎殉葬，國人哀之，爲賦黃鳥之詩也。

〔五〕宋司馬，桓魋也。自爲石椁，三年不成。孔子曰：「若是其靡也，死不如速朽之愈也。」見禮記。

〔六〕窀，厚也。穸，夜也。厚夜猶長夜也。秦始皇初即位，營葬驪山，役徒七十餘萬人，下錮三泉，宮觀、百官、奇器、珍怪莫不畢備。令匠作弩矢，有所穿近，矢輒射之。以水銀爲百川江河大海，上具天文。以人魚爲膏燭。事見史記。

〔七〕謂周公制禮之後，仲尼自衞返魯，又定之也。

〔八〕禦，止也，言猶不能止其奢侈。墨子曰：「古者聖人制爲葬埋之法，棺三寸足以朽體，衣衾三領足以覆惡。堯葬邛之山，滿坎無窆，舜葬紀市，禹葬會稽，皆下不及泉，上無遺臭。三王者，豈財用不足哉！」

〔九〕替，廢也。

〔一〇〕穀梁傳曰：「衣衾曰襚。」音遂。

〔一一〕二妃，娥皇、女英也。禮記曰：「舜葬於蒼梧，蓋二妃未之從也。」

〔一二〕謂呂望爲太師，死葬於周，其子封於齊，比五代皆反葬於周，此時同則會也。

〔一三〕謂舜葬於蒼梧，二妃不從。

〔一四〕王孫者，楊王孫也。臨終令其子曰：「吾死，可爲布囊盛尸，入地七尺。既下，從足脫其囊，以身親土。」遂裸葬。見前書。

〔一五〕墨夷謂爲墨子之學者名夷之。欲見孟子。孟子曰：「吾聞墨之治喪，以薄爲其道也。蓋上世嘗有不葬其親者，其親死，則舉而委之於壑。」見孟子。

〔二六〕梁伯鸞父護寓於北地而卒，卷席而葬。鴻後出關適吳，及卒，葬於吳要離冢傍。

〔二七〕薄，微也。

〔二八〕歸到東郡也。

〔二九〕謝承書曰：「咨在京師病困，故吏蕭建經營之。咨豫自買小素棺，使人取乾黃土細擣篩之，聚二十石。臨卒，謂建曰：『亡後自著所有故巾單衣，先置土於棺，內尸其中以擁其上。』」

〔三〇〕譬，曉也。

贊曰：公子、長平，臨寇讓生。淳于仁悌，「巨孝」以名。居巢好讀，遂承家祿。伯豫逡巡，方迹孤竹。文楚薄終，喪朽惟速。周能感親，嗇神養福。〔一〕

〔一〕感，思也。謂誦詩至汝墳，思養親而求仕也。嗇神養福謂不應辟召，以壽終也。左傳曰：「能者養之以福。」

校勘記

一三九三頁五行　樂之遁也　按：集解引惠棟說，謂「遁」一作「過」。

一三九四頁三行　汝南薛包孟嘗　按：汲本「嘗」作「常」。王先謙謂東觀記「包」作「苞」。

一三九四頁一四行　至被歐杖　按：汲本「歐」作「敺」。校補謂古書「歐」亦通「敺」，敺即「驅」字，謂驅之出，不去，又杖之，故不得已而廬於舍外也。

三九六頁二行 將亭〔之〕 刊誤謂案文「亭」下少一「之」字。今據補。

三九六頁七行 平狄將軍龐萌反於彭城攻敗郡守孫萌 按：校補引錢大昭說，謂是時彭城非郡，不得有守，本紀作「楚郡太守」。

三九六頁七行 被七創 汲本、殿本「七」作「十」。按：校補引錢大昭說，謂閩本作「七」。

三九七頁四行 數薦達名士承宮郇恁等 殿本考證謂「郇」一本作「荀」。今按：周黃徐姜申屠傳序作「荀」。

三九七頁八行 給其(廩)〔稟〕糧 據刊誤改。

三九七頁一〇行 春秋之義 按：刊誤謂案文當作「義之」。「春秋之義」它處可用，此據上下文則不安也。

三九八頁六行 固病不起 按：刊誤謂案文當作「固以病不起」。

三九九頁八行 音所買反 按：「買」原譌「賈」，逕據汲本、殿本改正。

四〇〇頁二行 賦矜而放遣 「矜」汲本、殿本並作「矜」。按：馬敍倫謂段本說文「矜」字作「矝」，從矛令聲，華嚴音義卷二十引同，此矜憐可通之證。

四〇〇頁七行 餘人皆茹草萊 按：「萊」原譌「菜」，逕據汲本、殿本改正。

一三〇〇頁七行　並得俱免　按：校補謂「並」當爲「遂」字之譌。

一三〇一頁三行　故城(今)在〔今〕密州安丘縣東北　據汲本、殿本改。

一三〇二頁一行　江革字次翁　按：校補引柳從辰說，謂袁紀「次翁」作「次伯」。

一三〇二頁四行　莫不必給　殿本考證謂「必」當作「畢」。今按：必畢同音，例得通叚。書康王之誥「畢協賞罰」，白虎通諫諍篇引作「必力賞罰」，是其證也。

一三〇三頁六行　語以避兵道也　按：「也」原譌「地」，逕據汲本、殿本改正。

一三〇四頁四行　列侯之妻稱夫人　按：汲本、殿本注此下有「列侯死子復爲列侯」八字。

一三〇五頁三行　氾勝之　按：「氾」各本皆譌「汜」，逕改正。

一三〇五頁三行　上農區田(大)〔法〕區方深各六寸　據汲本、殿本改。

一三〇六頁一行　華嶠書(日)奪作脫也　據殿本考證删。

一三〇六頁二行　逋亡七年　按：集解引蘇輿說，謂自章帝建初三年至和帝永元十年，已二十年矣，故上文言「積十餘歲」。此「七」字有誤，疑是「積」字聲近而訛。

一三〇七頁一行　言(善無)〔何難之〕有也　據汲本改。按：殿本無此注。

一三〇七頁八行　(永初)六年代張敏爲司空　按：集解引蘇輿說，謂上已出「永初」，明衍二字。今據删。

一三〇七頁一六行　前書〔杜欽〕曰　據汲本補。

一三〇八頁二行　彙浩然之氣　按：「浩」原譌「皓」，逕據汲本、殿本改正。注同。

一三〇九頁二行　如今使臧吏禁錮子孫　汲本、殿本「今」作「令」。按：刊誤謂案文多一「如」字。

一三〇九頁九行　不義而富〔且貴〕　據殿本補。

一三〇九頁一三行　景慕以爲法式　按：此注原在「歸懷」下，據殿本移正。

一三一〇頁二行　太守劉瓆　按：校補引柳從辰說，謂桓紀「瓆」作「質」。

一三一〇頁二行　司徒劉矩　按：集解引錢大昕說，謂據本紀，是時爲司徒者乃胡廣，非劉矩也。陳蕃傳亦同此誤。

一三一一頁二行　汝墳之卒章　按：「墳」原譌「濆」，逕據汲本、殿本改正。

一三一三頁六行　大司農陳奇　按：汲本「奇」作「猗」，殿本作「豨」。

一三一三頁一一行　妻子物餘　集解引惠棟說，謂蔣杲云「物餘」當作「餘物」。今按：東觀記作「餘物」，御覽四一二引東觀記同。然御覽八四七引范書亦作「物餘」。

一三一三頁一一行　于暴賢者　按：校補引錢大昭說，謂閩本「暴」作「冒」。

一三一四頁五行　抗疾京師　按：刊誤謂「抗」無義，當是「被」字。

一三一四頁六行　告其故吏朱祇　按：「祇」疑當作「祗」。朱名本傳凡三見，汲本前一左從禾，後二左從衣，殿本前一後一左均從示，中一從禾，其右從氏則同。

一三一六頁八行　故以其旗識之　按：汲本「旗」作「旌」。

一三一六頁二行　士(三)〔二〕日而殯　據汲本、殿本改。

一三一六頁三行　天子(七)〔五〕重　據集解引沈欽韓說改，與禮喪服大記鄭注合。

一三一七頁五行　以人魚爲膏燭　按：刊誤謂案文「膏」當在「爲」字上。

一三一七頁八行　堯葬邛之山　按：「邛」原譌「卭」，逕改正。

一三一八頁九行　文楚薄終喪朽惟速周能感親畜神養福　按：王先謙謂「周能」二句當在「文楚」二句上，前諸傳贊皆順敘，末四句亦別無用意之處，不應倒置也。

後漢書卷四十上

班彪列傳第三十上 自東都主人以下分爲下卷

班彪字叔皮，扶風安陵人也。祖況，成帝時爲越騎校尉。父稚，哀帝時爲廣平太守。〔一〕

〔一〕廣平，郡，今洛州永(平)〔年〕縣也，隋室諱廣改焉。

彪性沈重好古。年二十餘，更始敗，三輔大亂。時隗囂擁衆天水，彪乃避難從之。囂問彪曰：「往者周亡，戰國並爭，天下分裂，數世然後定。意者從橫之事復起於今乎？將承運迭興，在於一人也？願生試論之。」對曰：「周之廢興，與漢殊異。昔周爵五等，諸侯從政，本根既微，枝葉彊大，故其末流有從橫之事，埶數然也。漢承秦制，改立郡縣，主有專己之威，臣無百年之柄。至於成帝，假借外家，〔一〕哀、平短祚，國嗣三絕，〔二〕故王氏擅朝，因竊號位。危自上起，傷不及下，〔三〕是以即眞之後，天下莫不引領而歎。十餘年閒，中外搔擾，遠近俱發，假號雲合，咸稱劉氏，不謀同辭。〔四〕方今雄桀帶州域者，皆無七國世業之資，而百姓謳吟，思仰漢德，已可知矣。」囂曰：「生言周、漢之埶可也；至於但見愚人習識劉氏

姓號之故，而謂漢家復興，疎矣。昔秦失其鹿，劉季逐而羈之，時人復知漢乎？」〔五〕

〔一〕外家謂王鳳、王商等，並輔政領尚書事也。

〔二〕哀帝在位六年，平帝在位五年，故曰短祚。成、哀、平俱無子，是三絕也。

〔三〕成帝威權借於外家，是危自上起也。漢德無害於百姓，是傷不及下也。

〔四〕謂王郎、盧芳等並詐稱劉氏也。

〔五〕太公六韜曰：「取天下如逐鹿，鹿得，天下共分其肉也。」

彪既疾囂言，又傷時方艱，乃著王命論，以爲漢德承堯，有靈命之符，王者興祚，非詐力所致，欲以感之，而囂終不寤，遂避地河西。河西大將軍竇融以爲從事，深敬待之，接以師友之道。彪乃爲融畫策事漢，總西河以拒隗囂。

及融徵還京師，光武問曰：「所上章奏，誰與參之？」融對曰：「皆從事班彪所爲。」帝雅聞彪才，因召入見，舉司隸茂才，拜徐令，以病免。〔一〕後數應三公之命，輒去。

〔一〕司隸舉爲茂才也。徐，縣，屬臨淮郡。

彪既才高而好述作，遂專心史籍之閒。武帝時，司馬遷著史記，自太初以後，闕而不錄，〔一〕後好事者頗或綴集時事，然多鄙俗，不足以踵繼其書。〔二〕彪乃繼採前史遺事，傍貫異聞，作後傳數十篇，因斟酌前史而譏正得失。其略論曰：

〔一〕太初，武帝年號。

〔二〕好事者謂楊雄、劉歆、陽城衡、褚少孫、史孝山之徒也。

唐虞三代，詩書所及，世有史官，以司典籍，〔一〕暨於諸侯，國自有史，〔二〕故孟子曰「楚之檮杌，晉之乘，魯之春秋，其事一也」。〔三〕定哀之閒，〔四〕魯君子左丘明論集其文，作左氏傳三十篇，又撰異同，號曰國語，二十一篇，由是乘、檮杌之事遂闇，〔五〕而左氏、國語獨章。又有記錄黃帝以來至春秋時帝王公侯卿大夫，號曰世本，一十五篇。春秋之後，七國並爭，秦并諸侯，則有戰國策三十三篇。漢興定天下，太中大夫陸賈記錄時功，作楚漢春秋九篇。孝武之世，太史令司馬遷採左氏、國語，刪世本、戰國策，據楚、漢列國時事，上自黃帝，下訖獲麟，〔六〕作本紀、世家、列傳、書、表凡百三十篇，而十篇缺焉。〔七〕遷之所記，從漢元至武以絕，則其功也。至於採經摭傳，分散百家之事，甚多疎略，不如其本，務欲以多聞廣載為功，論議淺而不篤。其論術學，則崇黃老而薄五經；〔八〕序貨殖，則輕仁義而羞貧窮；〔九〕道游俠，則賤守節而貴俗功：〔一〇〕此其大敝傷道，所以遇極刑之咎也。〔一一〕然善述序事理，辯而不華，質而不野，文質相稱，蓋良史之才也。誠令遷依五經之法言，同聖人之是非，意亦庶幾矣。〔一二〕

〔一〕禮記曰：「動則左史書之，言則右史書之。」見於史籍者，夏太史終古、殷太史向摯、周太史儋也。見呂氏春秋。

〔二〕左傳，魯季孫召外史掌惡臣。衞史華龍滑「曰我太史」也。楚有左史倚相。

〔三〕乘者，興於田賦乘馬之事。檮杌者，嚚凶之類，興於記惡之誡。春秋以二始舉四時，以記萬事，遂各因以爲名，其記事一也。見趙岐孟子注。

〔四〕魯定公、哀公也。

〔五〕不行於時爲闇也。其書今亡。

〔六〕武帝太始二年，登隴首，獲白麟，遷作史記，絕筆於此年也。

〔七〕十篇謂遷歿之後，亡景紀、武紀、禮書、樂書、兵書、將相年表、日者傳、三王世家、龜策傳、傅靳列傳。

〔八〕黃帝、老子，道家也。五經，儒家也。遷序傳曰：「道家使人精神專一，動合無形，贍足萬物。」此謂崇黃老也。又曰：「儒者博而寡要，勞而少功。」此爲薄五經也。

〔九〕史記貨殖傳序曰：「家貧親老，妻子輭弱，歲時無以祭祀，飲食被服不足以自適，如此不慙恥，則無所比矣。無巖處奇士之行，而長貧賤，語仁義，亦足羞也。」

〔10〕史記游俠傳序曰：「季次、原憲行君子之德，義不苟合當世，當世亦笑之。終身空室蓬戶，褐衣疏食不饜。今游俠，其行雖不軌於正義，然其言必信，於行必果，已諾必誠，不愛其軀，赴士之戹，蓋有足多者。今拘學或抱咫尺之義，久孤於世，豈若卑論齊俗，與世沈浮而取榮名哉！」

〔一一〕極刑謂遷被腐刑也。遷與任安書曰：「最下腐刑，極矣！」

〔一二〕易曰：「顏氏之子，其殆庶幾乎！」

夫百家之書，猶可法也。若左氏、國語、世本、戰國策、楚漢春秋、太史公書，今之所以知古，後之所由觀前，聖人之耳目也。司馬遷序帝王則曰本紀，公侯傳國則曰世家，卿士特起則曰列傳。又進項羽、陳涉而黜淮南、衡山，〔一〕細意委曲，條例不經。若遷之著作，採獲古今，貫穿經傳，至廣博也。一人之精，文重思煩，故其書刊落不盡，尚有盈辭，多不齊一。〔二〕若序司馬相如，舉郡縣，著其字，至蕭、曹、陳平之屬，及董仲舒並時之人，不記其字，或縣而不郡者，蓋不暇也。〔三〕今此後篇，慎覈其事，整齊其文，不爲世家，唯紀、傳而已。傳曰：「殺史見極，平易正直，春秋之義也。」

〔一〕謂遷著項羽本紀。又陳涉起於壟畝，數月被殺，無子孫相繼，著爲世家，淮南、衡山，漢室之王胤，當世家而編之列傳，言進退之失也。

〔二〕刊，削也。謂削落繁蕪，仍有不盡。

〔三〕史記「衞青者，平陽人也」，「張釋之，堵陽人」，並不顯郡之類也。

彪復辟司徒玉況府。〔一〕時東宮初建，諸王國並開，〔二〕而官屬未備，師保多闕。彪上言曰：

〔一〕玉音肅。

〔二〕建武二十三年玉況爲司徒，十九年建明帝爲太子，十七年封諸王。

孔子稱「性相近，習相遠也」。〔一〕賈誼以爲「習與善人居，不能無爲善，猶生長於齊，不能無齊言也。習與惡人居，不能無〔爲〕惡，猶生長於楚，不能無楚言也」。〔二〕是以聖人審所與居，而戒慎所習。昔成王之爲孺子，出則周公、邵公、太〔公〕史佚，入則大顛、閎夭、南宮括、散宜生，左右前後，禮無違者，〔三〕故成王一日卽位，天下曠然太平。是以春秋「愛子教以義方，不納於邪。驕奢淫佚，所自邪也」。〔四〕詩云：「詒厥孫謀，以宴翼子。」言武王之謀遺子孫也。〔五〕

〔一〕見論語。

〔二〕賈誼上疏之辭。

〔三〕左傳曰：「自郊勞至於贈賄，禮無違者。」

〔四〕左傳衞大夫石碏諫衞莊公之辭也。

〔五〕詩大雅也。詒，遺也。宴，安也。翼，敬也。言文王遺其孫以善謀，武王以安敬之道遺其子。子謂成王也。

漢興，太宗使鼂錯導太子以法術，〔一〕賈誼教梁王以詩書。〔二〕及至中宗，亦令劉向、王褒、蕭望之、周堪之徒，以文章儒學保訓東宮以下，〔三〕莫不崇簡其人，就成德器。今皇太子諸王，雖結髮學問，脩習禮樂，而傅相未値賢才，官屬多闕舊典。宜博選名儒有威重明通政事者，以爲太子太傅，東宮及諸王國，備置官屬。又舊制，太子食湯沐十縣，設周衞交戟，五日一朝，因坐東箱，省視膳食，其非朝日，使僕、中允旦旦請問而

已，明不媟黷，廣其敬也。〔四〕

〔一〕文帝時鼂錯爲博士，上言曰：「人主所以顯功揚名者，以知術數也。今皇太子所讀書多矣，而未知術數。願陛下擇聖人之術以賜太子。」上善之，拜錯爲太子家令。

〔二〕賈誼爲梁王太傅。梁王，文帝之少子，名揖，愛而好書，故令誼傅之。

〔三〕中宗，宣帝也。時元帝爲太子，宣帝使王褒、劉向、張子僑等之太子宮，娛侍太子朝夕讀誦，蕭望之爲太傅，周堪爲少傅。並見前書。

〔四〕漢官儀曰：「皇太子五日一至臺，因坐東箱，省視膳食，以法制敕太官尚食宰吏，其非朝日，使僕、中允旦旦請問，明不媟黷，所以廣敬也。太子僕一人，秩千石；中允一人，四百石，主門衞徼巡。」

書奏，帝納之。

後察司徒廉爲望都長，吏民愛之。〔一〕建武三十年，年五十二，卒官。所著賦、論、書、記、奏事合九篇。

〔一〕察，舉也。司徒薦爲廉。

二子：固，超。超別有傳。

論曰：班彪以通儒上才，傾側危亂之閒，行不踰方，〔一〕言不失正，仕不急進，貞不違人，敷文華以緯國典，守賤薄而無悶容。彼將以世運未弘，非所謂賤焉耻乎？何其守道恬淡之清靜也。篤，固也。

篤也！〔二〕

〔一〕論語孔子曰：「可謂仁之方。」鄭玄注云：「方猶道也。」

〔二〕孔子曰：「邦有道，貧且賤焉恥也。」言彪當中興之初，時運未泰，故不以貧賤爲恥，何守道清靜之固也！恬淡猶

固字孟堅。年九歲，能屬文誦詩賦，及長，遂博貫載籍，九流百家之言，無不窮究。〔一〕所學無常師，不爲章句，舉大義而已。性寬和容衆，不以才能高人，諸儒以此慕之。〔二〕

〔一〕九流謂道、儒、墨、名、法、陰陽、農、雜、縱橫。

〔二〕謝承書曰：「固年十三，王充見之，拊其背謂彪曰：『此兒必記漢事。』」

永平初，東平王蒼以至戚爲驃騎將軍輔政，開東閤，延英雄。時固始弱冠，奏記說蒼曰：〔一〕

〔一〕奏，進也。記，書也。前書待詔鄭朋奏記於蕭望之，奏記自朋始也。

將軍以周、邵之德，立乎本朝，承休明之策，建威靈之號，〔一〕昔在周公，今也將軍，詩書所載，未有三此者也。〔二〕傳曰：「必有非常之人，然後有非常之事；有非常之事，然後有非常之功。」〔三〕固幸得生於清明之世，豫在視聽之末，私以螻螘，竊觀國政，〔四〕

誠美將軍擁千載之任，躡先聖之蹤，〔五〕體弘懿之姿，據高明之埶，博貫庶事，服膺六蓺，白黑簡心，求善無猒，〔六〕採擇狂夫之言，不逆負薪之議。〔七〕竊見幕府新開，廣延羣俊，四方之士，顚倒衣裳。〔八〕將軍宜詳唐、殷之舉，察伊、皐之薦，〔九〕令遠近無偏，幽隱必達，期於總覽賢才，收集明智，爲國得人，以寧本朝。則將軍養志和神，優游廟堂，光名宣於當世，遺烈著於無窮。

〔一〕號驃騎將軍也。
〔二〕唯蒼與周公二人而已。
〔三〕司馬相如喩蜀之辭。
〔四〕螻螘謂細微也。
〔五〕千載謂自周公至明帝時千餘載也。先聖謂周公也。
〔六〕淮南子曰：「聖人見是非，若白黑之別於目。」左傳曰「求善不猒」也。
〔七〕負薪，賤人也。三略曰「負薪之諾，廊廟之言」也。
〔八〕詩曰：「東方未明，顚倒衣裳。」言士爭歸之怱遽也。
〔九〕堯舉皐陶，湯舉伊尹。

竊見故司空掾桓梁，宿儒盛名，冠德州里，七十從心，行不踰矩，〔一〕蓋淸廟之光暉，當世之俊彥也。〔二〕京兆祭酒晉馮，結髮修身，白首無違，好古樂道，玄默自守，古人之美行，時俗所莫及。扶風掾李育，〔三〕經明行著，教授百人，客居杜陵，茅室土階。京兆、扶風二郡更請，徒以家貧，數辭病去。溫故知新，論議通明，廉清修絜，行能純備，雖前世名儒，國家所器，韋、平、孔、翟，無以加焉。〔四〕宜令考績，以參萬事。京兆督郵郭基，孝行著於州里，經學稱於師門，政務之績，有絕異之效。如得及明時，秉事下僚，進有羽翮奮翔之用，退有杞梁一介之死。〔五〕涼州從事王雍，躬卞嚴之節，文之以術藝，〔六〕涼州冠蓋，未有宜先雍者也。古者周公一舉則三方怨，曰「奚爲而後己」。〔七〕宜及府開，以慰遠方。弘農功曹史殷肅，〔八〕達學洽聞，才能絕倫，誦詩三百，奉使專對。此六子者，皆有殊行絕才，德隆當世，如蒙徵納，以輔高明，此山梁之秋，夫子所爲歎也。〔九〕昔卞和獻寶，以離斷趾，〔一〇〕靈均納忠，終於沈身，〔一一〕而和氏之璧，千載垂光，屈子之篇，萬世歸善。願將軍隆照微之明，信日昃之聽，〔一二〕少屈威神，咨嗟下問，令塵埃之中，永無荆山、汨羅之恨。

〔一〕論語孔子曰：「七十而縱心所欲，不踰矩。」言恣心之所爲，皆闇合於法則。

〔二〕詩周頌曰：「於穆清廟，肅雍顯相，濟濟多士，執文之德。」鄭玄注曰：「顯，光也。」言桓梁可參多士，助祭於清廟爲光暉也。爾雅曰：「髦，俊也。」美士爲彥。

〔三〕育字元春，見儒林傳。

〔四〕韋賢、平當、孔光、翟方進也。流俗本「平」字作「玄」，誤。

〔五〕說苑曰：「趙簡子遊於西河而歎曰：『安得賢士而與處焉？』舟人古桑對曰：『鴻鵠高飛，所恃者六翮也。背上之毛，腹下之毳，加之滿把，飛不能爲之益高。不知門下左右客千人，亦有六翮之用乎？將盡毛毳也？』」又曰「齊莊公攻莒，杞梁與華周進鬬，壞軍陷陣，三軍不敢當。至莒城下，殺二十七人而死」也。

〔六〕卞嚴，卞莊子也。新序曰：「卞莊子好勇，養母，戰而三北，交遊非之，國君辱之。莊子受命，顏色不變。及母死三年，齊與魯戰，莊子請從。至，見於將軍曰：『初獨與母處，是以戰而三北。今母沒矣，請塞責。』遂赴敵而鬬，獲甲首而獻，曰：『夫三北，以養母也。吾聞之，節士不以辱生。』遂殺十人而死。」論語孔子曰：「卞莊子之勇，冉求之藝，文之以禮樂。」

〔七〕孫卿子曰：「周公東征，西國怨，曰：『何獨不來也！』南征而北國怨，曰：『何獨後我也！』」

〔八〕固集「殷」作「段」。

〔九〕秋猶時也。論語孔子曰：「山梁雌雉，時哉！」

〔一〇〕離，被也。斷趾，刖足也。事見韓子。

〔一一〕屈原字靈均，納忠於楚，終不見信，自沈於汨羅之水而死。

〔一二〕信音申。

蒼納之。

父彪卒，歸鄉里。固以彪所續前史未詳，乃潛精研思，欲就其業。既而有人上書顯宗，告固私改作國史者，有詔下郡，收固繫京兆獄，盡取其家書。先是扶風人蘇朗僞言圖讖事，下獄死。固弟超恐固爲郡所覈考，不能自明，乃馳詣闕上書，得召見，具言固所著述意，而郡亦上其書。顯宗甚奇之，召詣校書部，〔一〕除蘭臺令史，〔二〕與前睢陽令陳宗、長陵令尹敏、司隸從事孟異共成世祖本紀。遷爲郎，典校祕書。固又撰功臣、平林、新市、公孫述事，作列傳、載記二十八篇，奏之。帝乃復使終成前所著書。

〔一〕前書固敍傳曰：「永平中爲郎，典校祕書。」

〔二〕漢官儀曰：「蘭臺令史六人，秩百石，掌書劾奏。」

固以爲漢紹堯運，以建帝業，至於六世，史臣乃追述功德，〔一〕私作本紀，編於百王之末，廁於秦、項之列，〔二〕太初以後，闕而不錄，故探撰前記，綴集所聞，以爲漢書。起元高祖，終于孝平王莽之誅，十有二世，二百三十年，〔三〕綜其行事，傍貫五經，上下洽通，爲春秋考紀、表、志、傳凡百篇。〔四〕固自永平中始受詔，潛精積思二十餘年，至建初中乃成。當世甚重其書，學者莫不諷誦焉。

〔一〕六代謂武帝，史臣謂司馬遷也。

〔二〕史記起自黃帝，漢最居其末也。

〔三〕高、惠、呂后、文、景、武、昭、宣、元、成、哀、平十二代也。并王莽合二百三十年。

〔四〕紀十二，表八，志十，列傳七十，合百篇。前書音義曰：「春秋考紀謂帝紀也。言考覈時事，具四時以立言，如春秋之經。」

自爲郎後，遂見親近。時京師脩起宮室，濬繕城隍，而關中耆老猶望朝廷西顧。固感前世相如、壽王、東方之徒，造搆文辭，終以諷勸，〔一〕乃上兩都賦，盛稱洛邑制度之美，以折西賓淫侈之論。其辭曰：

〔一〕相如作上林、子虛賦，吾丘壽王作士大夫論及驃騎將軍頌，東方朔作客難及非有先生論，其辭並以諷喻爲主也。

有西都賓問於東都主人曰：〔一〕「蓋聞皇漢之初經營也，嘗有意乎都河洛矣。輟而弗康，寔用西遷，作我上都。主人聞其故而覩其制乎？」〔二〕主人曰：「未也。願賓攄懷舊之蓄念，發思古之幽情，〔三〕博我以皇道，弘我以漢京。」賓曰：「唯唯。」

〔一〕中興都洛陽，故以東都爲主，而謂西都爲賓也。

〔二〕皇，大也。尚書曰：「厥既得吉卜則經營。」高祖五年，劉敬說上都關中，上疑之。左右大臣皆山東人，多勸都洛陽，此爲有意都河洛矣。張良曰：「洛陽其中小不過數百里，四面受敵，非用武之國。關中金城千里，天府之國也。」於是上即日西都關中，此爲輟而弗康也。輟，止也。康，安也。

〔三〕廣雅曰攄，舒也。

漢之西都，在于雍州，寔曰長安。〔一〕左據函谷、二崤之阻，表以（泰）〔太〕華、終南之山。〔二〕右界褒斜、隴首之險，帶以洪河、涇、渭之川。〔三〕華實之毛，則九州之上腴焉；防禦之阻，則天下之奧區焉。〔四〕是故橫被六合，三成帝畿，〔五〕周以龍興，秦以虎視。及至大漢受命而都之也，〔六〕仰寤東井之精，俯協河圖之靈，〔七〕奉春建策，留侯演成，〔八〕天人合應，以發皇明，乃眷西顧，寔惟作京。〔九〕於是睎秦領，睋北阜，挾酆霸，據龍首。〔一〇〕圖皇基於億載，度宏規而大起，肇自高而終平，世增飾以崇麗，歷十二之延祚，故窮奢而極侈。〔一一〕建金城其萬雉，呀周池而成淵，披三條之廣路，立十二之通門。〔一二〕內則街衢洞達，閭閻且千，九市開場，貨別隧分，人不得顧，車不得旋，闐城溢郭，傍流百廛，紅塵四合，煙雲相連。〔一三〕於是既庶且富，娛樂無疆，都人士女，殊異乎五方，游士擬於公侯，列肆侈於姬、姜。〔一四〕鄉曲豪俊游俠之雄，節慕原、嘗，名亞春、陵，連交合衆，騁騖乎其中。〔一五〕

〔一〕前書音義曰：「長安本秦之鄉名，高祖都焉。」

〔二〕函谷，關名也。左傳曰「崤有二陵，其南陵夏后皋之墓，其北陵文王之所避風雨」，故曰二崤。太華，山也，山海經曰，華首之西六十里曰太華。終南，長安南山也。詩曰：「終南何有。」注云：「終南，周之名山中南也。」

〔三〕褒斜，谷名，南口曰褒，北口曰斜，在今梁州。隴首，山名，在今秦州。洪，大也。

〔四〕華實之毛謂草木也。左傳曰：「食土之毛。」前書曰：「秦地九州膏腴。」尚書雍州「厥田上上」。防禦謂關禁也。楊雄衞尉箴曰：「設置山險，盡爲防禦。」奧，深也。言秦地險固，爲天下深奧之區域。

〔五〕前書音義曰：「關西爲横。」被猶及也。呂氏春秋曰：「神明通于六合。」高誘注云：「四方上下爲六合。」周禮曰：「方千里曰王畿。」三成謂周、秦、漢並都之也。

〔六〕龍興虎視，喻盛彊也。孔安國尚書序曰：「漢室龍興。」易曰：「虎視眈眈。」

〔七〕寤猶曉也。協，合也。高祖至霸上，五星聚於東井。又河圖曰：「帝劉季，日角戴勝，斗匈龍股，長七尺八寸。昌光出軫，五星聚井，期之興，天授圖，地出道，予張兵鈐劉季起。」東井，秦之分野，明漢當代秦都關中。

〔八〕奉春君，婁敬也。春者，四時之始。婁敬亦始建遷都之策，故以號焉。留侯，張良也。蒼頡篇曰：「演者引也。」

〔九〕天謂五星聚東井也。人謂婁敬等進說也。皇明謂高祖也。西顧謂入關也。詩云：「乃眷西顧。」

〔一〇〕睎，望也，音希。睋，視也，音蛾。秦領在今藍田東南。北阜即今三原縣北有高阜，東西横亘者是也。豐水出鄠縣南山豐谷。霸水出藍田谷。三秦記曰：「龍首山六十里，頭入渭水，尾達樊川。」在傍曰挾，在上曰據也。

〔一一〕肇，始也。始自高祖，終於平帝，爲十二代也。

〔一二〕金城言堅固也。張良曰：「金城千里。」杜預注左傳云：「方丈爲堵，三堵爲雉。」字林曰：「呀，大空也。」音火加反。周禮：「國方九里，旁三門。」每門有大路，故曰三條。鄭玄注周禮云「天子城十二門，通十二子」也。

〔一三〕字林曰：「閈，里門也。閻，里中門也。」且千，言多也。漢宮閣疏曰：「長安九市，其六在道西，三在道東。」隧，列肆道也。鄭玄注禮記曰：「廛，市物邸舍也。」

〔一四〕論語：「子適衞，冉有僕。子曰：『庶矣哉！』冉有曰：『既庶矣，又何加焉？』曰：『富之。』」詩周頌云：「惠我無疆。」疆，境也。詩小雅曰：「彼都人士。」毛萇注云：「城郭之域曰都。」五方謂四方及中央也。前書曰：「秦地五方雜錯。」鄭玄注周禮曰：「肆，市中陳物處也。」杜元凱注左傳云「姬、姜大國之女」也。

〔五〕豪俊游俠謂朱家、郭解、原涉之類也。原、嘗〔謂〕平原君趙勝、孟嘗君田文也，春、陵謂春申君黃歇、信陵君無忌也，並招致賓客，名高天下也。

若乃觀其四郊，浮遊近縣，則南望杜、霸，北眺五陵，名都對郭，邑居相承，英俊之域，紱冕所興，冠蓋如雲，七相五公。〔一〕與乎州郡之豪桀，五都之貨殖，三選七遷，充奉陵邑，蓋以彊幹弱枝，隆上都而觀萬國。〔二〕封畿之內，厥土千里，逴犖諸夏，兼其所有。〔三〕其陽則崇山隱天，幽林穹谷，陸海珍藏，藍田美玉，商、洛緣其隈，鄠、杜濱其足，〔四〕源泉灌注，陂池交屬，竹林果園，芳草甘木，郊野之富，號曰近蜀。〔五〕其陰則冠以九嵕，陪以甘泉，乃有靈宮起乎其中。秦、漢之所極觀，淵、雲之所頌歎，於是乎存焉。〔六〕下有鄭、白之沃，衣食之源，隄封五萬，彊場綺分，溝塍刻鏤，原隰龍鱗，決渠降雨，荷臿成雲，五穀垂穎，桑麻敷棻。〔七〕東郊則有通溝大漕，潰渭洞河，泛舟山東，控引淮、湖，與海通波。〔八〕西郊則有上囿禁苑，林麓藪澤，陂池連乎蜀、漢，繚以周牆，四百餘里，離宮別館，三十六所，神池靈沼，往往而在。〔九〕其中乃有九真之麟，大宛之馬，黃支之犀，條枝之鳥，踰崐崘，越巨海，殊方異類，至三萬里。〔一〇〕

〔一〕浮遊謂周流也。杜、霸謂杜陵、霸陵，在城南，故南望也。五陵謂長陵、安陵、陽陵、茂陵、平陵，在渭北，故北眺也。並徙人以置縣邑，故云名都對郭。蒼頡篇曰：「紱，綬也。冕，冠也。」其所徙者皆豪右、富貲、吏二千石，故多英俊冠蓋之人。如雲，言多也。詩曰：「出其東門，有女如雲。」七相謂丞相車千秋，長陵人，黃霸、王商，並杜陵人也，韋賢、平當、魏相、王嘉，並平陵人也。五公謂田蚡爲太尉，長陵人，張安世爲大司馬，朱博爲司空，並杜陵人，平晏爲司徒，韋賞爲大司馬，並平陵人也。

〔二〕前書音義曰：「五都謂洛陽、邯鄲、臨淄、宛、成都也。」三選，選三等之人，謂徙吏二千石及高訾富人及豪桀并兼之家於諸陵，蓋以彊幹弱枝，非獨爲奉山園也。見前書。自元帝已後不遷，故唯七焉。爾雅曰：「覿，指示也。」「選」或爲「徙」，義亦通。

〔三〕前書曰：「秦地沃野千里，人以富饒。」逴躒猶超絕也。逴音卓。躒音呂角反。諸夏謂中國也。

〔四〕窮谷，深谷。東方朔曰：「漢興，去三河之地，止灞、滻之西，都涇、渭之南，此謂天下陸海之地也。」范子計然曰：「玉出藍田。」商及上洛皆縣名。隈，山曲也。濱猶近也。鄠、杜，二縣名，近南山之足。爾雅云：「麓，山足也。」

〔五〕孔安國注尚書曰：「澤障曰陂，停水曰池。」前書曰：「巴、蜀土地肥美，有山林竹樹蔬食果實之饒。」今南山亦有之，與巴、蜀相類，故曰近蜀。爾雅曰：「邑外曰郊，郊外曰野。」

〔六〕陰謂北也。九嵕山尤高峻，故稱冠云。甘泉山在雲陽北，秦始皇於上置林光宮，漢又起甘泉宮、益壽、延壽館，通天臺，故云「秦、漢之所極觀」。王襃字子泉，作甘泉頌，楊子雲作甘泉賦，故云「泉、雲頌歎」。

〔七〕史記曰：「韓使水工鄭國說秦，令引涇水爲渠，傍北山，東注洛，溉田四萬餘頃，名曰鄭國渠。」武帝時，趙中大夫白公奏穿渠引涇水，首起谷口，尾入櫟陽，溉田四千餘頃，因名白渠。時人歌之曰：「田於何所？池陽谷口。鄭國在前，白渠起後。舉臿爲雲，決渠爲雨。涇水一石，其泥數斗。且溉且糞，長我禾黍。衣食京師，億萬之口。」前書曰：「天子畿方千里，隄封百萬井。」音義曰：「隄謂積土爲封限也，音丁奚反。」廣雅曰：「場，界也。」音亦。周禮曰：「夫閒有遂，十夫有溝。」說文曰：「塍，田畦也。」塍音繩。刻鏤謂交錯如鏤也。爾雅曰：「高平曰原，下溼曰隰。」言如龍鱗之五色也。五穀，黍、稷、菽、麥、稻也。〔小〕爾雅曰：「禾穗謂之穎。」〔小〕爾雅曰：「敷，布也。」棻，茂盛也，音芬。

〔八〕漕，水運也。蒼頡篇曰：「潰，傍決也。」前書武帝穿漕渠通渭。史記曰：「滎陽下引河東南爲鴻溝，以與淮、泗會。」

〔九〕上囿謂林苑也。穀梁傳曰：「林屬於山爲麓。」鄭玄注周禮曰：「澤無水曰藪。」繚猶繞也，音了。三輔黃圖曰：「上林有建章、承光等一十一宮，平樂、繭觀等二十五，凡三十六所。」三秦記曰：「昆明池中有神池，通白鹿原。」詩曰：「王在靈沼。」

〔一〇〕宣帝詔曰：「九眞郡獻奇獸。」晉灼漢書注云：「駒形，麟色，牛角。」武帝時，李廣利斬大宛王首，獲汗血馬來。又黃支國自三萬里貢生犀。條支國臨西海，有大鳥，卵如甕。條支與安息接，武帝時，安息國發使來獻之。又曰：「崐崘山高二千五百里。」並見前書。

其宮室也，體象乎天地，經緯乎陰陽，據坤靈之正位，放（泰）〔太〕、紫之圓方。〔一〕樹中天之華闕，豐冠山之朱堂，因瓌材而究奇，抗應龍之虹梁，列棼橑以布翼，荷棟桴而高驤。〔二〕雕玉瑱以居楹，裁金璧以飾璫，發五色之渥采，光爓朗以景彰。〔三〕於是左（城）〔墄〕右平，重軒三階，閨房周通，門闥洞開，列鍾虡於中庭，立金人於端闈，仍增崖而衡閾，臨峻路而啓扉。〔四〕徇以離殿別寢，承以崇臺閒館，煥若列星，紫宮是環。〔五〕清涼宣溫，神仙長年，金華玉堂，白虎麒麟，區宇若茲，不可殫論。〔六〕增盤業峨，登降炤爛，殊形詭制，每各異觀，乘茵步輦，唯所息宴。〔七〕後宮則有掖庭椒房，后妃之室，合歡增成，安處常寧，茝若椒風，披香發越，蘭林蕙草，鴛鸞飛翔之列。〔八〕昭陽特盛，隆乎孝成，屋不呈材，牆不露形，裛以藻繡，絡以綸連，隨侯明月，錯落其閒，金釭銜璧，是爲列錢，翡翠火齊，流燿含英，懸黎垂棘，夜光在焉。〔九〕於是玄墀釦切，玉階彤庭，碝磩采緻，琳珉青熒，珊瑚碧樹，周阿而生。〔一〇〕紅羅颯纚，綺組繽紛，精曜華燭，俯仰如神。〔一一〕後宮之號，十有四位，窈窕繁華，更盛迭貴，處乎斯列者，蓋以百數。〔一二〕左右廷中，朝堂百僚之位，蕭曹魏邴，謀謨乎其上。〔一三〕佐命則垂統，輔翼則成化，流大漢之愷悌，蕩亡秦之毒螫。〔一四〕故令斯人揚樂和之聲，作畫一之歌，功德著於祖宗，膏澤洽于黎庶。〔一五〕又有天祿石渠，典籍之府，命夫諄誨故老，名儒師傅，講論乎六藝，稽合乎同異。〔一六〕又有承明金馬，著作之庭，大雅宏達，於茲爲羣，元元本本，周見洽聞，啓發篇章，校理祕文。〔一七〕周以鉤陳之位，衞以嚴更之署，總禮官之甲科，羣百郡之廉孝。〔一八〕虎賁贅衣，閹尹閽寺，陛戟百重，各有攸司。〔一九〕周廬千列，徼道綺錯。〔二〇〕輦路經營，脩涂飛閣。〔二一〕自未央而連桂宮，北彌明光而亙長樂，陵墱道而超西墉，混建章而外屬，設璧門之鳳闕，上觚稜而棲金雀。〔二二〕內則別風之嶕嶢，眇麗巧而竦擢，張千門而立萬戶，順陰陽以開闔。〔二三〕爾乃正殿崔嵬，層構厥高，臨乎未央，經駘盪而出馺娑，洞枍詣與天梁，上反宇以蓋戴，激日景而納光。〔二四〕神明鬱其特起，遂偃蹇而上躋，軼雲雨於太半，虹霓回帶於棼楣，雖輕迅與僄狡，猶愕眙而不敢階。〔二五〕攀井幹而未半，目眴轉而意迷，舍櫺檻而卻倚，若顛墜而復稽，魂怳怳以失度，巡回涂而下低。〔二六〕既懲懼於登望，降周流以彷徨，步甬道以縈紆，又杳窱而不見陽。〔二七〕排飛闥而上出，若游目於天表，似無依(之)〔而〕洋洋。〔二八〕前唐中而後太液，攬滄海之湯湯，揚波濤於碣石，激神嶽之嶈嶈，濫瀛洲與方壺，蓬萊起乎中央。〔二九〕於是靈草冬榮，神木叢生，巖峻崔崒，金石崢嶸。〔三〇〕抗仙掌(與)〔以〕承露，擢雙立之金莖，軼埃壒之混濁，鮮顥氣之清英。〔三一〕騁文成之丕誕，馳五利之所刑，庶松喬之羣類，時游從乎斯庭，實列仙之攸館，匪吾人之所寧。〔三二〕

〔一〕圜象天，方象地。南北爲經，東西爲緯。楊雄司空箴曰：「普彼坤靈，侔天作合。」故，象也。太、紫謂太微、紫宮也。劉向七略曰：「明堂之制，內有太室，象紫宮；南出明堂，象太微。」春秋合誠圖曰：「太微，其星十二，四方。」史記天官書曰：「環之匡衞十二星，藩臣，皆曰紫宮。」是太微方而紫宮圓也。

〔二〕列子曰：「周穆王作中天之臺。」說文曰：「闕，門觀也。」前書蕭何作東闕、北闕。豐，大也。冠山謂在山之上也。埤蒼曰：「瑰瑋，珍奇也。」廣雅曰：「有翼曰應龍。」梁作應龍之形，而又曲如虹也。說文曰：「棼，複屋之棟。」

榱，椽也。翼，屋之四阿也。荷，負也。驤，舉也。爾雅曰：「棟謂之桴。」音浮。

〔三〕廣雅曰：「磌，礩也。」音田。「瑱」與「磌」通。楹，柱也。雕玉為礩以承柱也。上林賦曰：「華榱璧璫。」韋昭注曰：「璫，榱頭也。」渥，光潤也。爓音豔。

〔四〕摯虞決疑要注曰：「墄者為階級，平者以文塼相亞次也。」「域」亦作「城」。言階級勒墄然，音七則反。王逸楚辭注曰：「軒，樓板也。」周禮夏后氏「世室九階」，鄭玄注云「南面三階，三面各二」也。爾雅曰：「宮中之門謂之闈，小者謂之閨。」簴以懸鍾也。史記：「秦始皇收天下兵器，聚之咸陽，銷以為金人十二，置宮中。」端闈，宮正門也。三輔黃圖曰：「秦宮殿端門四達，以則紫宮。」仍，因也。衡，橫也。閾，門限。

〔五〕徇猶繞也。崇，高也。閒音閑。煥，明也。言周回宮館，明若列星之環繞紫宮也。環，協韻音宦。

〔六〕三輔黃圖曰：「未央宮有清涼殿、宣室殿、中溫室殿、金華殿、大玉堂殿、中白虎殿、麒麟殿，長樂宮有神仙殿。」殫，盡也。

〔七〕增，重也。槃，屈也。業峨，高也。業音五臘反。峨音我。詭，異也。茵，褥也。駕人曰輦。

〔八〕漢官儀曰：「婕妤以下皆居掖庭。」三輔黃圖曰：「長樂宮有椒房殿。」前書曰：「班婕妤居增成舍。」桓譚新論曰：「董賢女弟為昭儀，居舍號曰椒風。」漢宮閣名長安有披香殿、鴛鸞殿、飛翔殿。餘未詳。

〔九〕昭陽殿，成帝趙昭儀所居也。說文曰：「裛，纏也。」音於業反。綸，糾，青絲綬也。「綸」或作「編」。淮南子曰：「隨侯之珠，和氏之璧。」高誘注云：「隨侯行見大蛇傷，以藥傅之。後蛇銜珠以報之，因曰隨侯珠。」說文曰：「釭，轂鐵也。」音江，又音工。謂以黃金為釭，其中銜璧，納之於（壁）〔璧〕帶，為行列歷歷如錢也。前書曰：「昭陽殿璧帶，往往為黃金釭，函藍田玉璧，明珠翠羽飾之。」異物志曰：「翠鳥形如燕，赤而雄曰翡，青而雌曰翠，其羽可以飾幃帳。」韻集曰：「火齊，珠也。」戰國策曰：「應侯謂秦王曰『梁有縣黎』。」左傳曰：「晉荀息請以垂棘之璧假道於虞。」言懸黎、垂棘之玉，並夜有光輝也。

〔一〇〕前書曰：「昭陽殿中庭彤朱，而殿上髹漆。」髹音休。漆黑故曰玄。墀，殿上地也。又曰：「切皆銅沓，黃金塗，白玉階。」釦音口。碝、磩，琳、珉，並石次玉者。碝音而兗反，磩音戚。綵緻，其文理密也。青熒，其光色也。漢武故事曰：「武帝起神堂，植玉樹，葺珊瑚爲枝，以碧玉爲葉。」淮南子曰：「崐崘山有碧樹在其北。」高誘注云：「碧，青石也。」謂以珠玉假爲樹而植之於殿曲。阿，曲也。

〔一一〕薛綜注西京賦曰：「颯纚，長袖貌。颯音素合反，纚音山綺反。」綺，文繒也。組，綬也。繽紛，盛皃。燭，照也。言精彩華飾照燿也。戰國策張儀謂秦王曰：「彼周、鄭之女，粉白黛黑立於衢，非知而見之者以爲神也。」

〔一二〕前書曰：「漢興，因秦之稱號，正嫡稱皇后，妾皆稱夫人。凡十四等，有昭儀、婕妤、娙娥、傛華、美人、八子、充衣、七子、良人、長使、少使、五官、順常，是爲十三等；又有無涓、共和、娛靈、保林、良使、夜者，秩祿同，共爲一等，合十四位也。」窈窕，幽閑也。繁華，美麗也。百數謂以百而數之也。

〔一三〕蕭何、曹參並沛人，魏相字弱翁，濟陰人，邴吉字少卿，魯國人，並爲丞相。

〔一四〕李陵書曰：「其餘佐命立功之士。」司馬相如曰：「垂統理順易繼也。」統，業也。禮記曰：「保者愼其身以輔翼之。」愷，樂也。悌，易也。楊雄長楊賦曰：「今朝廷出愷悌，行簡易。」王褒四子講德論曰：「秦之處位任政者，並施毒螫。」前書曰：「孝惠、高后之時，海內得離戰國之苦，君臣俱欲無爲，而天下晏然，衣食滋殖。」又曰：「近觀漢相，高祖開基，蕭、曹爲冠。孝宣中興，丙、魏有聲。」是時黜陟有序，衆職修理，公卿多稱其位，海內興於禮讓也。

〔一五〕孔叢子曰：「古之帝王，功成作樂，其功善者其樂和。」前書曰：「蕭何薨，曹參代之，百姓歌之曰：『蕭何爲法，較若畫一，曹參代之，守而勿失。」祖宗謂高祖、中宗也。

〔六〕三輔故事曰：「天祿、石渠並閣名，在未央宮北，以閣祕書。」諄誨謂殷勤敎告也。詩大雅曰：「誨爾諄諄。」鄭玄注云：「我敎告王，口語諄諄然。」諄音之純反。六藝謂詩、書、禮、樂、易、春秋也。稽，考也。前書，甘露中詔諸儒講五經同異，令蕭望之平奏其議。

〔七〕承明，殿前之廬也。金馬，署名也。門有銅馬，故名金馬門，待詔者皆居之。宏亦大也。元其元，本其本。祕文，祕書也。孝經鉤命決曰「丘援祕文」也。

〔八〕周，環也。前書音義曰：「鉤陳，紫宮外星也，宮衞之位亦象之。」嚴更之署，行夜之司也。禮官，奉常也，有博士掌試策，考其優劣，爲甲乙之科，即前書曰「太常以公孫弘爲下第」是也。言百郡，舉全數。前書又曰：「與廉舉孝。」

〔九〕虎賁，宿衞之臣。贅衣，主衣之官。贅，綴也，音之銳反。尙書曰：「綴衣虎賁。」閽尹、閹寺並宦官，周禮有閽人、寺人。陛戟，執戟於陛也。百重，言多也。攸，所也。司，主也，協韻音伺。

〔一〇〕廬謂宿衞之廬，周於宮也。千列，言多也。史記：「衞令曰周廬，設卒甚謹。」徼道，徼巡之道。綺錯，交錯也。前書曰「中尉掌徼巡京師」也。

〔一一〕前書音義曰：「輦道，閣道也。」「涂」亦「塗」也，古字通用。

〔一二〕未央宮在西，長樂宮在東，桂宮、明光宮在北，言飛閣相連也。墱，陛級也，音丁鄧反。墉，城也。混，同也。建章宮在城西。屬，連也。前書曰：「建章宮，其東則鳳闕，(門)高二十餘丈，其南有壁門之屬。」說文曰：「柧棱，殿堂上最高之處也。」柧音孤，棱音力登反。其上棲金雀焉。三輔故事曰「建章宮闕上有銅鳳皇」，即金雀也。

〔二三〕三輔故事曰：「建章宮東有折風闕。」關中記曰：「折風一名別風。」嶕嶢，高也。嶕音焦，嶢音堯。前書曰，建章宮度爲千門萬戶。合謂之陰，開謂之陽。易曰：「闔戶謂之坤，闢戶謂之乾。」

〔二四〕正殿即前殿也。層，重也。臨乎未央，言高之極也。關中記建章宮有駘盪、馺娑、枍詣殿。天梁亦宮名也。駘音殆，盪音蕩。馺音素合反，娑音素可反。枍音烏計反。小雅曰：「蓋戴，覆也。」反宇謂飛檐上反也。激日謂日影激入於殿內也。

〔二五〕神明，臺名也。躋，升也。偃蹇，高貌也。軼，過也。前書音義曰：「凡數三分有二爲太半。」說文曰：「棼，棟也。」爾雅曰：「楣謂之梁。」郭璞云：「門戶上橫梁也。」方言曰：「僄，輕也。」音匹妙反。鄭玄注禮記曰：「狡，疾也。」字書曰：「愕，驚也。」音五各反。字林曰：「眙，驚貌也。」音丑吏反。

〔二六〕井幹，樓名也。前書曰：「武帝作井幹樓，高五十丈，輦道相屬焉。」蒼頡篇曰：「眴，視不明也。」音眩。櫺檻，樓上欄楯也。櫺音零。稽，留也。

〔二七〕淮南子曰：「甬道相連。」高誘注云：「甬道，飛閣複道也。」廣雅曰：「窈窱，深也。」「杳」與「窈」通。窱音它鳥反。陽，明也。既創前之登望，乃下巡於複道，宮宇深邃，又不見明者。

〔二八〕飛闥，閣上門也。王逸注楚辭曰：「洋洋，無所歸兒。」

〔二九〕前書曰：「建章宮，其西唐中數十里。」音義曰：「唐，庭也。」其北太液池中有蓬萊、方丈、瀛洲、壺梁，象海中神山。湯湯，流貌也。蒼頡篇曰：「濤，大波也。」碣石，海畔山也。說文曰：「濫，泛也。」列子曰：「海中有神山，一曰岱輿，二曰員嶠，三曰方壺，四曰瀛洲，五曰蓬萊。」

〔三〇〕靈草、神木謂不死藥也。史記曰：「海中神山，仙人不死藥在焉。」崢嶸，高峻也。崔音徂回反，崒音才律反。崢音仕耕反，嶸音宏。

〔二〕前書曰，武帝時作銅柱承露僊人掌之屬。三輔故事云：「建章宮承露槃，高二十丈，大七圍，以銅爲之。上有仙人掌承露，和玉屑飲之。」金莖即銅柱也。軼，過也。埃壒，塵也。鮮，絜也。說文曰：「顥，白皃。」音皓。

〔三〕丕，大也。誕，欺也。前書曰：「齊人李少翁以方士見上，上拜爲文成將軍，言於上曰：『即欲與神通，宮室被服非象神，神物不至。』乃作甘泉宮，中爲臺，畫天、地、泰一諸鬼神，而置祭具以致天神。」又曰：「膠東人欒大多方略而敢爲大言，言曰：『臣常往東海中，見安期、羨門之屬。』乃拜爲五利將軍。」刑，法也。列仙傳曰：「赤松子者，神農時雨師也，服水玉以教神農。」又曰：「王子喬者，周靈王太子晉，道士浮丘公接以上嵩山。」

爾乃盛娛游之壯觀，奮大武乎上囿，因茲以威戎夸狄，燿威而講事。〔一〕命荊州使起鳥，詔梁野而驅獸，毛羣內闐，飛羽上覆，接翼側足，集禁林而屯聚。〔二〕水衡虞人，理其營表，種別羣分，部曲有署。〔三〕罘罔連紘，籠山絡野，列卒周帀，星羅雲布。〔四〕於是乘〔鑾〕輿備法駕，帥羣臣，披飛廉，入苑門。〔五〕遂繞酆鄗，歷上蘭，六師發胄，百獸駭殫，震震爚爚，雷奔電激，草木塗地，山淵反覆，蹂蹸其十二三，乃拗怒而少息。〔六〕爾乃期門佽飛，列刃鑽鍭，要趹追蹤，鳥驚觸絲，獸駭值鋒，機不虛掎，弦不再控，矢無單殺，中必疊雙，颮颮紛紛，矰繳相纏，風毛雨血，灑野蔽天。〔七〕平原赤，勇士厲，猨狖失木，豺狼懾竄。〔八〕爾乃移師趨險，並蹈潛穢，窮虎奔突，狂兕觸蹷。〔九〕許少施巧，秦成力折，掎僄狡，扼猛噬，脫角挫脰，徒搏獨殺。〔一〇〕挾師豹，拖熊螭，頓犀犛，曳豪羆，超迥壑，越峻崖，蹷巉巖，鉅石隤，松柏仆，叢林摧，草木無餘，禽獸殄夷。〔一一〕於是天子乃登屬玉之館，歷長楊之榭，覽山川之體埶，觀三軍之殺獲，原野蕭條，目極四裔，禽相鎮厭，獸相枕藉。〔一二〕然後收禽會衆，論功賜胙，陳輕騎以行炰，騰酒車而斟酌，割鮮野食，舉烽命爵。〔一三〕饗賜畢，勞逸齊，大輅鳴鑾，容與裴回，集乎豫章之宇，臨乎昆明之池，〔一四〕左牽牛而右織女，似雲漢之無崖，茂樹蔭蔚，芳草被堤，蘭茝發色，曄曄猗猗，若摛錦布繡，燭燿乎其陂。〔一五〕玄鶴白鷺，黃鵠鵁鸛，鶬鴰鴇鴟，鳧鷖鴻鴈，朝發河海，夕宿江漢，沈浮往來，雲集霧散。〔一六〕於是後宮乘輚路，登龍舟，張鳳蓋，建華旗，袪黼帷，鏡清流，靡微風，澹淡浮。〔一七〕櫂女謳，鼓吹震，聲激越，謍厲天，鳥羣翔，魚闚淵。〔一八〕招白閑，下雙鵠，揄文竿，出比目。〔一九〕撫鴻幢，御矰繳，方舟並騖，俛仰極樂。〔二〇〕遂風舉雲搖，浮遊普覽，前乘秦領，後越九嵕，〔二一〕東薄河華，西涉岐雍，宮館所歷，百有餘區，行所朝夕，儲不改供。〔二二〕禮上下而接山川，究休祐之所用，採遊童之讙謠，第從臣之嘉頌。〔二三〕于斯之時，都都相望，邑邑相屬，國藉十世之基，家承百年之業，士食舊德之名氏，農服先疇之畎畝，商修族世之所鬻，工用高曾之規矩，粲乎隱隱，各得其所。〔二四〕

〔一〕大武謂大陳武事也。月令「孟冬之月，天子乃命將帥講武，習射御」也。

〔二〕荆州，江、湘之地，其俗習於捕鳥，故使起之。梁野，巴、漢之人，其俗習於逐獸，故使其人驅之。闐音田。聚音才諭反。

〔三〕前書曰：「上林苑屬水衡都尉。虞人，掌山澤之官。」周禮曰：「虞人萊所田之野爲表。」鄭司農曰：「表，所以識正行列也。」續漢書「將軍領軍皆有部，大將軍營五部，部校尉一人，部下有曲，曲有軍候一人」也。

〔四〕鄭玄注禮記曰：「獸罟曰罘。」音浮。紘，罘之綱。

〔五〕蔡邕獨斷曰：「天子至尊，不敢渫瀆言之，故託於乘輿。天子車駕有大駕、法駕、小駕。大駕則公卿奉引，備千乘萬騎。法駕，公〔卿〕不在鹵簿中，唯執金吾奉引，侍中驂乘。」飛廉，館名也，武帝所作。前書音義曰：「飛廉，神禽，能致風氣，身似鹿，頭如雀，有角而蛇尾，文如豹文。於館上作之，因以名焉。」

〔六〕酆，文王所都，在鄠縣東。鎬，武王所都，在上林苑中。三輔黃圖云，上林苑有上蘭觀。尙書曰：「司馬掌邦政，統六師。」又曰：「百獸率舞。」駭殫，言驚懼也。震震爚爚，奔走之貌。爚音躍。塗，汚也。反覆猶傾動也。車騎既多，視之眩亂，有似傾動。蹂，踐也，音汝九反。躪，轢也，音力刃反。拗猶抑也，音於六反。言且抑六師之怒而少停也。

〔七〕前書曰，武帝與北地良家子期於殿門，故號「期門」。又曰：「募佽飛射士」。音義：「佽飛，本秦左弋官也，武帝改爲佽飛官，有一令九丞，在上林中。紡矰繳，弋鳧鴈，歲萬頭，以供宗廟。」蒼頡篇曰：「攢，聚也。」「鑽」與「攢」通。爾雅曰：「金鏃翦羽謂之鍭。」音侯。廣雅曰：「抉，弃也。」音決。機，弩牙也。說文曰：「掎，偏引也。」音居綺反。颮颮紛紛，衆多也。說文曰：「颮，古飇字。」鄭玄注周禮曰：「結繳於矢謂之矰。」矰，高也。

〔八〕郭璞注山海經曰：「猨似猴而大，臂長，便捷，色黑。」蒼頡書曰：「狖似狸。」音以救反。淮南子曰：「猨狖顛蹷而失木枝。」懾，懼也，音之葉反。竄，走也，協韻音七外反。

〔九〕潛，深也。穢謂榛蕪之林，虎兕之所居也。爾雅曰：「兕似牛。」郭璞曰：「一角，青色，重千斤。」廣雅曰：「蹷，跳也。」音居衞反。

〔一〇〕許少、秦成，並未詳。僄狡，獸之輕捷者。說文曰：「搤，捉也。」音厄。「搤」與「扼」通。噬，齧也。挫，折也。脰，頸也。徒，空也。謂空手搏殺之也。爾雅曰：「暴虎，徒搏也。」殺音所界反。

〔一一〕師，師子也。說文曰：「拖，曳也。」音徒可反。杜預注左傳云：「螭，山神，獸形。」郭璞注山海經曰：「犀似牛而猪頭，黑色，有三角，一在頂上，一在額上，一在鼻上。犛牛黑色，出西南徼外。」犛音力之反。爾雅曰：「羆似熊而黃。」巉巖，山石高峻之貌也。殄，盡也。夷猶殺也。

〔一二〕前書，宣帝幸萯陽宮屬玉觀。音義曰：「屬玉，水鳥也，似鵁鶄，於觀上作之，因以名焉。」三輔黃圖曰：「上林有長揚宮。」鄭玄注禮記曰：「土高曰臺，有木曰榭。」獲，協韻音胡卦反。楚詞曰：「山蕭條而無獸。」

〔一三〕胙，餘肉也。左傳曰：「歸胙于公。」詩小雅曰：「炰之燔之。」毛萇注曰：「以毛曰炰。」音步交反。子虛賦曰：「割鮮染輪。」孔安國注尚書曰：「鳥獸新殺曰鮮。」

〔一四〕大輅，玉輅也。周禮曰：「凡馭輅儀以鑾和爲節。」鄭玄注曰：「鑾在衡，和在軾，皆金鈴也。」三輔黃圖曰：「上林苑有豫章觀。」

〔一五〕漢宮閣疏曰：「昆明池有二石人，牽牛、織女之象也。」雲漢，天河也。郭璞注爾雅云：「茝，香草。」音昌改反。曄曄猗猗，美茂之貌。說文曰：「攡，舒也。」

〔一六〕郭璞注爾雅云：「鴢似鳧，脚近尾，略不能地行，江東謂之魚鴢。」音火交反。說文曰：「鸛，鸛雀也。」爾雅曰：「鶬，麋鴰。」音括。郭璞注曰：「即鶬鴰也，今關西呼爲鴰鹿。」鴇似鴈而大，無指。音保。鴿，水鳥也。莊子曰：「白鷁之相視，眸子不運而風化。」李巡注爾雅曰：「在野曰鳧，在家曰鶩。」並鴨也。鄭玄注詩云：「鷖，鳧屬也。」音一兮反。周處風土記曰：「鶩，鶩𪀚也，以名自呼，大如鷄，生卵於荷葉上。」毛萇注詩云：「大曰鴻，小曰鴈。」

〔一七〕埤蒼曰：「軗，臥車也。」音仕板反。淮南子曰：「龍舟鷁首，浮吹以虞。」桓譚新論曰：「乘車，玉爪、華芝及鳳皇三蓋。」上林賦曰：「乘法駕，建華旗。」高誘注淮南子曰：「祛，舉也。」澹，隨風之貌也。澹音徒濫反。淡音徒敢反。

〔一八〕櫂，楫也。謳，歌也。震，協韻音眞。謍，聲也，音火宏反。

〔一九〕招猶舉也。弩有黃閒之名，此言白閒，蓋弓弩之屬。本或作「白鷴」，謂鳥也。西京雜記曰：「越王獻高帝白鷴、黑鷴各一雙。」說文曰：「揄，引也。」音投。文竿，以翠羽爲文飾也。（闕）〔闞〕子曰：「魯人有好釣者，以桂爲餌，鍜黃金之鉤，錯以銀碧，垂翡翠之綸。」爾雅曰：「東方有比目魚，不比不行。」

〔二〇〕廣雅曰：「艟謂之艨。」艟音直江反，即舟中之艟蓋也。本或作「罿」。罿，鳥網也，音衝。矰，弋矢也。繳，以繫箭也。方舟，並兩舟也。

〔二一〕協韻音綜。

〔二二〕薄，迫也。岐，山；雍，縣。在扶風。儲，積也。供，協韻音九用反。

〔二三〕上下謂天地也。接亦祭也。究，盡也。用謂犧牷玉帛之物也。列子曰：「堯理天下五十年，不知天下理歟？亂歟？堯乃微服遊於康衢，聞兒童謠曰：『立我蒸人，莫匪爾極，不識不知，順帝之則。』」言今同於堯也。前書曰：「宣帝頗好神仙，王褒、張子僑等並待詔，所幸宮館，輒爲歌頌，第其高下，以差賜帛焉。」

〔一四〕十代、百年，並舉全數也。易曰：「食舊德，貞厲終吉。」穀梁傳曰：「古者有士人、商人、農人、工人。」淮南子曰「古者至德之時，賈便其肆，農安其業，大夫安其職，而處士修其道」也。

若臣者，徒觀迹乎舊墟，聞之乎故老，什分而未得其一端，故不能徧舉也。

校勘記

一三三三頁四行　今洛州永（平）〔年〕縣也　集解引沈欽韓說，謂「永平縣」當作「永年縣」，今據改。按：「洛」原作「洛」，形近而譌，逕據殿本改正。

一三三三頁八行　漢承秦制改立郡縣　按：張森楷校勘記謂「改」當依前書作「並」，既承秦制，則非漢所改也。

一三三四頁一行　劉季逐而羈之　按：集解引王補說，謂「羈」前書敍傳作「掎」，通鑑亦作「掎」，用左傳「晉人角之，諸戎掎之。」

一三三六頁三行　見趙岐孟子注　「岐」原譌「歧」，逕改正。按：紹興本趙岐之「岐」皆譌「歧」，後如此，不悉出校記。

一三三六頁一四行　豈若卑論儕俗　按：「儕」當依史記作「儕」。

一三三七頁一二行　彪復辟司徒玉況府　汲本、殿本「玉」作「王」。按：玉字本有肅音，不必改爲「王」，參閱前虞延傳校記。又按：集解引沈欽韓說，謂是時「司徒」上有「大」字。

一三二八頁一行　不能無〔爲〕惡　據集解本補。按：此所引賈誼上疏之辭與前書不同，前書作「習與正人居之，不能毋正，猶生長於齊，不能不齊言也。習與不正人居之，不能毋不正，猶生長於楚之地，不能不楚言也」。

一三二八頁二行　出則周公邵公太（公）史佚　據汲本刪。按：史記云「召公爲師，周公爲保」，無太公輔成王事，「公」字衍。太史佚即史佚也。

一三二八頁一五行　使僕中允　按：沈家本謂「允」續志作「盾」。

一三二九頁四行　故令誼傳之　按：「令」原譌「今」，逕改正。

一三三〇頁五行　誦詩賦　按：汲本「賦」作「書」。

一三三一頁一三行　負薪之諸　按：汲本、殿本「諸」作「語」。

一三三二頁一三行　執文之德　按：集解引周壽昌說，謂周頌作「秉文之德」，此「秉」字作「執」，乃唐諱昞，秉與昞同音，嫌名也，故避「秉」爲「執」，義同字異。

一三三三頁二行　舟人吉桑對曰　按：「吉桑」新序作「固桑」，說苑尊賢篇作「古乘」，人表作「固來」，循吏傳注作「古桑」。沈欽韓謂「乘」「來」皆「桑」之誤，「吉」又爲「古」之誤。

一三三四頁三行　召詣校書部　按：「校書部」疑當作「校書郎」。御覽五一五引正作「校書郎」，又班超傳云「兄固，被召詣校書郎」。

一三四頁四行　司隸從事孟異　按：集解引惠棟說，謂「異」當作「冀」，見馬援、杜林等傳。又引沈欽韓說，謂史通正史篇作「孟冀」。

一三四頁一三行　六代謂武帝史臣謂司馬遷也　按：此注原誤置於「史臣」之下，今移正。蓋正文「六世」句絕，「史臣」屬下爲句，若注於「史臣」之下，則「史臣」二字當連「六世」爲句矣。

一三五頁二行　劉敬說上都關中　殿本「劉」作「婁」。按：婁敬說高祖都關中，封奉春君，賜姓劉氏，故亦作「劉敬」，然下文「奉春建策」注又作「婁敬」，前後亦不一致也。

一三五頁一五行　表以(泰)〔太〕華終南之山　張森楷校勘記謂「太華」字本不作「泰」，後人誤以爲范曄避其父諱，改「泰」爲「太」，遂並非諱改者而亦回改爲「泰」。今據改。

一三五頁一六行　帶以洪河涇渭之川　按：校補謂文選此下有「衆流之隈，汧涌其西」語。

一三六頁四行　度宏規而大起　惠棟謂李善曰「度」或爲「慶」，慶與羌古字通，小爾雅云羌，發聲也。按：王念孫謂李善本度字本作「慶」，今本作「度」者，後人據五臣本及班固傳改之耳。善注原文當云「小雅曰羌，發聲也，『慶』與『羌』古字通，『慶』或爲『度』。」又謂作「慶」是。慶，語詞。「宏規」與「大起」相對爲文，言肇建都邑，先宏規之而後大起之也。

一三六頁五行　故窮奢而極侈　按：王先謙謂固集及文選「奢」並作「泰」，此亦范氏避其父諱而改。

一三二六頁八行　鄉曲豪俊游俠之雄　按：文選「俊」作「舉」，李注引史記魏公子無忌曰「平原之遊，徒豪舉耳」。蓋以「鄉曲豪舉」爲句。此以「鄉曲豪俊」與「游俠之雄」連讀爲句，故注云「豪俊游俠謂朱家、郭解、原涉之類也」。

一三二七頁二行　天子城十二門通十二子　按：此周禮「匠人營國方九里旁三門」鄭玄注文，章懷引之以釋「立十二之通門」也。文選注同。各本誤引周禮地官「司門」鄭注，作「司門若今城門校尉，主王城十二門」。

一三二七頁三行　漢宮閣疏曰　汲本、殿本「閣」作「闕」。按：後文「披香」注引「漢宮閣名」，殿本「閣」作「闕」，文選注亦作「闕」。又後文「左牽牛而右織女」注引「漢宮閣疏」，殿本亦作「閣」，而文選注則作「闕」。又按：「漢宮閣疏」或「漢宮闕疏」與「漢宮閣名」或「漢宮闕名」，隋志俱不著錄，唐志有漢宮闕簿，史記高祖紀索隱、初學記居處部、御覽居處部十二引「漢宮殿疏」，北堂書鈔舟部上引「漢宮室疏」，殆即一書也。

一三二八頁一行　原嘗〔謂〕平原君趙勝孟嘗君田文也　據汲本、殿本補。

一三二八頁五行　逴犖諸夏　按：李慈銘謂「犖」文選作「踔」。

一三二九頁三行　王襃字子泉　汲本、殿本「泉」作「淵」，下「泉雲頌歎」之「泉」亦作「淵」。按：「淵」作「泉」，當是章懷避唐諱改。

一三四〇頁二行　〔小〕爾雅曰禾穗謂之穎　按：校補謂此見小爾雅廣物篇，文選李善注引作「小雅曰」，文選注於小爾雅皆省稱「小雅」，此則脫去「小」字也。今據補。

一三四〇頁二行　〔小〕爾雅曰敷布也　按：爾雅無「敷布也」之訓，此見小爾雅廣詁篇。今據補。

一三四〇頁三行　放（泰）〔太〕紫之圓方　按：「泰」當作「太」，今改，參閱上「表以（泰）〔太〕華終南之山」條。

一三四〇頁一四行　於是左（瑊）〔墄〕右平　據殿本改。按：集解引柳從辰說，謂字書玉部無瑊字，應從土。

一三四〇頁一六行　徇以離殿別寢　按：校補謂文選「殿」作「宮」。

一三四一頁一行　增槃業峨　按：文選作「增盤崔嵬」。

一三四一頁五行　玄墀釦切　按：文選「切」作「砌」。

一三四一頁一一行　周見洽聞　按：校補謂文選「周」作「殫」。

一三四一頁一四行　脩涂飛閣　按：校補謂文選「涂」作「除」，注「除，樓陛也」。

一三四一頁一四行　混建章而外屬　按：校補謂文選「而」下有「連」字。

一三四二頁六行　似無依（之）〔而〕洋洋　文選「之」作「而」，王先謙謂作「而」是。今據改。

一三四二頁八行　抗仙掌（與）〔以〕承露　據汲本、殿本改。

一三四三頁四行　域亦作墄　按：刊誤謂案文當作「墄亦作域」，言「墄」字有作「域」者也。

一三四三頁一六行　納之於（璧）〔壁〕帶　按：校補云前書音義「壁帶謂壁中之帶也」，此「壁」字當從土，各本皆從玉，涉上「銜璧」而誤。今據改。

一三四四頁四行　其光色也　按：張森楷校勘記謂「色」下當有脫文一字，據上文「其文理密也」知之。

一三四四頁一〇行　順常　按：「順」原譌「須」，逕據汲本、殿本改正。

一三四五頁一六行　(門)高二十餘丈　據刊誤刪。

一三四六頁四行　小雅曰　按：小雅卽小爾雅之省稱，下所引乃小爾雅廣詁文。

一三四七頁八行　燿威而講事　按：王先謙謂文選作「燿威靈而講武事」。

一三四七頁一一行　於是乘(鑾)輿備法駕　刊誤謂案注所解乘輿之義，則此多「鑾」字。今據刪。按：上林賦「於是乘輿弭節徘徊」，甘泉賦「於是乘輿乃登夫鳳皇兮」，句例相似，班賦之所出也。

一三四七頁一一行　六師發胄　按：文選「胄」作「逐」，近人高步瀛文選李注義疏引胡紹瑛說，謂逐胄音同，文選作「逐」，後漢書作「胄」，並「駎」之假，玉篇「駎，徐救切，競馳也」。

一三四八頁三行　歷長楊之榭　按：「楊」原作「揚」，逕據汲本、殿本改，注同。

一三四八頁五行　舉燧命爵　按：校補謂文選作「舉烽命釂」。

一三四八頁七行　玄鶴白鷺　按：校補謂文選句上有「鳥則」二字。

一三四八頁七行　鶬鴰鴇鶂　按：「鴇」原作「鳵」，逕據文選改，注同。

一三四九頁八行　法駕公〔卿〕不在鹵簿中　據汲本、殿本補。

一三五一頁九行　（閱）〔闞〕子曰　據殿本改。

一三五一頁一七行　宣帝頗好神仙　按：「仙」原譌「伯」，逕改正。

後漢書卷四十下

班彪列傳第三十下 子固

主人喟然而歎曰：「痛乎風俗之移人也！子實秦人，矜夸館室，保界河山，信識昭襄而知始皇矣，惡睹大漢之云爲乎？〔一〕夫大漢之開原也，奮布衣以登皇極，繇數朞而創萬世，蓋六籍所不能談，前聖靡得而言焉。〔二〕當此之時，功有橫而當天，討有逆而順人，故婁敬度埶而獻其說，蕭公權宜以拓其制。〔三〕時豈泰而安之哉？計不得以已也。吾子曾不是睹，顧燿後嗣之末造，不亦闇乎？〔四〕今將語子以建武之理，永平之事，監乎（泰）〔太〕清，以變子之或志。〔五〕

〔一〕喟，歎貌也。前書曰：「人有剛柔緩急，音聲不同，繫水土之風氣，謂之風；好惡取舍，動靜無常，隨君上之情欲，謂之俗。」保，守也，謂守河山之險以爲界。昭、襄，昭王、襄王也。惡，安也，音烏。

〔二〕漢高祖曰：「吾以布衣，提三尺劍取天下。」高祖起兵五年而即帝位，故云由數朞。繇即由也。孔安國注尚書云：「帀四時曰朞。」萬代，盛言之也。六籍，六經也。

〔三〕橫音胡孟反。高祖入關，秦王子嬰降，而五星聚于東井，此功有橫而當天也。逆謂以臣伐君。前書陸賈曰：「湯武逆取而以順守之。」及高祖入關，秦人爭獻牛酒，此爲討有逆而順人也。婁敬已見上。又曰：「蕭何修未央宮，上見壯麗，甚怒。何對曰：『天下未定，故可因遂就宮室。且天子以四海爲家，非令壯麗，無以重威，且無令後代有以加也。』」時豈奢泰而安之哉？言天下初定，計不得止而都西京也。

〔四〕顧，反也。燿，眩燿也。言吾子曾不睹度埶權宜之由，而反眩燿後嗣子孫末代之所造，非其盛稱武帝、成帝神仙、昭陽之事也。

〔五〕淮南子曰：「太清之化也，和順以寂漠，質直以素樸。」高誘注曰：「太清，無爲之化也。」

往者王莽作逆，漢祚中缺，天人致誅，六合相滅。〔一〕于時之亂，生民幾亡，鬼神泯絕，壑無完柩，郛罔遺室，原野猒人之肉，川谷流人之血，秦、項之災猶不克半，書契已來未之或紀也。〔二〕故下民號而上愬，上帝懷而降鑒，致命于聖皇。〔三〕於是聖皇乃握乾符，闡坤珍，披皇圖，稽帝文，赫爾發憤，應若興雲，霆發昆陽，憑怒雷震。〔四〕遂超大河，跨北嶽，立號高邑，建都河洛。〔五〕紹百王之荒屯，因造化之盪滌，體元立制，繼天而作。〔六〕系唐統，接漢緒，茂育羣生，恢復疆宇，勳兼乎在昔，事勤乎三五。〔七〕豈特方軌並迹，紛綸后辟，理近古之所務，蹈一聖之險易云爾哉？〔八〕且夫建武之元，天地革命，四海之內，更造夫婦，肇有父子，君臣初建，人倫寔始，斯乃虙羲氏之所以基皇德也。〔九〕分州土，立市朝，作舟車，造器械，斯軒轅氏之所以開帝功也。〔一〇〕龔行天罰，應天順(民)〔人〕，斯乃湯武之所以昭王業也。〔一一〕遷都改邑，有殷宗中興之則焉；即土之中，有周成隆平之制焉。〔一二〕不階尺土一人之柄，同符乎高祖。〔一三〕克己復禮，以奉終始，允恭乎孝文。〔一四〕憲章稽古，封岱勒成，儀炳乎世宗。〔一五〕案六經而校德，妙古昔而論功，仁聖之事既該，帝王之道備矣。〔一六〕

〔一〕天人謂天意人事共相誅也。

〔二〕人者神之主。生人既亡，故鬼神亦絕也。揚子法言曰「秦將白起長平之戰，阬四十萬人，原野猒人之肉，川谷流人之血」也。

〔三〕上帝，天也。聖皇，光武也。懷猶懃念也。降，下也。鑒，視也。言上天懃念下人之上愬，故下視四海可以為君者，而致命於光武也。

〔四〕乾符、坤珍謂天地符瑞也。皇圖、帝文謂圖緯之文也。霆，疾雷也。發於昆陽謂破王尋、王邑。憑，盛也。言盛怒如雷之震。協韻音真。

〔五〕跨，據也。言光武度河據北嶽，遂即位於鄗，而改鄗為高邑也。

〔六〕紹，繼也。屯，難也。高誘注淮南子云：「造化，天地也。」滌，除也。作，起也。杜預注左傳云：「凡人君即位，欲體元以居正。」穀梁傳曰：「為天下主者，天也；繼天者，君也。」

〔七〕爾雅曰：「系，繼也。緒，業也。」前書曰：「漢帝本系出唐帝。」言光武能繼唐堯之統業也。恢，大也。三五，三皇五帝也。

〔八〕軌，轍也。紛綸猶雜蹂也。爾雅曰：「后，辟，君也。」險易猶理亂也。言光武功德勤勞，兼於前代百王，非直一聖帝也。

〔九〕易曰：「天地革而四時成。」又曰：「湯武革命。」爾雅曰：「九夷、八狄、七戎、六蠻，謂之四海。」基，始也。帝王紀曰：「庖犧氏，風姓也。制嫁娶之禮，取犧牲以充庖廚，以食天下，故號庖犧。後或謂之伏犧。」言光武更造夫婦如伏犧時也。

〔一〇〕黃帝號軒轅氏。前書曰：「昔在黃帝，晝野分州。」易繫辭曰：「神農氏日中爲市。黃帝、堯、舜垂衣裳而天下理。刳木爲舟，剡木爲楫，服牛乘馬，引重致遠，以利天下；弦木爲弧，剡木爲矢，弧矢之利，以威天下。」言光武利人如軒轅也。

〔一一〕尚書武王曰：「今予惟龔行天之罰。」易曰：「湯武革命，順乎天而應乎人。」言光武征伐如湯武者也。

〔一二〕尚書曰：「盤庚遷于殷。」史記曰：「帝陽甲之時，殷衰，諸侯莫朝。陽甲崩，弟盤庚立，自河北度河南，居湯之故地，行湯之政，殷道復興。」尚書曰：「王來紹上帝，自服于土中。」孔安國曰：「洛邑，地埶之中也。」春秋命歷序曰：「成康之隆，醴泉湧出。」言都洛陽如殷宗、周成之制也。

〔一三〕孟子曰：「紂去武丁未久也，尺地莫非其有也，一人莫非其臣也。」又曰：「舜文王相去千有餘歲，若合符契。」

〔一四〕左傳仲尼曰：「古有志，克己復禮，仁也。」孫卿子曰：「生，人之始也；死，人之終也。終始俱善，人道畢矣。」尚書：「允恭克讓。」謂躬自儉約，同於文帝也。

〔一五〕憲章猶法則也。禮記曰：「仲尼憲章文武。」尚書曰：「若稽古帝堯。」言法乎考古而封太山，勒石以記成功也。

炳，明也。其禮儀明乎武帝也。

〔一〇〕六經謂詩、書、禮、樂、易、春秋。妙猶美也。或作「眇」，眇，遠也。該，備也。

至于永平之際，重熙而累洽，盛三雍之上儀，修袞龍之法服，敷洪藻，信景鑠，揚世廟，正予樂。人神之和允洽，君臣之序既肅。〔一〕乃動大路，遵皇衢，省方巡狩，窮覽萬國之有無，考聲教之所被，散皇明以燭幽。〔二〕然後增周舊，修洛邑，翩翩巍巍，顯顯翼翼，光漢京于諸夏，總八方而爲之極。〔三〕是以皇城之內，宮室光明，闕庭神麗，奢不可踰，儉不能侈。〔四〕外則因原野以作苑，順流泉而爲沼，發蘋藻以潛魚，豐圃草以毓獸，制同乎梁騶，義合乎靈囿。〔五〕若乃順時節而蒐狩，簡車徒以講武，則必臨之以王制，考之以風雅。〔六〕歷騶虞，覽四驖，嘉車攻，采吉日，禮官正儀，乘輿乃出。〔七〕於是發鯨魚，鏗華鍾，登玉輅，乘時龍，鳳蓋颯灑，和鑾玲瓏，天官景從，寖威盛容。〔八〕山靈護野，屬御方神，雨師汎灑，風伯清塵，千乘雷起，萬騎紛紜，元戎竟野，戈鋋彗雲，羽旄掃霓，旌旗拂天。〔九〕焱焱炎炎，揚光飛文，吐爓生風，吹野燎山，日月爲之奪明，丘陵爲之搖震。〔一〇〕遂集乎中囿，陳師案屯，駢部曲，列校隊，勒三軍，誓將帥。〔一一〕然後舉烽伐鼓，以命三驅，輕車霆發，驍騎電騖，游基發射，范氏施御，弦不失禽，轡不詭遇，飛者未及翔，走者未及去。〔一二〕指顧倏忽，獲車已實，樂不極般，殺不盡物，馬踠餘足，士怒未泄，先驅復路，屬車案節。〔三〕於是薦三犧，效五牲，禮神祇，懷百靈，（御）〔覲〕明堂，臨辟雍，揚緝熙，宣皇風，登靈臺，考休徵。〔四〕俯仰乎乾坤，參象乎聖躬，目中夏而布德，瞰四裔而抗稜。〔五〕西盪河源，東澹海漘，北動幽崖，南趯朱垠。〔六〕殊方別區，界絕而不鄰，自孝武所不能征，孝宣所不能臣，莫不陸讋水慄，奔走而來賓。〔七〕遂綏哀牢，開永昌，〔八〕春王三朝，會同漢京。是日也，天子受四海之圖籍，膺萬國之貢珍，內撫諸夏，外接百蠻。〔九〕乃盛禮樂供帳，置乎雲龍之庭，陳百僚而贊羣后，究皇儀而展帝容。〔一〇〕於是庭實千品，旨酒萬鍾，列金罍，班玉觴，嘉珍御，大牢饗。〔一一〕爾乃食舉雍徹，太師奏樂，陳金石，布絲竹，鍾鼓鏗鎗，管絃曄煜。〔一二〕抗五聲，極六律，歌九功，舞八佾，韶武備，太古畢。〔一三〕四夷閒奏，德廣所及，伶佅兜離，罔不具集。〔一四〕萬樂備，百禮暨，皇歡浹，羣臣醉，降烟熅，調元氣，然後撞鍾告罷，百僚遂退。〔一五〕

〔二〕熙，光也。洽，浹也。三雍謂明堂、辟雍、靈臺也。永平二年正月，宗祀光武皇帝於明堂，禮畢，登靈臺。三月，臨辟雍，行大射禮。周禮：「王之吉服，享先王卽袞冕。」鄭玄注曰：「袞，卷龍衣也。」永平二年，帝及公卿列侯始服（冕）冠〔冕〕衣裳。敷，布也。鴻，大也。藻，文藻也。謂明堂禮畢，登靈臺之後，布詔於天下曰：「建明堂，立辟雍，起靈臺，恢弘大道，被之八極。」此為布鴻藻也。信讀曰申。景，大也。鑠，美也。揚代廟謂上尊號光武廟曰代祖。正予樂謂依讖文改大樂為大予樂也。

〔二〕大路，玉路也。皇衢，馳道也。易曰：「先王以省方觀人設教。」尚書曰：「歲二月東巡狩。」又曰：「朔南暨聲教。」皇，大也。燭，照也。

〔三〕周成王都洛邑，漢又增而修之，故曰增焉。翩翩巍巍，顯顯翼翼，並宮闕顯盛之貌。論語曰：「不如諸夏之亡。」詩商頌曰：「商邑翼翼，四方之極。」極，中也。洛陽，土之中也。

〔四〕言奢儉合禮也。

〔五〕蘋、藻，並水草也。詩小雅曰：「魚在在藻。」韓詩曰：「東有圃草，駕言行狩。」薛君傳曰：「圃，博也，有博大之茂草也。」毓亦育也。魯詩傳曰：「古有梁鄒者，天子之田也。」詩大雅曰：「王在靈囿，麀鹿攸伏。」毛萇注云：「囿所以域養禽獸也。」此言魚獸各得其所，如文王之靈囿也。

〔六〕左傳臧僖伯曰：「春蒐夏苗，秋獮冬狩，皆於農隙以講事也。」杜預注云：「各隨時之閑也。」禮記王制曰「天子諸侯，無事則歲三田。田不以禮曰暴天物」也。

〔七〕詩國風序曰：「騶虞，蒐田以時，仁如騶虞。」毛萇注曰：「騶虞，義獸，白虎黑文，不食生物。」又曰：「四驖，美襄公也，始命有田狩之事。」其詩曰：「駟驖孔阜。」注曰：「驖，驪也。阜，大也。」又小雅序曰：「車攻，宣王復古也，修車馬，備器械，復會諸侯於東都，因田獵而選車徒焉。」其詩曰：「我車既攻，我馬既同。」注云：「攻，堅也。」又吉日詩曰：「田車既好，四牡孔阜。」宣帝詔曰「禮官具禮儀」也。

〔八〕鯨魚謂刻杵作鯨魚形也。鏗謂擊之也，音苦耕反。尚書大傳曰：「天子將出則撞黃鍾，右五鍾皆應。」薛綜注西京賦云：「海中有大魚名鯨，又有獸名蒲牢。蒲牢素畏鯨魚，鯨魚擊蒲牢，蒲牢輒大鳴呼。凡鍾欲令其聲大者，故作蒲牢於其上，撞鍾者名爲鯨魚。鍾有篆刻之文，故曰華。」爾雅曰：「馬高八尺以上曰龍。」月令：「春駕蒼龍。」

各隨四時之色，故曰時也。玲瓏，聲也。蔡邕獨斷曰：「百官小吏曰天官。」祲亦盛也。

〔九〕山靈，山神也。屬，連也，音燭。方，四方也。雨師，畢星也。風伯，箕星也。韓子師曠謂晉平公曰：「黃帝合鬼神於太山，風伯進掃，雨師灑道。」蔡邕獨斷曰：「天子大駕，備千乘萬騎。」元戎，戎車也。詩小雅曰：「元戎十乘，以先啓行。」毛萇注曰：「元，大也。夏后氏曰鉤車，先正也；殷曰寅車，先疾也；周曰元戎，先良也。」說文曰：「鋋，小矛也。」音市延反。彗，掃也，音似銳反。

〔一〇〕焱焱，炎炎，並戈矛車馬之光也。說文曰「焱，火華也」。音以贍反。震讀曰眞。

〔一一〕中囿，囿中也。續漢志曰：「大將軍營五部，部校尉一人。部下有曲，曲下有屯長一人。」駢猶陳列也。杜預注左傳曰：「百人爲隊。」鄭玄周禮注云：「天子六軍，三居一偏。」故此言勒三軍也。周禮曰：「羣吏聽誓于前，斬牲以徇陳，曰不用命者斬之。」鄭玄注云：「羣吏，將帥也。」

〔一二〕穀梁傳曰：「三驅之禮，一爲乾豆，二爲賓客，三爲充君之庖。」霆激，電驚，並言疾也。游基，養由基也。淮南子曰：「楚有神白猨，王自射之，則(揮)〔搏〕而嬉，使養由基射之，始調弓矯矢，未發而猨擁木號矣。」范氏，趙之御人也。孟子曰：「趙簡子使王良御，終日不獲一禽，反曰：『天下賤工也。』王良曰：『吾爲范氏驅馳，終日不獲一，爲之詭遇，一朝而獲十。』」趙岐注曰：「范，法也，爲法度之御，應禮之射，終日不得一。詭遇，非禮射也，則能獲十。」弦不失禽，謂由基也。轡不詭遇，謂范氏也。

〔一三〕高唐賦曰：「舉功先得，獲車已實。」爾雅曰：「般，樂也。」禮記曰：「樂不可極。」踠猶屈也。方言曰：「泄，歇也。」漢官儀：「大駕，屬車八十一乘。」子虛賦曰：「案節未舒。」謂駐節徐行也。

〔一四〕左傳鄭子太叔曰：「爲五牲三犧。」杜預注云：「五牲，麋、鹿、麏、狼、兔也。三犧，祭天地宗廟之犧也。」郊，祭天也。天神曰神，地神曰祇。百靈，百神也。詩曰：「懷柔百神。」覲，朝也。謂朝諸侯於明堂。詩大雅曰：「維清緝熙，文王之典。」鄭玄注云：「緝熙，光明也。」尚書曰：「休徵。」孔安國注云：「敍美行之驗。」

〔一五〕易繫辭曰：「仰則觀象於天，俯則觀法於地，近取諸身，遠取諸物。」聖躬謂天子也。中夏，中國也。瞰音苦暫反。四裔，四夷也。棱，威也。左傳曰「德以柔中國，刑以威四夷」也。

〔一六〕盪，滌也。河源在崑崙山。前書曰：「威棱澹乎鄰國。」音義曰：「澹猶動也，音徒濫反。」漘，水涯，音脣。郭璞注爾雅曰：「涯上平坦而下水深者為漘。」趯，躍也，音它歷反。說文曰：「垠，界也。」音銀。

〔一七〕爾雅曰：「讋，懼也。」音之涉反。

〔一八〕綏，安也。哀牢，西南夷號。永平十二年，其國王柳貌相率內屬，以其地置永昌郡也。

〔一九〕春王猶左傳云「春王正月」也。三朝，元日也。朝音陟遙反。謂歲之朝，月之朝，日之朝。前書谷永曰：「今年正月朔，〔日〕食於三朝之會。」周禮曰：「時見曰會，殷眺曰同。」賈逵注國語曰：「膺猶受也。」詩曰「因時百蠻」也。

〔二〇〕供帳，供設帷帳也。供音九用反。前書曰：「三輔長無供帳之勞。」戴延之記曰：「端門東有崇賢門，次外有雲龍門。」贊，引也。

〔二一〕庭實，貢獻之物也。左傳孟獻子曰：「臣聞聘而獻物，於是有庭實旅百。」千品，言多也。說文曰：「鍾，器也。」孔叢子曰：「堯飲千鍾。」罍，酒器也。詩曰：「我姑酌彼金罍。」珍，八珍也。太牢，牛羊豕也。饗，協韻音香。

〔二二〕食舉（為）〔謂〕當食舉樂也。蔡邕禮樂志曰：「大予樂郊祀陵廟殿中諸食舉樂也。」雍，詩篇名也。謂食訖歌雍詩以徹也。論語曰：「三家者以雍徹。」太師，樂官也，周禮，太師掌六律、六呂，以合陰陽之聲也。鏗音苦耕反。

鍧音楚庚反。曄煜，盛貌也。煜音育。

〔一三〕左傳晏子曰：「五聲六律。」杜預注云：「五聲，宮、商、角、徵、羽。六律，黃鍾、太蔟、姑洗、蕤賓、夷則、無射。」尚書曰：「九功惟序，九序惟歌。」九功謂金、木、水、火、土、穀、正德、利用、厚生也。佾，舞行也。穀梁傳曰：「天子八佾。」韶，舜樂名。武，武王樂名。太古，遠古也。

〔一四〕閒，迭也，音古莧反。詩國風曰「漢廣」，德廣所及也。鄭玄注周禮云：「四夷之樂，東方曰韎，南方曰任，西方曰株離，北方曰禁。」「禁」，字書作「伶」，音渠禁反。佅音摩葛反。周禮「伶」作「禁」，「佅」作「韎」，「兜」作「株」也。

〔一五〕萬樂、百禮，盛言之也。暨，至也。易曰：「天地絪緼，萬物化醇。」禮統曰：「天地者，元氣之所生，萬物之祖。」尚書大傳曰：「天子將入，撞蕤賓之鍾，左五鍾皆應。」撞音直江反。

於是聖上(親)〔覩〕萬方之歡娛，久沐浴乎膏澤，懼其侈心之將萌，而怠於東作也，〔一〕乃申舊章，下明詔，命有司，班憲度，昭節儉，示大素。〔二〕去後宮之麗飾，損乘輿之服御，除工商之淫業，興農桑之上務。遂令海內弃末而反本，背僞而歸眞，女脩織紝，男務耕耘，器用陶匏，服尚素玄，恥纖靡而不服，賤奇麗而不珍，捐金於山，沈珠於淵。〔三〕於是百姓滌瑕盪穢而鏡至清，形神寂漠，耳目不營，嗜欲之原滅，廉正之心生，莫不優游而自得，玉潤而金聲。〔四〕是以四海之內，學校如林，庠序盈門，獻酬交錯，俎豆莘莘，下舞上歌，蹈德詠仁。〔五〕登降飫宴之禮既畢，因相與嗟歎玄德，讜言弘說，咸含和而吐氣，頌曰「盛哉乎斯世」！〔六〕

〔一〕尚書曰：「平秩東作。」注云：「歲起於春而始就耕。」

〔二〕詩大雅曰：「率由舊章。」鄭玄注云：「舊典文章。」左傳臧哀伯曰：「大路越席，大羹不致，昭其儉也。」列子曰：「大素者，質之始也。」

〔三〕前書文帝詔曰：「農，天下之本也，而人或不務本而事末。」音義曰：「本，農也。末，賈也。」背僞，去彫飾也。歸眞，尚質素也。杜預注左傳曰：「織紝，織繒布也。」禮記曰：「器用陶匏。」陶，瓦器也。匏，瓠也。陸賈新語曰：「聖人不用珠玉而寶其身，故舜弃黃金於嶄巖之山，捐珠玉於五湖之川，以杜淫邪之欲也。」

〔四〕瑕穢猶過惡也，楊雄集曰：「滌瑕蕩穢。」淮南子曰：「形者生之舍，神者生之制也。」又曰：「和順以寂寞。」尚書曰：「弗役耳目，百度惟貞。」淮南子曰：「吾所謂有天下者，自得而已。」禮記孔子曰：「君子比德於玉焉，溫潤而澤，仁也。」孟子曰孔子「德如金聲」也。

〔五〕前書平帝立（舉）學官。郡國曰學，縣道邑及侯國曰校，鄉曰庠，聚曰序。詩曰：「獻酬交錯。」莘莘，衆多也，音所巾反。禮記曰：「歌者在上，貴人聲也。」又「嗟歎之不足，故手之舞之，足之蹈之」。

〔六〕詩曰：「飲酒之飫。」毛萇注云：「不脫屨升堂謂之飫。」飫，私也。尚書曰：「玄德升聞。」字林曰：「讜，美言也，音黨。」

今論者但知誦虞夏之書，詠殷周之詩，講羲文之易，論孔氏之春秋，罕能精古今之清濁，究漢德之所由。〔一〕唯子頗識舊典，又徒馳騁乎末流。溫故知新已難，而知德者鮮矣！〔二〕且夫辟界西戎，險阻四塞，脩其防禦，孰與處乎土中，平夷洞達，萬方輻湊？〔三〕秦領九嵕，涇渭之川，曷若四瀆五岳，帶河泝洛，圖書之淵？〔四〕建章甘泉，館御列仙，孰與靈臺明堂，統和天人？〔五〕太液昆明，鳥獸之囿，曷若辟雍海流，道德之富？〔六〕游俠踰侈，犯義侵禮，孰與同履法度，翼翼濟濟也？〔七〕子徒習秦阿房之造天，而不知京洛之有制也；識函谷之可關，而不知王者之無外也。」〔八〕

〔一〕伏羲畫八卦，文王作卦辭，孔子作春秋。清濁猶善惡也。

〔二〕末流猶下流也。謂諸子也。前書曰：「不入於道德，放縱於末流。」論語孔子曰：「溫故知新，可以爲師矣。」又曰：「由，知德者鮮矣。」

〔三〕辟，遠也，音匹亦反。戰國策蘇秦說孟嘗君曰：「秦，四塞之國也。」高誘注云：「四面有山關之固，故曰四塞之國。」防禦謂關禁也。輻湊，如輻之湊於轂也。前書武帝詔吾丘壽王曰「子在朕前之時，知略輻湊」也。

〔四〕四瀆，江、河、淮、濟也。河圖曰：「天有四表，以布精魄，地有四瀆，以出圖書。」爾雅曰：「太山爲東岳，衡山爲南岳，華山爲西岳，恆山爲北岳，嵩山爲中岳。」圖書之泉謂河洛也，易繫辭曰「河出圖，洛出書」也。

〔五〕館御謂設臺以進御神仙也。禮含文嘉曰「禮，天子靈臺，以考觀天人之際，法陰陽之會」也。

〔六〕三輔黃圖曰「辟雍，水四周於外，象四海」也。

〔七〕游俠，卽西賓云「鄉曲豪俊，游俠之雄」。踰侈謂「列肆侈於姬、姜」等也。爾雅曰：「翼翼，敬也。」詩曰：「濟濟多士。」毛萇注云：「濟濟，多威儀也。」

〔八〕史記曰，秦始皇作阿房宮。造，至也。公羊傳曰「王者無外」也。

主人之辭未終，西都賓矍然失容，逡巡降階，惵然意下，捧手欲辭。主人曰：「復位，今將喻子五篇之詩。」〔一〕賓既卒業，乃稱曰：「美哉乎此詩！義正乎楊雄，事實乎相如，非唯主人之好學，蓋乃遭遇乎斯時也。〔二〕小子狂簡，不知所裁，既聞正道，請終身誦之。」其詩曰：〔三〕

〔一〕說文曰：「矍，視遽之貌。」音許縛反。周書曰：「臨攝以威而惵。」惵者，猶恐懼也，音徒頰反。喻，告也。

〔二〕楊雄作長楊、羽獵賦，司馬相如作子虛、上林賦，並文雖藻麗，其事迂誕，不如主人之言義正事實也。

〔三〕論語孔子曰：「吾黨之小子狂簡，斐然成章，不知所以裁之。」又曰：「不忮不求，何用不臧，子路終身誦之。」

明堂詩：於昭明堂，明堂孔陽；聖皇宗祀，穆穆煌煌。〔一〕上帝宴饗，五位時序；誰其配之，世祖光武。〔二〕普天率土，各以其職；猗與緝熙，允懷多福。〔三〕

〔一〕於音烏，歎美之辭也。詩周頌曰：「於昭于天。」孔，甚也。陽，明也。國風曰：「我朱孔陽。」聖皇宗祀謂祭光武於明堂也。詩曰：「穆穆煌煌，宜君宜王。」穆穆猶敬也。煌煌猶美也。

〔二〕前書曰：「天神貴者太一，太一佐曰五帝。」五位，五帝也。河圖曰：「蒼帝靈威仰，赤帝赤熛怒，黃帝含樞紐，白帝白招矩，黑帝叶光紀。」楊雄河東賦曰：「靈祇既饗，五位時敘。」謂各依其方而祭之。

〔三〕詩小雅曰：「溥天之下，莫非王土。率土之賓，莫非王臣。」溥亦普也。孝經曰：「四海之內，各以其職來助祭。」詩商頌曰：「猗歟那歟。」猗，美也。允，信也。懷，來也。詩大雅曰：「聿懷多福。」

辟雍詩：迺流辟雍，辟雍湯湯；聖皇莅止，造舟爲梁。〔一〕皤皤國老，迺父迺兄；

抑抑威儀，孝友光明。〔二〕於赫太上，示我漢行；鴻化惟神，永觀厥成。〔三〕

〔一〕湯湯，水流貌。莅，臨也。詩小雅曰：「方叔莅止。」大雅曰：「造舟爲梁。」毛萇注云：「天子造舟。」造，至也，謂連舟爲浮梁也。

〔二〕說文曰：「皤皤，老人貌也。」音步何反。孝經援神契曰：「天子尊事三老，兄事五更。」抑抑，美也。詩曰：「威儀抑抑。」爾雅曰：「善父母爲孝，善兄弟爲友。」

〔三〕於赫，歎美也。太上謂太古立德賢聖之人。並著養老之禮，今我漢家遵行之也。鴻，大也。文子曰：「執玄德於心，化馳如神。」詩周頌曰：「我客戾止，永觀厥成。」爾雅曰：「觀，示也。」

靈臺詩：迺經靈臺，靈臺既崇；帝勤時登，爰考休徵。〔一〕三光宣精，五行布序；習習祥風，祁祁甘雨。〔二〕百穀溱溱，庶卉蕃蕪；屢惟豐年，於皇樂胥。〔三〕

〔一〕詩大雅曰：「經始靈臺。」崇，高也。時登，以時登之。休，美也。徵，驗也。

〔二〕三光，日、月、星也。宣，布也。精，明也。五行，水、火、金、木、土。布序謂各順其性，無謬沴也。習習，和也。詩小雅曰：「習習谷風。」禮斗威儀曰：「君政頌平，則祥風至。」宋均注曰：「即景風也。」祁祁，徐也。詩小雅曰：「興雨祁祁。」尚書考靈耀曰「熒惑順行，甘雨時」也。

〔三〕百，言非一也，尚書洪範曰：「百穀用成。」溱溱，盛貌。尚書曰：「庶草蕃蕪。」爾雅曰：「蕃蕪，豐也。」詩周頌曰：「綏萬邦，屢豐年。」又曰：「於皇時周。」於音烏。詩小雅曰：「君子樂胥，受天之祜。」注云：「胥，有才智之名。」

寶鼎詩：嶽脩貢兮川效珍，吐金景兮歊浮雲。寶鼎見兮色紛縕，煥其炳兮被龍

文。〔一〕登祖廟兮享聖神，昭靈德兮彌億年。〔二〕

〔一〕謂永平六年王雒山得寶鼎，廬江太守獻之。景，光也。說文曰：「歊，氣出貌。」音火驕反。史記曰：「秦武王與孟悅舉龍文之鼎。」

〔二〕時明帝詔曰：「其以礿祭之日，陳鼎於廟，以備器用。」彌，終也。萬萬曰億。尚書曰：「公其以予萬億年敬天之休。」

白雉詩：啓靈篇兮披瑞圖，獲白雉兮效素烏。〔一〕發皓羽兮奮翹英，容絜朗兮於淳精。〔二〕章皇德兮侔周成，永延長兮膺天慶。〔三〕

〔一〕靈篇謂河洛之書也。固集此題篇云「白雉素烏歌」，故兼言「效素烏」。

〔二〕皓，白也。翹，尾也。春秋元命包曰：「烏者陽之精。」

〔三〕章，明也。侔，等也。孝經援神契曰：「周成王時，越裳獻白雉。」慶讀曰卿。

及肅宗雅好文章，固愈得幸，數入讀書禁中，或連日繼夜。每行巡狩，輒獻上賦頌，朝廷有大議，使難問公卿，辯論於前，賞賜恩寵甚渥。固自以二世才術，位不過郎，〔一〕感東方朔、楊雄自論，以不遭蘇、張、范、蔡之時，作賓戲以自通焉。〔二〕後遷玄武司馬。〔三〕天子會諸儒講論五經，作白虎通德論，令固撰集其事。〔四〕

〔一〕二代謂彪及固。

〔二〕東方朔荅客難曰：「使蘇秦、張儀與僕並生，曾不得掌故，安敢望侍郎乎？」楊雄解嘲曰：「范雎，魏之亡命也。蔡澤，山東之匹夫也。有談范、蔡於許、史之閒，則狂矣。」固所作賓戲，事見前書。

〔三〕續漢志曰：「宮掖門，每門司馬一人，秩比千石。玄武司馬，主玄武門。」

〔四〕章帝建初四年，詔諸王諸儒會白虎觀講議五經同異。

時北單于遣使貢獻，求欲和親，詔問羣僚。議者或以爲「匈奴變詐之國，無內向之心，徒以畏漢威靈，逼憚南虜，〔一〕故希望報命，以安其離叛。今若遣使，恐失南虜親附之歡，而成北狄猜詐之計，不可」。固議曰：「竊自惟思，漢興已來，曠世歷年，兵纏夷狄，尤事匈奴。綏御之方，其塗不一，或脩文以和之，或用武以征之，或卑下以就之，〔二〕或臣服而致之。〔三〕雖屈申無常，所因時異，然未有拒絕弃放，不與交接者也。故自建武之世，復脩舊典，數出重使，前後相繼，〔四〕至於其末，始乃暫絕。永平八年，復議通之。而廷爭連日，異同紛回，多執其難，少言其易。先帝聖德遠覽，瞻前顧後，遂復出使，事同前世。〔五〕以此而推，未有一世闕而不修者也。今烏桓就闕，稽首譯官，康居、月氏，自遠而至，匈奴離析，名王來降，三方歸服，不以兵威，此誠國家通於神明自然之徵也。臣愚以爲宜依故事，復遣使者，上可繼五鳳、甘露致遠人之會，〔六〕下不失建武、永平羈縻之義。虜使再來，然後一往，既明中國主在忠信，且知聖朝禮義有常，豈（同）〔可〕逆詐示猜，孤其善意乎？絕之未知其利，通之不聞其害。設後北虜稍彊，能爲風塵，〔七〕方復求爲交通，將何所及？不若因今施惠，爲策近長。」

〔一〕南匈奴也。

〔二〕文帝與匈奴通關市，妻以漢女，增厚其賂也。

〔三〕宣帝時，匈奴稽首臣服，遣子入侍。

〔四〕建武二年，日逐王遣使詣漁陽請和親，使中郎將李茂報命。二十六年，遣中郎將段郴授南單于印綬。

〔五〕先帝謂明帝也。永平八年，遣越騎司馬鄭衆報使北匈奴。

〔六〕宣帝五鳳三年，單于名王將衆五萬餘人來降，稱臣朝賀。甘露元年，匈奴呼韓邪遣子右賢王入侍。

〔七〕相侵擾則風塵起。

固又作典引篇，述敍漢德。〔一〕以爲相如封禪，靡而不典，〔二〕楊雄美新，典而不實，〔三〕蓋自謂得其致焉。其辭曰：

〔一〕典謂堯典，引猶續也。漢承堯後，故述漢德以續堯典。

〔二〕文雖靡麗，而體無古典。

〔三〕體雖典則，而其事虛僞，謂王莽事不實。

太極之原，兩儀始分，烟烟熅熅，有沈而奥，有浮而清。〔一〕沈浮交錯，庶類混成。〔二〕肇命人主，五德初始，同于草昧，玄混之中。〔三〕踰繩越契，寂寥而亡詔者，系不得而綴也。〔四〕厥有氏號，紹天闡繹者，〔五〕莫不開元於大昊皇初之首，上哉敻乎，其書猶可得而脩也。〔六〕亞斯之世，通變神化，函光而未曜。〔七〕

〔一〕易繫詞曰：「易有太極，是生兩儀。」又曰：「天地絪緼，萬物化醇。」蔡邕曰：「〔烟〕〔絪〕緼，陰陽和一相扶貌也。」奥，濁也。易乾鑿度曰：「清輕者爲天，濁沈者爲地。」

〔二〕庶類，萬物也。混猶同也。老子曰：「有物混成，先天地生。」

〔三〕人主謂天子也。尙書曰，成湯簡代夏作人主。」五德，五行也。初始謂伏犧始以木德王也。木生火，故神農以火德。五行相生，周而復始。草昧謂草創暗昧也。易曰：「天地草昧。」幽玄混沌之中謂三皇初起之時也。

〔四〕易繫辭曰：「上古結繩而化，後代聖人易之以書契。」踰，越，並過也。詔，誥也。言過繩契以上既無文字，故寂寥而無文誥。系謂易繫辭也，故易繫而不得綴連也。

〔五〕氏號謂太昊號庖羲氏，炎帝號神農氏，黃帝號軒轅氏之類。紹，繼也。謂王者繼天而作。闡，開也。繹，陳也。

〔六〕易曰：「帝出於震。」始以木德王天下，故曰皇初之首。又曰：「古者庖犧氏之王天下也，仰則觀象于天，俯則觀法于地。」是其書可得而脩也。

〔七〕亞斯之代謂少昊、顓頊、高辛等。雖通變神化，而易繫不載其事，故曰「函光未曜」。

若夫上稽乾則，降承龍翼，而炳諸典謨，以冠德卓蹤者，莫崇乎陶唐。〔一〕陶唐舍胤而禪有虞，虞亦命夏后，稷契熙載，越成湯武。〔二〕股肱既周，天乃歸功元首，將授漢劉。〔三〕俾其承三季之荒末，值亢龍之灾孽，懸象暗而恒文乖，彝倫斁而舊章缺。〔四〕故先命玄聖，使綴學立制，宏亮洪業，表相祖宗，贊揚迪哲，備哉燦爛，眞神明之式也。〔五〕雖前〔聖〕皐、夔、衡、旦密勿之輔，比茲褊矣。〔六〕是以高、光二聖，辰居其域，時至氣動，乃龍見淵躍。〔七〕拊翼而未舉，則威靈紛紜，海內雲蒸，雷動電熛，胡縊莽分，不莅其誅。〔八〕然後欽若上下，恭揖羣后，正位度宗，有于德不台淵穆之讓，靡號師矢敦奮撝之容。〔九〕蓋以膺當天之正統，受克讓之歸運，蓄炎上之烈精，蘊孔佐之弘陳云爾。〔一〇〕

〔一〕稽，考；乾，天也。論語孔子曰：「唯天爲大，唯堯則之。」龍翼謂稷、契等爲堯之羽翼。易乾上九曰：「用九，見羣龍無首，吉。」鄭玄注云：「六爻皆體龍，羣龍象也，謂禹與稷、契、咎陶之屬並在于朝。」炳，明也。典、謨謂堯典、皐陶謨也。爲道德之冠首，蹤迹之卓異者，莫高於陶唐。爾雅曰：「崇，高也。」

〔二〕舍胤謂堯捨其胤子丹朱而禪于舜，舜亦捨其子商均而禪禹。書曰：「熙帝之載。」孔安國注云：「熙，廣也。載，事也。」言稷契並能廣立功事於堯舜之朝。越，於也。於是成其子孫湯、武之業，並得爲天子也。湯，契之後。武王，后稷之後。

〔三〕股肱謂稷、契也。既周謂其子孫並周徧得爲天子。元首，堯也。言天更歸功於堯，又將授漢以帝位。

〔四〕俾，使也。三季，三王之季也。易乾文言曰：「亢龍有悔，窮之災也。」孽亦災也。易曰：「懸象著明，莫大於日月。」乖謂失於常度也。倫，理也。斁，敗也。尚書曰：「彝倫攸斁。」舊章缺謂秦燔詩書。

〔五〕玄聖謂孔丘也。春秋演孔圖曰：「孔子母徵在夢感黑帝而生，故曰玄聖。」莊子曰：「恬澹玄聖，素王之道。」綴學立制謂爲漢家法制也。宏，洪，並大也。亮，信也。表，明也。相，助也。迪，蹈也。哲，智也。言贊揚蹈履哲智之君，謂高祖等也。尚書曰：「茲四人迪哲。」燦爛，盛明也。式，法也。

〔六〕皋，皋陶也。夔，舜之典樂者。衡謂阿衡，即伊尹也。旦，周公也。密勿猶黽勉也。茲謂孔子，言皋、夔等比之爲褊小矣。

〔七〕論語孔子曰：「譬如北辰，居其所而衆星共之。」時至氣動謂高祖聚彤雲於碭山，光武發佳氣於白水。易乾卦九二曰：「見龍在田。」九四曰：「或躍在淵。」並喻漢初起。

〔八〕拊翼，以雞爲喻，言知將旦則鼓其翼而鳴。前書曰：「張、陳之交，拊翼俱起。」以喻高祖、光武也。紛紜，盛貌也。如雲之蒸，言天下英傑爲漢者多也。熛，光也。胡縊謂胡亥縊死也。莽分謂公賓就斬莽也。莅，臨也。言天下先爲漢誅之，高祖、光武不親臨也。

〔九〕尙書曰：「欽若昊天。」欽，敬也。若，順也。上下謂天地也，書曰「格于上下」。羣后，諸侯也。易曰：「君子正位凝命」也。尙書曰：「延入翼室恤度宗。」度，居也。宗，尊也。前書曰：「舜讓于德不台。」音義曰：「台讀曰嗣。」言二祖初即位居尊之時，並謙言於德不能嗣成帝功，有此淵深穆敬之讓。高祖初即位，曰：「寡人聞帝者賢者有也，虛言無實之名，非所取也。」光武即位，固辭至於再三。靡，無也。矢，陳也。敦猶迫逼也。詩云：「矢於牧野。」又曰：「敷敦淮濆。」言漢取天下，無號令陳師，敦迫奮武撝旄之容。詩曰：「奮伐荆楚。」尙書曰：「王秉白旄以麾。」撝亦麾也。言並天人所推，不尙威力。

〔一〇〕正統謂漢承周，爲火德。尙書堯典曰：「允恭克讓。」謂漢承堯克讓之後。歸運謂堯歸運於漢也。炎上謂火德，烈精言盛也。蘊，藏也。孔佐謂孔丘制作春秋及緯書以佐漢也，即春秋演孔圖曰「卯金刀，名爲劉，中國東南出荆州，赤帝後，次代周」是也，謂大陳漢之期運也。

洋洋乎若德，帝者之上儀，誥誓所不及已。〔一一〕鋪觀二代洪纖之度，其賾可探也。〔二〕並開迹於一匱，同受侯甸之所服，奕世勤民，以伯方統牧。〔三〕乘其命賜彤弧黃戚之威，用討韋、顧、黎、崇之不格。〔四〕至乎三五華夏，京遷鎬亳，遂自北面，虎離其師，革滅天邑。〔五〕是故義士偉而不敦，武稱未盡，護有慙德，不其然與？〔六〕然猶於穆猗那，翕純皦繹，以崇嚴祖考，殷薦宗祀配帝，發祥流慶，對越天地者，舄奕乎千載。豈不克自神明哉！〔七〕誕略有常，審言行於篇籍，光藻朗而不渝耳。〔八〕

〔一〕洋洋，美也。若，如也。儀，法也。謂如此美德，可謂五帝之上法也。穀梁傳曰：「誥誓不及五帝，盟詛不及三王，交質不及二伯。」上下不相信服，方有誥誓。五帝之時，上下和睦，故誓不及。

〔二〕鋪，徧也。二代，殷、周也。洪纖猶大小也。度，法度也。賾，幽深也。言徧觀殷周大小之法，其幽深可探知之。

〔三〕孔子曰：「譬如平地，雖覆一匱。」鄭玄注云：「匱，盛土籠也。」侯服、甸服謂諸侯也。湯爲桀之諸侯，文王爲紂之諸侯。奕猶重也。自契至湯十四代，后稷至文王十五代，並積勤勞於人也。伯方猶方伯也。謂湯爲夏伯，文王爲殷伯，並統領州牧。

〔四〕周禮九命作伯。彤弧，赤弓。黃戚，黃金飾斧也。禮記曰：「諸侯賜弓矢然後專征伐，賜斧鉞然後殺。」韋，顧，並國名，湯滅之。詩殷頌曰：「韋顧既伐。」黎，崇，亦國名。史記：「文王伐崇。」尚書曰：「西伯戡黎。」格，來也。

〔五〕三五，未詳。京（師），京都也。武王都鎬，湯都亳。詩云：「宅是鎬京，武王成之。」尚書曰：「湯始居亳，從先王居。」自，從也。北面謂臣也。湯、武並以臣伐君。史記曰：「如虎如羆，如豺如離，於商郊。」晉義曰：「離與螭同。」革，改也。易曰：「湯武革命。」天邑，天子所都也。尚書曰：「肆予敢求爾於天邑商。」

〔六〕左傳曰：「武王克商，遷九鼎於洛邑，義士猶曰薄德。」杜預注曰：「伯夷之屬也。」史記曰，伯夷、叔齊逢武王伐紂，扣馬諫曰：「以臣弑君，可謂仁乎？」偉猶異也。敦，厚也。武，周武王樂也。論語孔子曰：「謂武盡美矣，未盡善也。」護，湯樂也。左傳，延陵季子聘魯，觀樂，見舞大護者，曰：「聖人之弘也，而猶有慙德。」

〔七〕於，歎辭也。穆，美也，歎美周家之德。詩周頌曰「於穆清廟」。猗亦歎（之）辭也。那，多也。歎美湯德之多也。殷頌曰：「猗歟那歟。」論語子語魯太師樂曰：「樂其可知也。始作翕如也，縱之純如也，皦如也，繹如也，以成。」何晏注曰：「翕，盛也。純，和諧也。皦，其音節明也。」鄭玄注云：「繹，調達之貌。」此言殷周之代，尚有於穆猗那之頌，播之於翕純皦繹之樂，尊祖嚴父，宗祀配天於明堂之中。詩商頌曰：「濬哲惟商，長發其祥。」言發禎祥以流慶於子孫。周頌曰：「秉文之德，對越在天。」烏奕猶蟬聯不絕也。

〔八〕誕，大也。言殷周二代政化之迹，大略有常也。篇籍謂詩書也。朗，明也。渝，變也。言光彩文藻朗明而不變耳，其餘殊異不能及於漢也。

矧夫赫赫聖漢，巍巍唐基，泝測其源，乃先孕虞育夏，甄殷陶周，〔一〕然後宣二祖之重光，襲四宗之緝熙。神靈日燭，光被六幽，仁風翔乎海表，威靈行於鬼區，慝亡迴而不泯，微胡瑣而不頤。〔二〕故夫顯定三才昭登之績，匪堯不興，鋪聞遺策在下之訓，匪漢不弘。〔三〕厥道至乎經緯乾坤，出入三光，外運混元，內浸豪芒，性類循理，品物咸亨，其已久矣。〔四〕

〔一〕矧，況也。漢承唐（虞）〔堯〕之基。逆流曰泝。孕，懷也。育，養也。甄、陶謂造成也。前書音義曰：「陶人作瓦器謂之甄。」言虞、夏、殷、周之先祖，並嘗爲堯臣。

〔二〕二祖，高祖、世祖也。尚書曰：「宣重光。」襲，重也。四宗，文帝爲太宗，武帝爲代宗，宣帝爲中宗，明帝爲顯宗。燭，照也，言如日之照。六幽，六合幽遠之地。鬼區，遠方也。易曰：「高宗伐鬼方。」慝，惡也。迥，遠也。泯，滅也。瑣，小也。頤，養也。言凶惡者無遠而不滅，微細者何小而不養也。

〔三〕三才，天、地、人也。易曰：「兼三才而兩之。」登，升也。績，功也。言升天之功，非堯不能興也。尚書曰：「昭升于上。」鋪，布也。遺策，堯之餘策，謂堯典也。在下謂後代子孫也。言堯典爲子孫之訓，非漢不能弘大也。

〔四〕經緯天地，言陰陽交泰也。出入三光，言日、月、星得其度也。渾元，天地之總名也。豪芒，纖微也。老子曰：「和陰陽，節四時，潤乎草木，浸乎金石，毫毛潤澤。」性，生也。循，順也。含生之類，皆順於理。尚書曰：「別生分類，品物萬殊。」亨，通也。易曰：「含弘光大，品物咸亨。」

盛哉！皇家帝世，德臣列辟，功君百王，榮鏡宇宙，尊無與抗。〔一〕乃始虔鞏勞（謙）〔謙〕，兢兢業業，貶成抑定，不敢論制作。〔二〕至令遷正黜色賓監之事煥揚宇內，而禮官儒林屯朋篤論之士而不傳祖宗之仿佛，雖云優慎，無乃葸歟！〔三〕

〔一〕皇家帝代謂漢家歷代也。列辟謂古之帝王也。言漢家德可以臣彼列辟，功可以君彼百王。相如封禪書曰：「歷選列辟。」鏡猶光明也。抗猶敵也，讀曰康。

〔二〕爾雅曰：「虔鞏，固也。」易曰：「勞謙君子有終吉。」言帝固爲勞謙也。兢兢，戒慎也。業業，危懼也。禮記曰：「王者功成作樂，理定制禮。」今不敢論制禮作樂之事，言謙之甚也。

〔三〕遷正，改正朔也。黜色，易服色也。賓謂殷周二王之後，爲漢之賓。監，視也。視殷周之事以爲監戒。論語孔子曰：「周監於二代。」屯，聚也。朋，羣也。不傳謂不制作篇籍，以紀功德也。仿佛猶梗概也。論語孔子曰：「愼而無禮則葸。」鄭玄注云「葸，質慤貌」也。言雖優游謙愼，無乃太質慤也。

於是三事嶽牧之僚，僉爾而進曰：陛下仰監唐典，中述祖則，俯蹈宗軌。〔一〕躬奉天經，惇睦辯章之化洽。〔二〕巡靖黎蒸，懷保鰥寡之惠浹。〔三〕燔瘞縣沈，肅祗羣神之禮備。〔四〕是以（鳳皇）來儀集羽族於觀魏，肉角馴毛宗於外囿，擾緇文皓質於郊，升黃暉采鱗於沼，甘露宵零於豐草，三足軒翥於茂樹。〔五〕若乃嘉穀靈草，奇獸神禽，應圖合諜，窮祥極瑞者，朝夕坰牧，日月邦畿，卓犖乎方州，羨溢乎要荒。〔六〕昔姬有素雉、朱烏、玄秬、黃黎之事耳，君臣動色，左右相趨，濟濟翼翼，峨峨如也。〔七〕蓋用昭明寅畏，承聿懷之福。亦以寵靈文武，貽燕後昆，覆以懿鑠，豈其爲身而有顓辭也？〔八〕若然受之，宜亦勤恁旅力，以充厥道，啓恭館之金縢，御東序之祕寶，以流其占。〔九〕

〔一〕三事，三公也。僉，皆也。

〔二〕天經謂孝也。孔子曰：「夫孝，天之經。」謂章帝初卽位，四時禘祫，宗祀於明堂也。尙書曰：「惇敍九族。」又曰：「九族旣睦，辯章百姓。」鄭玄云：「辯，別也。章，明也。惇，厚也。睦，親也。」章帝性篤愛，不忍與諸王乖離，皆留京師也。

〔三〕巡，撫也。靖，安也。黎，蒸，皆衆也。懷，思也。保，安也。浹，洽也。尙書曰：「懷保小人，惠鮮鰥寡。」謂章帝在位凡四巡狩，賜人爵，鰥、寡、孤、獨不能自存者粟。

〔四〕爾雅曰：「祭天曰燔柴，祭地曰瘞埋，祭山曰庋縣，祭川曰浮沈。」肅祗，恭敬也。封禪書曰：「湯武至尊，不失肅敬。」元和中詔曰：「朕巡狩岱宗，柴望山川。」庋音居毀反。

〔五〕尚書曰：「鳳皇來儀。」元和二年詔曰：「乃者鳳皇鸞鳥比集七郡。」羽族謂羣鳥隨之也。觀魏，門闕也。肉角謂麟也。伏侯古今注曰：「建初二年，北海得一角獸，大如麢，有角在耳閒，端有肉。又元和二年，麒麟見陳，一角，端如蔥葉，色赤黃。」擾，馴也。緇文皓質謂騶虞也。說文曰：「騶虞，白虎，黑文，尾長於身。」古今注曰：「元和三年，白虎見彭城。」黃暉采鱗謂黃龍也。建初五年，有八黃龍見于零陵。古今注曰：「元和二年，甘露降河南，三足烏集沛國。」軒翥謂飛翔上下。

〔六〕嘉穀，嘉禾。靈草，芝屬。古今注曰：「元和二年，芝生沛，如人冠大，坐狀。」章和九年詔曰：「嘉穀滋生，芝草之類，歲月不絕。」奇獸神禽謂白虎白雉之屬也。建初七年，獲白鹿。元和元年，日南獻生犀、白雉。言應於瑞圖，又合于史諜也。坰牧，郊野也。卓犖，殊絕也。羑音以戰反。

〔七〕孝經援神契曰：「周成王時，越裳來獻白雉。」朱烏謂赤烏也。尚書中候曰：「太子發度孟津，有火自天止于王屋，流爲赤烏。」玄秬，黑黍也。詩大雅曰：「誕降嘉種，惟秬惟秠。」黃麰，麥也。謂赤烏銜牟麥而至也。詩頌曰：「貽我來牟。」詩大雅曰：「濟濟多士。」又曰：「惟此文王，小心翼翼。」又曰：「奉璋峨峨。」

〔八〕詩大雅曰：「昭明有融。」寅，敬也。尚書曰：「嚴恭寅畏。」聿，述也。懷，思也。詩大雅曰：「昭事上帝，聿懷多福。」貽，遺也。燕，安也。後昆，子孫也。言此並以光寵神靈文王、武王之德，遺燕安於子孫也。詩大雅曰：「貽厥孫謀，以燕翼子。」覆猶重也。懿、鑠，並美也。詩大雅曰：「我求懿德。」又曰：「於鑠王師。」言詩人歌頌周之盛德，當成康之時。其成王、康王，豈獨爲身而有自專之辭也，並上寵文武之業，下遺子孫之基也。言今章帝既獲符瑞之應，亦宜同成康之事也。

〔九〕受之謂漢受此符瑞也。說文曰：「恁，念也。」音人甚反。旅，陳也。允，當也。恭肅之館謂廟中也。金縢，以金緘匱，藏符瑞之書於其中也。御猶陳也。東序，東廂也。祕寶謂河圖之屬。尚書曰：「天球河圖在東序。」孔安國注曰：「河圖，八卦是也。」言啓金縢之書及河圖之卦以占之也。流猶徧也。

夫圖書亮章，天哲也；孔猷先命，聖孚也；體行德本，正性也；逢吉丁辰，景命也。〔一〕順命以創制，定性以和神，荅三靈之繁祉，展放唐之明文，茲事體大而允，寤寐次于聖心。瞻前顧後，豈蔑清廟憚勑天乎？〔二〕伊考自邃古，乃降戾爰茲，作者七十有四人，有不俾而假素，罔光度而遺章，今其如台而獨闕也！〔三〕

〔一〕圖書，河圖、洛書也。亮，信。章，明。哲，智。言天授圖書者，爲天子所知也。孔，孔丘也。猷，圖也。孚，信也。言孔丘之圖，先命漢家當須封禪，此聖人之信也。體行猶躬行也。孔子曰：「夫孝，德之本也。」易曰：「乾道變化，各正性命。」丁，當也。辰，時也。景，大也。逢休吉之代，當封禪之時，此爲天子之大命也。

〔二〕命謂符瑞也。荅，對也。三靈，天地人之神也。繁，多也。祉，福也。展，陳也。放，效也，音甫往反。效唐堯之文，謂封禪也。尚書琁璣鈐曰：「平制禮樂，放唐之文。」茲事謂封禪之事，大而且信。次，止也。寤寐常止於聖心，言不可忘之也。前謂前代帝王，後謂子孫也。蔑，輕也。憚，難也。勑，正也。言封禪之事，皆述祖宗之德，今乃推讓，豈輕清廟而難正天命乎？尚書曰：「勑天之命，惟時惟幾。」

〔三〕伊，維也。邃古猶遠古也。楚詞曰：「邃古之初。」戾，至也。言自遠古以來至於此也。作者，諸封禪者。史記管仲曰：「自古封禪七十二君。」并武帝及光武爲七十四君。俾，使也。有天下不使其封禪，而假爲竹素之文者，無有光揚法度而弃其文章，不封禪者也。台，我也。今其如我何獨闕也。

是時聖上固已垂精游神，包舉藝文，屢訪羣儒，諭咨故老，與之乎斟酌道德之淵源，肴覈仁義之林藪，以望元符之臻焉。〔一〕既成羣后之讜辭，又悉經五繇之碩慮矣。將絣萬嗣，煬洪暉，奮景炎，扇遺風，播芳烈，久而愈新，用而不竭，汪汪乎丕天之大律，其疇能亘之哉？唐哉皇哉，皇哉唐哉！〔二〕

〔一〕聖上謂章帝也。諭，告；咨，謨也。道德仁義，人所常行，故以酒食爲諭焉。淵源，林藪，論深邃也。元，天也。符，瑞也。詩曰：「肴核惟旅。」覈亦核也，謂果實之屬。

〔二〕讜，直言也。繇，兆辭，音胄。左傳曰：「先王卜征五年而歲習其祥，不習則增脩其德而改卜。」碩，大也。慮，思也。廣雅曰：「絣，續也，音方萌反。」景，大也。炎謂火德。汪汪猶深也。今文尚書太誓篇曰：「立功立事，可以永年，丕天之大律。」鄭玄注云：「丕，大也。律，法也。」疇，誰也。亘猶竟也。唐哉謂堯也。皇哉謂漢也。言唯唐與漢，唯漢與唐。

固後以母喪去官。永元初，大將軍竇憲出征匈奴，以固爲中護軍，與參議。北單于聞漢軍出，遣使款居延塞，欲脩呼韓邪故事，朝見天子，請大使。憲上遣固行中郎將事，將數百騎與虜使俱出居延塞迎之。會南匈奴掩破北庭，〔一〕固至私渠海，聞虜中亂，引還。及竇憲敗，固先坐免官。

〔一〕永元二年，南單于出雞鹿塞擊北匈奴於河雲，大破之。

固不教學諸子，諸子多不遵法度，吏人苦之。初，洛陽令种兢嘗行，固奴干其車騎，吏椎呼之，奴醉罵，兢大怒，畏憲不敢發，心銜之。及竇氏賓客皆逮考，兢因此捕繫固，遂死獄中。時年六十一。詔以譴責兢，抵主者吏罪。

固所著典引、賓戲、應譏、詩、賦、銘、誄、頌、書、文、記、論、議、六言，在者凡四十一篇。

論曰：司馬遷、班固父子，其言史官載籍之作，大義粲然著矣。議者咸稱二子有良史之才。遷文直而事覈，固文贍而事詳。若固之序事，不激詭，不抑抗，〔一〕贍而不穢，詳而有體，使讀之者亹亹而不猒，信哉其能成名也。〔二〕彪、固譏遷，以爲是非頗謬於聖人。〔三〕然其論議常排死節，否正直，而不敍殺身成仁之爲美，〔四〕則輕仁義，賤守節愈矣。〔五〕固傷遷博物洽聞，不能以智免極刑；〔六〕然亦身陷大戮，〔七〕智及之而不能守之。〔八〕嗚呼，古人所以致論於目睫也！〔九〕

〔一〕激，揚也。詭，毀也。抑，退也。抗，進也。

〔二〕爾雅曰，亹亹猶勉也。

〔三〕言遷所是非皆與聖人乖謬，卽崇黄老而薄五經，輕仁義而賤守節是也。

〔四〕固序游俠傳曰：「劇孟、郭解之徒，馳騖於閭閻，雖其陷於刑辟，自與殺身成名，若季路、仇牧〔死〕而不悔也。古之正法：五伯，三王之罪人；六國，五伯之罪人；四豪者，又六國之罪人。況於郭解之倫，以匹夫之細，竊殺生之權，其罪不容於誅也。」

〔五〕愈猶甚也。

〔六〕謂下蠶室。

〔七〕此已上略華嶠之辭。

〔八〕論語孔子之言也。言有智而不能自守其身。

〔九〕史記齊使者至越，曰：「幸也越之不亡也。吾不貴其智之如目，見豪毛而不見其睫也。今越王知晉之失計，不自知越人之過，是目論也。」言班固譏遷被刑，而不知身自遇禍。

贊曰：二班懷文，裁成帝墳。〔一〕比良遷、董，〔二〕兼麗卿、雲。〔三〕彪識皇命，固迷世紛。

〔一〕沈約宋書曰：「初，謝儼作此贊，云『裁成典墳』，以示范曄，曄改爲『帝墳』。」

〔二〕謂司馬遷、董狐也。左傳曰：「董狐，古之良史也。」

〔三〕司馬長卿、楊子雲。

校勘記

一三五九頁三行　主人喟然而歎曰　按：文選「主人」上有「東都」二字。張森楷校勘記謂案上卷小題下稱「自『東都主人』以下分爲下卷」，是本有「東都」字也，不知何故逸去。

一三五九頁四行　奮布衣以登皇極　按：校補謂文選「極」作「位」。

一三五九頁五行　前聖靡得而言焉　按：校補謂文選無「而」字。

一三五九頁五行　討有逆而順人　按：「討」原譌「計」，逕據汲本、殿本改正，注同。

一三五九頁七行　監乎(泰)〔太〕清　按：「泰」當作「太」，此後人回改之誤，文選正作「太」，今據改。

一三五九頁八行　以變子之或志　按：李慈銘謂文選「或」作「惑」。或惑古字通。

一三五九頁一〇行　昭襄昭王襄王也　按：文選注引史記「秦武王卒，無子，立異母弟，是爲昭襄王」。張森楷校勘記謂秦有昭襄王、莊襄王，昭襄或祇稱「昭王」，無祇稱「襄王」者，此「昭襄」即昭襄王，文選注是，此非。

一三六〇頁四行　時豈奢泰而安之哉　按：汲本、殿本「泰」作「侈」。

一三六一頁一行　作舟車　按：校補謂文選「車」作「輿」。

一三六一頁一行　斯軒轅氏之所以開帝功也　按：校補謂文選「斯」下有「乃」字。

一三六一頁二行　應天順(民)〔人〕　按：「民」當作「人」，此後人回改之誤。文選正作「人」，今據改。

一三六一頁二行　有殷宗中興之則焉　按：「宗」原作「室」，逕據汲本、殿本改正。

一三六一頁四行　妙古昔而論功　按：文選「妙」作「眇」。

一三六二頁一三行　洛邑地埶之中也　按：陳景雲謂據僞孔傳，「之中」當作「正中」。

一三六三頁五行　翩翩巍巍顯顯翼翼　按：王先謙謂文選作「扇巍巍，顯翼翼」。

一三六三頁七行　順流泉而爲沼　按：校補謂文選「順」作「塡」，注云昭明諱順，故改爲「塡」。

一三六三頁一〇行　鳳蓋颯灑　按：「颯灑」文選作「棽麗」。

一三六三頁一〇行　祲威盛容　按：集解引沈欽韓說，謂「祲」當從文選作「寖」，言寖兵威而盛禮容也。

一三六三頁一二行　吐爓生風　按：「爓」原譌「爛」，逕據殿本、集解本改正。

一三六三頁一三行　吹野燎山　按：校補謂文選作「欱野歕山」。

一三六三頁一四行　以命三驅　按：王先謙謂文選「以命」作「申令」。

一三六三頁一四行　輕車霆發　按：校補謂文選作「輶車霆激」。

一三六三頁一四行　游基發射　按：校補謂文選「游」作「由」，游與由同。

一三六三頁一四行　轡不詭遇　汲本、殿本「轡」作「彎」，注同。按：此承上「范氏施御」言，作「轡」是，文選亦作「轡」。

一三六四頁一行　（御）〔覲〕明堂　據殿本改。按：依注當作「覲」，文選亦作「覲」。

一三六四頁三行　瞰四裔而抗棱　按：汲本、殿本「棱」作「稜」，文選亦作「稜」。注同。

一三六四頁三行　南趯朱垠　按：校補謂文選「趯」作「燿」。

一三四四頁四行　自孝武所不能征孝宣所不能臣　按：校補謂文選作「自孝武之所不征，孝宣之所未臣」。

一三四四頁六行　外接百蠻　按：校補謂文選「接」作「綏」。

一三四四頁六行　乃盛禮樂供帳置乎雲龍之庭　按：李慈銘謂文選作「爾乃盛禮興樂」，以樂字讀句。

一三四四頁八行　太師奏樂　按：「太」原譌「泰」，逕據殿本改正。

一三四四頁九行　伶侏兜離　按：李慈銘謂文選「伶侏」作「僸佅」。

一三四四頁一二行　始服(冕)冠〔冕〕衣裳　據汲本改，與明帝紀合。

一三四四頁一三行　敷布也　按：「敷」原譌「鋪」，逕改正。

一三六六頁一〇行　霆激電驚並言疾也　汲本、殿本「霆激」作「霆發」。按：正文「輕車霆發」，文選作「輶車霆激」，觀此注，似章懷所見本正文亦作「霆激」也。

一三六六頁一一行　則(揮)〔搏〕而嬉　據汲本、殿本改。

一三六六頁一二行　范氏趙之御人也　按：集解引惠棟說，謂文選李善注引括地圖云，夏德盛，二龍降之，禹使范氏御之以行經南方。章懷以范氏爲趙之御人，引孟子以證之，誤甚。又按：校補謂范氏自當爲夏之御人，此「趙」字疑涉下「趙簡子」而誤。

一三六六頁一三行　吾爲范氏驅馳　汲本、殿本「范氏」作「範我」。校補引侯康說，謂「『範我』當作『范氏』，章懷引此，正以注『范氏施御』句也。孫宣公孟子音義云『範我』或作『范氏』。孟堅此賦皆用孟子，故章懷引孟子以證之」。今按：趙岐本孟子與今本孟子同作「範我」，且下引趙岐注「範，法也」，則章懷注原亦作「範我」。校補謂「侯氏謂孟堅實用孟子或作本，是也，當時亦並無趙岐本也。至章懷之引孟子，並引趙注以釋『範』字，實仍爲『範我』，並非『范氏』，特引之專爲說下『轡不詭遇』，原別爲一義」。

一三六六頁一三行　趙岐注曰范法也　按：「范」當作「範」。參閱上條校記。

一三六七頁一〇行　〔日〕食於三朝之會　據汲本、殿本補。

一三六七頁一六行　食舉（爲）〔謂〕當食舉樂也　據汲本、殿本改。按：爲謂本通，此以作「謂」爲是。

一三六七頁一七行　太師掌六律六呂　按：「呂」原譌「同」，逕據汲本、殿本改正。

一三六八頁四行　太古遠古也　按：「太」原譌「泰」，逕據汲本、殿本改正。

一三六八頁九行　於是聖上（親）〔覩〕萬方之歡娛　按：文選「親」作「覩」，王先謙謂作「覩」是。今據改。

一三六八頁九行　久沐浴乎膏澤　按：校補謂文選「久」作「又」，「乎」作「於」。

一三六八頁一一行　除工商之淫業興農桑之上務　按：校補謂文選「除」作「抑」，「上」作「盛」。

一三六八頁一二行　賤奇麗而不珍　按：校補謂文選「不」作「弗」。

一三六八頁一三行　耳目不營　按：校補謂文選「不」作「弗」。

一三六九頁六行　捐珠玉於五湖之川　按：「湖」原譌「胡」，逕改正。

一三六九頁一〇行　平帝立(舉)學官　據刊誤刪。

一三七〇頁一一行　圖書之泉　按：「泉」本作「淵」，避唐諱改，殿本回改作「淵」。

一三七一頁二行　今將喻子五篇之詩　按：校補謂文選作「今將授子以五篇之詩」。

一三七一頁一四行　率土之賓　按：汲本、殿本「賓」作「濱」。

一三七四頁一四行　豈(同)〔可〕逆詐示猜　殿本「同」作「可」，王先謙謂作「可」是。今據改。

一三七五頁八行　典而不實　按：校補謂文選「不」作「亡」。

一三七五頁一四行　同于草昧　按：汲本、殿本「于」作「乎」，文選作「於」。

一三七五頁一五行　厥有氏號紹天闡繹者　按：校補謂文選無「者」字。

一三七六頁一行　蔡邕曰(烟)〔絪〕縕　據汲本、殿本改。

一三七六頁一二行　以冠德卓蹤者　按：校補謂文選「蹤」作「絕」。

一三七六頁一三行　虞亦命夏后　按：校補謂文選「虞」上仍有「有」字。

一三七六頁一六行　雖前〔聖〕皐夔衡旦密勿之輔　據汲本、殿本補。按：文選無「前聖」二字。

一三七六頁一六行　辰居其域　文選「辰」作「宸」。按：校補謂「辰居」本論語，作「宸」者借通耳，其本字仍當作「辰」。

一三七八頁三行　高祖聚彤雲於碭山　按：「碭」原譌「碭」，逕改正。

一三七九頁一行　同受侯甸之所服　按：校補謂文選無「所」字。

一三七九頁一行　以伯方統牧　按：校補謂文選「伯方」作「方伯」。

一三七九頁一行　乘其命賜彤弧黃戚之威用討韋顧黎崇之不格　按：校補謂文選「戚」作「鉞」，「格」作「恪」。

一三七九頁三行　是故義士偉而不敦　按：校補謂文選「偉」作「華」。

一三七九頁三行　然猶於穆猗那　按：校補謂文選「然」作「亦」。

一三七九頁一四行　京（師）京都也　據刊誤刪。

一三八〇頁一三行　慝亡迥而不泯　按：校補謂文選「慝」作「匿」，「迥」作「回」。

一三八〇頁一四行　厥道至乎經緯乾坤　按：校補謂文選「厥道」二字連上為句，「乎」作「於」。

一三八〇頁一四行　內浸豪芒　按：校補謂文選「浸」作「沾」。

一三八〇頁一六行　漢承唐（虞）〔堯〕之基　按：刊誤謂注解「唐基」耳，何故輒出「虞」字，明當作「堯」。今據改。

一三八一頁九行　品物萬殊　按：「殊」原譌「物」，逕改正。

一三八一頁一〇行　乃始虔鞏勞（讓）〔謙〕　據汲本、殿本改。

一三八一頁一一行　而禮官儒林屯朋篤論之士而不傳祖宗之仿佛　按：校補謂文選「朋」作「用」，「論」作「誨」。又毛刻文選蔡邕注本「屯」作「純」，「不傳」上無「而」字。又按：「仿佛」汲本、殿本作「彷彿」，注同，文選作「髣髴」。

一三八二頁六行　是以(鳳皇)來儀集羽族於觀魏　文選無「鳳皇」二字。沈家本謂以下文例之，無者是。今據删。

一三八二頁八行　羡溢乎要荒　按：校補謂文選「羡」作「洋」。

一三八三頁一一行　宜亦勤恁旅力　按：校補謂文選「宜亦」作「亦宜」。

一三八三頁四行　肉角謂麟也　按：「麟」原譌「鱗」，逕改正。

一三八四頁七行　定性以和神　按：校補謂文選作「因定以和神」。

一三八四頁八行　慱物天乎　按：校補謂文選「天」下有「命」字。

一三八四頁八行　伊考自邃古　按：「邃」原譌「遂」，逕據汲本、殿本改正。注同。

一三八五頁四行　與之乎斟酌道德之淵源　按：校補謂文選無「乎」字。

一三八五頁五行　既成羣后之讜辭　按：校補謂文選「成」作「感」。

一三八五頁六行　奮景炎　汲本、殿本「景炎」作「炎景」。按：文選作「景炎」。

一三八七頁二行　若季路仇牧(死)而不悔也　校補謂前書「仇牧」下原有「死」字，各本皆脫。今據補。

後漢書卷四十一

第五鍾離宋寒列傳第三十一

第五倫曾孫種 宋均族子意

第五倫字伯魚，京兆長陵人也。其先齊諸田，〔一〕諸田徙園陵者多，故以次第爲氏。

〔一〕史記曰：「陳公子完奔齊，以陳字爲田氏。」應劭注云：「始食采於田，改姓田氏。」

倫少介然有義行。王莽末，盜賊起，宗族閭里爭往附之。倫乃依險固築營壁，有賊，輒奮厲其衆，引彊持滿以拒之，〔一〕銅馬、赤眉之屬前後數十輩，皆不能下。〔二〕倫始以營長詣郡尹鮮于褒，〔三〕褒見而異之，署爲吏。後褒坐事左轉高唐令，〔四〕臨去，握倫臂訣曰：「恨相知晚。」〔五〕

〔一〕引彊謂弓弩之多力者控引之。持滿，不發也。

〔二〕東觀記曰：「時米石萬錢，人相食，倫獨收養孤兄子、外孫，分糧共食，死生相守，鄉里以此賢之。」

〔三〕風俗通曰：「武王封箕子于朝鮮，其子食采於朝鮮，因氏焉。」

〔四〕高唐，縣，屬平原郡，故城在今齊州祝阿縣西。

〔五〕訣，別也。東觀記曰：「倫步擔往候之，留十餘日，將倫上堂，令妻子出相對，以屬託焉。」

倫後爲鄉嗇夫，平徭賦，理怨結，得人歡心。自以爲久宦不達，遂將家屬客河東，變名姓，自稱王伯齊，載鹽往來太原、上黨，所過輒爲糞除而去，〔一〕陌上號爲道士，親友故人莫知其處。

〔一〕糞除猶埽除也。

數年，鮮于褒薦之於京兆尹閻興，興卽召倫爲主簿。時長安鑄錢多姦巧，乃署倫爲督鑄錢掾，領長安市。〔一〕倫平銓衡，正斗斛，市無阿枉，百姓悅服。每讀詔書，常歎息曰：「此聖主也，一見決矣。」等輩笑之曰：「爾說將尚不下，安能動萬乘乎？」〔二〕倫曰：「未遇知己，道不同故耳。」

〔一〕東觀記曰：「時長安市未有秩，又鑄錢官姦（輕）〔軌〕所集，無能整齊理之者。興署倫督鑄錢掾，領長安市，其後小人爭訟，皆云『第五掾所平，市無姦枉』。」

〔二〕華嶠書曰：「蓋延代鮮于褒爲馮翊，多非法。倫數切諫，延恨之，故滯不得舉。」將謂州將。

建武二十七年，舉孝廉，補淮陽國醫工長，隨王之國。光武召見，甚異之。二十九年，從王朝京師，隨官屬得會見，帝問以政事，倫因此酬對政道，帝大悅。明日，復特召入，與語至夕。帝戲謂倫曰：「聞卿爲吏篣婦公，不過從兄飯，寧有之邪？」倫對曰：「臣三娶妻皆無父。少遭飢亂，實不敢妄過人食。」〔一〕帝大笑。倫出，有詔以爲扶夷長，〔二〕未到官，追拜會稽太守。雖爲二千石，躬自斬芻養馬，妻執炊爨。受俸裁留一月糧，餘皆賤貿與民之貧羸者。會稽俗多淫祀，好卜筮。民常以牛祭神，百姓財產以之困匱，其自食牛肉而不以薦祠者，發病且死先爲牛鳴，前後郡將莫敢禁。倫到官，移書屬縣，曉告百姓。其巫祝有依託鬼神詐怖愚民，皆案論之。有妄屠牛者，吏輒行罰。民初頗恐懼，或祝詛妄言，倫案之愈急，後遂斷絕，百姓以安。永平五年，坐法徵，老小攀車叩馬，啼呼相隨，日裁行數里，不得前。倫乃僞止亭舍，陰乘船去。衆知，復追之。及詣廷尉，吏民上書守闕者千餘人。是時顯宗方案梁松事，亦多爲松訟者。帝患之，詔公車諸爲梁氏及會稽太守上書者勿復受。會帝幸廷尉錄囚徒，得免歸田里。身自耕種，不交通人物。

〔一〕華嶠書曰：「上復曰：『聞卿爲市掾，人有遺母一笥餅者。卿從外來見之，奪母笥，探口中餅，信乎？』倫對曰：『實無此。衆人以臣愚蔽，故爲生是語也。』」

〔二〕扶夷，縣，屬零陵郡，故城在今邵州武岡縣東北。

數歲，拜爲宕渠令，〔一〕顯拔鄉佐玄賀，賀後爲九江、沛二郡守，以清絜稱，所在化行，終於大司農。

〔一〕宕渠，縣，故城在今渠州流江縣東北。

倫在職四年，遷蜀郡太守。蜀地肥饒，人吏富實，掾史家貲多至千萬，皆鮮車怒馬，以財貨自達。〔一〕倫悉簡其豐贍者遣還之，更選孤貧志行之人以處曹任，於是爭賕抑絕，〔二〕文職修理。所舉吏多至九卿、二千石，時以爲知人。

〔一〕怒馬謂馬之肥壯，其氣憤怒也。

〔二〕以財相貨曰賕，音其又反，又音求。

視事七歲，肅宗初立，擢自遠郡，代牟融爲司空。帝以明德太后故，尊崇舅氏馬廖，兄弟並居職任。廖等傾身交結，冠蓋之士爭赴趣之。倫以后族過盛，欲令朝廷抑損其權，上疏曰：「臣聞忠不隱諱，直不避害。不勝愚狷，昧死自表。〔一〕書曰：『臣無作威作福，其害于而家，凶于而國。』〔二〕傳曰：『大夫無境外之交，束脩之饋。』〔三〕近代光烈皇后，雖友愛天至，而卒使陰就歸國，徙廢陰興賓客；其後梁、竇之家，互有非法，明帝卽位，竟多誅之。自是洛中無復權戚，書記請託一皆斷絕。又譬諸外戚曰：〔四〕『苦身待士，不如爲國，戴盆望天，事不兩施。』〔五〕臣常刻著五臧，書諸紳帶。〔六〕而今之議者，復以馬氏爲言。竊聞衞尉廖以布三千匹，城門校尉防以錢三百萬，私贍三輔衣冠，知與不知，莫不畢給。又聞臘日亦遺其在洛中者錢各五千，越騎校尉光，臘用羊三百頭，米四百斛，肉五千斤。臣愚以爲不應經義，惶恐不敢不以聞。陛下情欲厚之，亦宜所以安之。臣今言此，誠欲上忠陛下，下全后家，裁蒙省察。」〔七〕及馬防爲車騎將軍，當出征西羌，倫又上疏曰：「臣愚以爲貴戚可封侯以富之，不當職事以任之。何者？繩以法則傷恩，私以親則違憲。伏聞馬防今當西征，臣以太后恩仁，陛下至孝，恐卒有纖介，難爲意愛。〔八〕聞防請杜篤爲從事中郎，多賜財帛。篤爲鄉里所廢，客居美陽，女弟爲馬氏妻，恃此交通，在所縣令苦其不法，收繫論之。今來防所，議者咸致疑怪，況乃以爲從事，將恐議及朝廷。今宜爲選賢能以輔助之，不可復令防自請人，有損事望。〔九〕苟有所懷，敢不自聞。」並不見省用。

〔一〕狷，狂狷也。

〔二〕尙書洪範之言。

〔三〕穀梁傳之文也。束，帛也。脩，脯也。饋，遺也。

〔四〕譬，曉諭也。

〔五〕司馬遷書曰「僕以爲戴盆何以望天」也。

〔六〕刻著五臧，謂銘之於心也。紳謂大帶，垂之三尺。論語曰「子張書諸紳」也。

〔七〕「裁」與「纔」同。

〔八〕恐卒然有小過，愛而不罰，則廢法也。

〔九〕望，物望也。

倫雖峭直，〔一〕然常疾俗吏苛刻。及爲三公，値帝長者，屢有善政，乃上疏褒稱盛美，因以勸成風德，曰：「陛下即位，躬天然之德，體晏晏之姿，以寬弘臨下，〔二〕出入四年，前歲誅刺史、二千石貪殘者六人。〔三〕斯皆明聖所鑒，非羣下所及。然詔書每下寬和而政急不解，務存節儉而奢侈不止者，咎在俗敝，羣下不稱故也。光武承王莽之餘，頗以嚴猛爲政，後代因之，遂成風化。郡國所舉，類多辨職俗吏，殊未有寬博之選以應上求者也。陳留令劉豫，冠軍令駟協，並以刻薄之姿，臨人宰邑，專念掠殺，務爲嚴苦，吏民愁怨，莫不疾之，而今之議者反以爲能，違天心，失經義，誠不可不愼也。非徒應坐豫、協，亦當宜譴舉者。〔四〕務進仁賢以任時政，不過數人，則風俗自化矣。臣嘗讀書記，知秦以酷急亡國，又目見王莽亦以苛法自滅，故勤勤懇懇，實在於此。又聞諸王主貴戚，驕奢踰制，京師尚然，何以示遠？故曰：『其身不正，雖令不〔行〕〔從〕。』〔五〕以身教者從，以言教者訟。夫陰陽和歲乃豐，君臣同心化乃成也。其刺史、太守以下，拜除京師及道出洛陽者，宜皆召見，可因博問四方，兼以觀察其人。諸上書言事有不合者，可但報歸田里，不宜過加喜怒，以明在寬。臣愚不足採。」

及諸馬得罪歸國，而竇氏始貴，倫復上疏曰：「臣得以空虛之質，當輔弼之任。素性駑怯，位尊爵重，拘迫大義，思自策厲，雖遭百死，不敢擇地，又況親遇危言之世哉！〔六〕今承百王之敝，人尚文巧，咸趨邪路，莫能守正。伏見虎賁中郎將竇憲，椒房之親，〔七〕典司禁兵，出入省闥，年盛志美，卑謙樂善，此誠其好士交結之方。然諸出入貴戚者，類多瑕釁禁錮之人，尤少守約安貧之節，士大夫無志之徒更相販賣，雲集其門。衆煦飄山，聚蚊成雷，〔八〕蓋驕佚所從生也。三輔論議者，至云以貴戚廢錮，當復以貴戚浣濯之，猶解酲當以酒也。〔九〕詖險趣埶之徒，誠不可親近。〔一〇〕臣愚願陛下中宮嚴勑憲等閉門自守，無妄交通士大夫，防其未萌，慮於無形，令憲永保福祿，君臣交歡，無纖介之隙。此臣之至所願也。」

〔一〕峭，峻也。

〔二〕尚書考靈耀曰：「堯文塞晏晏。」爾雅曰：「晏晏，溫和也。」

〔三〕東觀漢記曰：「去年伏誅者，刺史一人，太守三人，減死罪二人，凡六人。」

〔四〕譴，責也。

〔五〕論語孔子之言。

〔六〕論語曰：「邦有道，危言危行，邦無道，危行言遜。」鄭玄云：「危猶高也。」據時高言高行必見危，故以爲諭也。

〔七〕后妃以椒塗壁，取其繁衍多子，故曰椒房。

〔八〕前書中山靖王之言。

〔九〕病酒曰酲。

〔一〇〕蒼頡篇曰：「詖，佞諂也。」

倫奉公盡節，言事無所依違。諸子或時諫止，輒叱遣之，吏人奏記及便宜者，亦并封上，其無私若此。性質慤，少文采，在位以貞白稱，時人方之前朝貢禹。〔一〕然少蘊藉，不修威儀，〔三〕亦以此見輕。或問倫曰：「公有私乎？」對曰：「昔人有與吾千里馬者，吾雖不受，每三公有所選舉，心不能忘，而亦終不用也。吾兄子常病，一夜十往，退而安寢；吾子有疾，雖不省視而竟夕不眠。若是者，豈可謂無私乎？」連以老病上疏乞身。元和三年，賜策罷，以二千石奉終其身，加賜錢五十萬，公宅一區。後數年卒，時年八十餘，詔賜秘器、衣衾、錢布。

〔二〕前書曰：「貢禹字少翁，琅邪人也，以明經潔行著聞。」

〔三〕蘊藉猶寬博也。

少子頡嗣，歷桂陽、廬江、南陽太守，所在見稱。順帝之爲太子廢也，〔一〕頡爲太中大夫，與太僕來歷等共守闕固爭。帝卽位，擢爲將作大匠，卒官。〔二〕倫曾孫種。

〔一〕樊豐等譖之，廢爲濟陰王。

〔二〕三輔決錄注曰：「頡字子陵，爲郡功曹，州從事，公府辟舉高第，爲侍御史，南頓令，桂陽、南陽、廬江三郡太守，諫議大夫。洛陽無主人，鄉里無田宅，客止靈臺中，或十日不炊。司隸校尉南陽左雄、太史令張衡、尚書廬江朱建、孟興皆與頡故舊，各致禮餉，頡終不受。」

論曰：第五倫峭覈爲方，〔一〕非夫愷悌之士，省其奏議，惇惇歸諸寬厚，〔二〕將懲苛切之敵使其然乎？昔人以弦韋爲佩，蓋猶此矣。〔三〕然而君子侈不僭上，儉不偪下，〔四〕豈尊臨千里而與牧圉等庸乎？詎非矯激，則未可以中和言也。

〔一〕峭覈謂其性峻急，好竆覈事情。

〔二〕惇惇，純厚之皃也，音敦。

〔三〕韓子曰「西門豹性急，佩韋以自緩；董安于性緩，佩弦以自急」也。

〔四〕禮記曰：「管仲鏤簋而朱紘，旅樹而反坫，山節藻梲，賢大夫也，而難爲上也。晏平仲祀其先人，豚肩不揜豆，賢大夫也，而難爲下也。君子上不僭上，下不偪下。」

種字興先，少厲志義，爲吏，冠名州郡。永壽中，以司徒掾清詔使冀州，廉察灾害，〔一〕舉奏刺史、二千石以下，所刑免甚衆，弃官奔走者數十人。還，以奉使稱職，拜高密侯相。是時徐兗二州盜賊羣輩，高密在二州之郊，種乃大儲糧稸，勤厲吏士，賊聞皆憚之，桴鼓不鳴，流民歸者，歲中至數千家。〔二〕以能換爲衞相。〔三〕

〔一〕風俗通曰「汝南周勃辟太尉清詔，使荆州」，又此言以司徒清詔使冀州，蓋三公府有清詔員以承詔使也。廉，察也。

〔二〕桴，擊鼓杖也，音浮。

〔三〕周後衞公也。

遷兗州刺史。中常侍單超兄子匡爲濟陰太守，負埶貪放，種欲收舉，未知所使。會聞從事衞羽素抗厲，乃召羽具告之。謂曰：「聞公不畏彊禦，今欲相委以重事，若何？」對曰：「願庶幾於一割。」〔一〕羽出，遂馳至定陶，閉門收匡賓客親吏四十餘人，六七日中，糾發其臧五六千萬。種卽奏匡，幷以劾超。匡窘迫，遣刺客刺羽，羽覺其姦，乃收繫客，具得情狀。州內震慄，朝廷嗟歎之。

〔一〕以鉛刀諭。

是時太山賊叔孫無忌等暴橫一境，州郡不能討。羽說種曰：「中國安寧，忘戰日久，而太山險阻，寇猾不制。今雖有精兵，難以赴敵，羽請往譬降之。」種敬諾。羽乃往，備說禍福，無忌卽帥其黨與三千餘人降。單超積懷忿恨，遂以事陷種，竟坐徙朔方。超外孫董援爲朔方太守，稸怒以待之。初，種爲衞相，以門下掾孫斌賢，善遇之。及當徙斥，斌具聞超謀，乃謂其友人同縣閭子直及高密甄子然曰：「蓋盜憎其主，從來舊矣。第五使君當投裔土，而單超外屬爲彼郡守。夫危者易仆，可爲寒心。吾今方追使君，庶免其難。若奉使君以還，將以付子。」二人曰：「子其行矣，是吾心也。」於是斌將俠客晨夜追種，及之於太原，遮險格殺送吏，因下馬與種，斌自步從。一日一夜行四百餘里，遂得脫歸。

種匿於閭、甄氏數年，徐州從事臧旻上書訟之曰：「臣聞士有忍死之辱，必有就事之計，故季布屈節於朱家，〔一〕管仲錯行於召忽。〔二〕此二臣以可死而不死者，非愛身於須臾，貪命於苟活，隱其智力，顧其權略，庶幸逢時有所爲耳。卒遭高帝之成業，齊桓之興伯，遺其亡逃之行，赦其射鉤之讎，拔於囚虜之中，信其佐國之謀，〔三〕勳效傳於百世，君臣載於篇籍。假令二主紀過於纖介，則此二臣同死於犬馬，沈名於溝壑，當何由得申其補過之功，建其奇奧之術乎？伏見故兗州刺史第五種，傑然自建，在鄉曲無苞苴之嫌，〔四〕步朝堂無擇言之闕，〔五〕天性疾惡，公方不曲，故論者說清高以種爲上，序直士以種爲首。春秋之義，選人所長，弃其所短，錄其小善，除其大過。種所坐以盜賊公負，筋力未就，〔六〕罪至徵徙，非有大惡。昔虞舜事親，大杖則走。〔七〕故種逃亡，苟全性命，冀有朱家之路，以顯季布之會。願陛下無遺須臾之恩，令種有持忠入地之恨。」會赦出，卒於家。

〔一〕前書曰，季布，楚人，爲任俠有名，數窘漢王，高祖購求布千金。布匿濮陽周氏，周氏曰：「漢求將軍急，敢進計。」布許之，乃髡鉗布，衣褐，并其家僮之魯朱家所賣之。朱家買置田舍，言之高祖，赦之，後爲河東守。

〔二〕說苑子路問於孔子曰：「昔者管(子)〔仲〕欲立公子糾而不能，召忽死之，管仲不死，是無仁也。」孔子曰：「召忽者，人臣之材。不死則三軍之虜也，死之則名聞於天下矣，何爲不死哉？管子者，天子之佐，諸侯之相也。死之則不免於溝瀆之中，不死則功復用於天下，夫何爲死之哉？」錯猶乖也。

〔三〕信音申。

〔四〕苞苴，餽遺也。

〔五〕口無可擇之言也。

〔六〕太山之賊，種不能討，是力不足以禁之，法當公坐，故云公負也。

〔七〕家語孔子謂曾子之言也。

鍾離意字子阿，會稽山陰人也。少爲郡督郵。時部縣亭長有受人酒禮者，府下記案考之。〔一〕意封還記，入言於太守曰：「春秋先內後外，〔二〕詩云『刑於寡妻，以御于家邦』，〔三〕明政化之本，由近及遠。今宜先清府內，且闊略遠縣細微之愆。」太守甚賢之，遂任以縣事。建武十四年，會稽大疫，死者萬數，〔四〕意獨身自隱親，經給醫藥，〔五〕所部多蒙全濟。

〔一〕記，文符也。案，察之〔也〕。

〔二〕公羊傳曰：「春秋內其國而外諸夏，內諸夏而外夷狄。」

〔三〕詩大雅之文。刑，見也。御，治〔也〕。

〔四〕疫，癘氣也。

〔五〕隱親謂親自隱恤之。經給謂經營濟給之。

舉孝廉，再遷，辟大司徒侯霸府。詔部送徒詣河內，時冬寒，徒病不能行。路過弘農，意輒移屬縣使作徒衣，縣不得已與之，而上書言狀，意亦具以聞。光武得奏，以〔見〕〔視〕霸，曰：「君所使掾何乃仁於用心？誠良吏也！」意遂於道解徒桎梏，〔一〕恣所欲過，與剋期俱至，無或違者。還，以病免。

〔一〕在手曰梏，在足曰桎。

後除瑕丘令。〔一〕吏有檀建者，盜竊縣內，意屏人問狀，建叩頭服罪，不忍加刑，遣令長休。建父聞之，爲建設酒，謂曰：「吾聞無道之君以刃殘人，有道之君以義行誅。子罪，命也。」遂令建進藥而死。二十五年，遷堂邑令。〔二〕〔縣〕人防廣爲父報讎，繫獄，其母病死，廣哭泣不食。意憐傷之，乃聽廣歸家，使得殯斂。丞掾皆爭，意曰：「罪自我歸，義不累下。」遂遣之。〔三〕廣斂母訖，果還入獄。意密以狀聞，廣竟得以減死論。

〔一〕瑕丘，今兗州縣也。

〔二〕堂邑故城在今博州堂邑縣西北。

〔三〕言罪歸於我，不累於丞掾。

顯宗即位，徵爲尚書。時交阯太守張恢，坐臧千金，徵還伏法，以資物簿入大司農，〔一〕詔班賜羣臣。意得珠璣，悉以委地而不拜賜。帝怪而問其故。對曰：「臣聞孔子忍渴於盜泉之水，曾參回車於勝母之閭，惡其名也。〔二〕此臧穢之寶，誠不敢拜。」帝嗟歎曰：「清乎尚書之言！」乃更以庫錢三十萬賜意。轉爲尚書僕射。車駕數幸廣成苑，意以爲從禽廢政，常當車陳諫般樂遊田之事，天子卽時還宮。永平三年夏旱，而大起北宮，意詣闕免冠上疏曰：「伏見陛下以天時小旱，憂念元元，降避正殿，躬自克責，而比日密雲，遂無大潤，〔三〕豈政有未得應天心者邪？昔成湯遭旱，以六事自責曰：『政不節邪？使人疾邪？宮室榮邪？女謁盛邪？苞苴行邪？讒夫昌邪？』〔四〕竊見北宮大作，人失農時，此所謂宮室榮也。自古非苦宮室小狹，但患人不安寧。宜且罷止，以應天心。臣意以匹夫之才，無有行能，久食重祿，擢備近臣，比受厚賜，喜懼相幷，不勝愚戇征營，罪當萬死。」〔五〕帝策詔報曰：「湯引六事，咎在一人。其冠履，勿謝。比上天降旱，密雲數會，朕戚然慙懼，思獲嘉應，故分布禱請，闚候風雲，北祈明堂，南設雩場。〔六〕今又勑大匠止作諸宮，減省不急，庶消灾譴。」詔因謝公卿百僚，遂應時澍雨焉。〔七〕

〔一〕簿，文記也。
〔二〕說苑曰：「邑名勝母，曾子不入，水名盜泉，仲尼不飲，醜其名也。」尸子又載其言也。
〔三〕易曰：「密雲不雨，自我西郊。」
〔四〕帝王紀曰：「成湯大旱七年，齋戒翦髮斷爪，以己爲犧牲，禱於桑林之社，以六事自責。」
〔五〕征營，不自安也。

〔六〕明堂在洛陽城南，言北祈者，蓋時修雩場在明堂之南。
〔七〕說文云「雨所以澍生萬物」，故曰澍。音注。

時詔賜降胡子縑，尚書案事，誤以十爲百。帝見司農上簿，大怒，召郎將笞之。意因入叩頭曰：「過誤之失，常人所容。若以懈慢爲愆，則臣位大，罪重，郎位小，罪輕，咎皆在臣，臣當先坐。」乃解衣就格。〔一〕帝意解，使復冠而貰郎。

〔一〕格，拘執也。

帝性褊察，好以耳目隱發爲明，〔一〕故公卿大臣數被詆毀，近臣尚書以下至見提拽。（常）〔嘗〕以事怒郎藥崧，以杖撞之。崧走入牀下，帝怒甚，疾言曰：「郎出！郎出！」崧曰：「天子穆穆，諸侯煌煌。〔二〕未聞人君自起撞郎。」帝赦之。朝廷莫不悚慄，爭爲嚴切，以避誅責；唯意獨敢諫爭，數封還詔書，臣下過失輒救解之。會連有變異，意復上疏曰：「伏惟陛下躬行孝道，修明經術，郊祀天地，畏敬鬼神，憂恤黎元，勞心不怠。而天氣未和，日月不明，〔三〕水泉涌溢，寒暑違節者，咎在羣臣不能宣化理職，而以苛刻爲俗。吏殺良人，繼踵不絕。百官無相親之心，吏人無雍雍之志。〔四〕至於骨肉相殘，毒害彌深，感逆和氣，以致天災。百姓可以德勝，難以力服。先王要道，民用和睦，故能致天下和平，災害不生，禍亂不作。鹿鳴之詩必言宴樂者，〔五〕以人神之心洽，然後天氣和也。願陛下垂聖德，揆萬機，詔有司，慎人命，緩刑罰，順時氣，以調陰陽，垂之無極。」帝雖不能用，然知其至誠。亦以此故不得久留，出爲魯相。〔六〕後德陽殿成，〔七〕百官大會。帝思意言，謂公卿曰：「鍾離尚書若在，此殿不立。」

〔一〕隱猶私也。

〔二〕曲禮之文也。穆穆，美也。煌煌，盛也。

〔三〕易通卦驗曰：「愚智同位，則日月無光。」

〔四〕爾雅曰：「雍雍，和也。」

〔五〕鹿鳴，詩小雅，宴羣臣也。其詩曰：「呦呦鹿鳴，食野之苹，我有嘉賓，鼓瑟吹笙。」

〔六〕意別傳曰：「意爲魯相，到官，出私錢萬三千文，付戶曹孔訢修夫子車，身入廟，拭几席劍履。男子張伯除堂下草，土中得玉璧七枚，伯懷其一，以六枚白意。意令主簿安置几前。孔子教授堂下牀首有懸甕，意召孔訢問：『此何甕也？』對曰：『夫子甕也，背有丹書，人莫敢發也。』意曰：『夫子聖人，所以遺甕，欲以懸示後賢。』因發之，中得素書，文曰『後世修吾書，董仲舒。護吾車，拭吾履，發吾笥，會稽鍾離意。璧有七，張伯藏其一。』意卽召問伯，果服焉。」

〔七〕漢宮殿名曰北宮中有德陽殿。

意視事五年，以愛利爲化，〔一〕人多殷富。以久病卒官。遺言上書陳升平之世，難以急化，宜少寬假。帝感傷其意，下詔嗟歎，賜錢二十萬。

〔一〕東觀記曰：「意在堂邑，爲政愛利，輕刑愼罰，撫循百姓如赤子。初到縣，市無屋，意出奉錢帥人作屋。人齎茅竹或持材木，爭起趨作，(決)〔浹〕日而成。功作既畢，爲解土，祝曰：『興功役者令，百姓無事。如有禍祟，令自當之。』人皆大悅。」

藥崧者，河內人，天性朴忠。家貧爲郎，常獨直臺上，無被，枕杫，〔一〕食糟糠。帝每夜入臺，輒見崧，問其故，甚嘉之，自此詔太官賜尚書以下朝夕餐，給帷被皁袍，及侍史二人。〔二〕崧官至南陽太守。

〔一〕杫音思漬反，謂俎几也。方言云：「蜀、漢之郊曰杫。」

〔二〕蔡質漢官儀曰「尚書郎入直臺中，官供新青縑白綾被，或錦被，晝夜更宿，帷帳畫，通中枕，臥旃蓐，冬夏隨時改易。太官供食，五日一美食，下天子一等。尚書郎伯使一人，女侍史二人，皆選端正者。伯使從至止車門還，女侍史絜被服，執香鑪燒燻，從入臺中，給使護衣服」也。

宋均字叔庠，南陽安衆人也。父伯，建武初爲五官中郎將。均以父任爲郎，時年十五，好經書，每休沐日，輒受業博士，通詩禮，善論難。至二十餘，調補辰陽長。〔一〕其俗少學者而信巫鬼，均爲立學校，禁絕淫祀，人皆安之。以祖母喪去官，客授潁川。

〔一〕辰陽，今辰州辰溪縣。

後爲謁者。會武陵蠻反，圍武威將軍劉尚，詔使均乘傳發江夏奔命三千人往救之。〔一〕既至而尚已沒。會伏波將軍馬援至，詔因令均監軍，與諸將俱進，賊拒阨不得前。及馬援卒於師，軍士多溫溼疾病，死者太半。均慮軍遂不反，乃與諸將議曰：「今道遠士病，不可以戰，欲權承制降之何如？」諸將皆伏地莫敢應。均曰：「夫忠臣出竟，有可以安國家，專之可也。」〔二〕乃矯制調伏波司馬呂种守沅陵長，命种奉詔書入虜營，告以恩信，因勒兵隨其後。蠻夷震怖，即共斬其大帥而降，於是入賊營，散其衆，遣歸本郡，爲置長吏而還。均未至，先自劾矯制之罪。光武嘉其功，迎賜以金帛，令過家上冢。其後每有四方異議，數訪問焉。

〔一〕前書音義曰「擢選精勇，聞命奔走，謂之奔命」也。

〔二〕公羊傳曰：「聘禮，大夫受命不受辭，出境有以安社稷全國家者，則專之可也。」

遷上蔡令。時府下記，禁人喪葬不得侈長。〔一〕均曰：「夫送終踰制，失之輕者。今有不義之民，尚未循化，而遽罰過禮，非政之先。」竟不肯施行。

〔一〕長音直亮反。禁之不得奢侈有餘。

遷九江太守。郡多虎暴，數爲民患，常募設檻穽而猶多傷害。〔一〕均到，下記屬縣曰：「夫虎豹在山，黿鼉在水，各有所託。且江淮之有猛獸，猶北土之有雞豚也。今爲民害，咎在殘吏，而勞勤張捕，非憂恤之本也。其務退姦貪，思進忠善，可一去檻穽，除削課制。」其後傳言虎相與東游度江。中元元年，山陽、楚、沛多蝗，其飛至九江界者，輒東西散去，由是名稱遠近。浚遒縣有唐、后二山，民共祠之，〔二〕衆巫遂取百姓男女以爲公嫗，〔三〕歲歲改易，既而不敢嫁娶，前後守令莫敢禁。均乃下書曰：「自今以後，爲山娶者皆娶巫家，勿擾良民。」於是遂絕。

〔一〕檻，爲機以捕獸。穽謂穿地陷之。

〔二〕浚遒縣屬廬江郡，故城在今廬州愼縣南。

〔三〕以男爲山公，以女爲山嫗，猶祭之有尸主也。

永平元年，遷東海相，在郡五年，坐法免官，客授潁川。而東海吏民思均恩化，爲之作歌，詣闕乞還者數千人。顯宗以其能，七年，徵拜尚書令。每有駮議，多合上旨。均嘗删翦疑事，帝以爲有姦，大怒，收郎縛格之。諸尚書惶恐，皆叩頭謝罪。均顧厲色曰：「蓋忠臣執義，無有二心。若畏威失正，均雖死，不易志。」小黃門在傍，入具以聞。帝善其不撓，即令貰郎，遷均司隸校尉。數月，出爲河內太守，政化大行。

均（常）〔嘗〕寢病，百姓耆老爲禱請，旦夕問起居，其爲民愛若此。以疾上書乞免，詔除子條爲太子舍人。均自扶輿詣闕謝恩，帝使中黃門慰問，因留養疾。司徒缺，帝以均才任宰相，召入視其疾，令兩騶扶之。〔一〕均拜謝曰：「天罰有罪，所苦浸篤，不復奉望帷幄！」因流涕而辭。帝甚傷之，召條扶侍均出，賜錢三十萬。

〔一〕騶，養馬者，亦曰騶騎。

均性寬和，不喜文法，常以爲吏能弘厚，雖貪汙放縱，猶無所害；至於苛察之人，身或廉法，而巧黠刻削，毒加百姓，災害流亡所由而作。及在尚書，恆欲叩頭爭之，以時方嚴切，故遂不敢陳。帝後聞其言而追悲之。建初元年，卒於家。族子意。

意字伯志。父京，以大夏侯尚書教授，〔一〕至遼東太守。意少傳父業，顯宗時舉孝廉，以召對合旨，擢拜阿陽侯相。〔二〕建初中，徵爲尚書。

〔一〕夏侯勝也。

〔二〕阿陽，縣，屬天水郡，故城在今秦州隴城縣西北。

肅宗性寬仁，而親親之恩篤，故叔父濟南、中山二王每數入朝，特加恩寵，及諸昆弟並留京師，不遣就國。意以爲人臣有節，不宜踰禮過恩，乃上疏諫曰：「陛下至孝烝烝，恩愛隆深，以濟南王康、中山王焉先帝昆弟，特蒙禮寵，聖情戀戀，不忍遠離，比年朝見，久留京師，崇以叔父之尊，同之家人之禮，車入殿門，卽席不拜，分甘損膳，賞賜優渥。昔周公懷聖人之德，有致太平之功，然後王曰叔父，加以錫幣。〔一〕今康、焉幸以支庶享食大國，陛下即位，蠲除前過，還所削黜，衍食它縣，〔二〕男女少長，並受爵邑，恩寵踰制，禮敬過度。春秋之義，諸父昆弟無所不臣，所以尊尊卑卑，彊幹弱枝者也。陛下德業隆盛，當爲萬世典法，不宜以私恩損上下之序，失君臣之正。又西平王羨等六王，皆妻子成家，官屬備具，當早就蕃國，爲子孫基阯。而室第相望，久磐京邑，〔三〕婚姻之盛，過於本朝，僕馬之衆，充塞城郭，驕奢僭擬，寵祿隆過。今諸國之封，並皆膏腴，風氣平調，道路夷近，朝聘有期，行來不難。宜割情不忍，以義斷恩，〔四〕發遣康、焉各歸蕃國，令羨等速就便時，〔五〕以塞衆望。」帝納之。

〔一〕詩魯頌曰：「王曰叔父，建爾元子，俾侯于魯。」尚書曰，周公既成洛邑，成王命召公出取幣錫周公也。

〔二〕衍謂流衍，傍食它縣。

〔三〕磐謂磐桓不去。

〔四〕禮記曰：「門內之政恩掩義，門外之政義斷恩。」

〔五〕行曰，取便利之時也。

章和二年，鮮卑擊破北匈奴，而南單于乘此請兵北伐，因欲還歸舊庭。時竇太后臨朝，議欲從之。意上疏曰：「夫戎狄之隔遠中國，幽處北極，〔一〕界以沙漠，簡賤禮義，無有上下，彊者爲雄，弱卽屈服。自漢興以來，征伐數矣，其所剋獲，曾不補害。光武皇帝躬服金革之難，深昭天地之明，故因其來降，羈縻畜養，邊人得生，勞役休息，於茲四十餘年矣。今鮮卑奉順，斬獲萬數，中國坐享大功，〔二〕而百姓不知其勞，漢興功烈，於斯爲盛。所以然者，夷虜相攻，無損漢兵者也。臣察鮮卑侵伐匈奴，正是利其抄掠，及歸功聖朝，實由貪得重賞。今若聽南虜還都北庭，則不得不禁制鮮卑。鮮卑外失暴掠之願，內無功勞之賞，豺狼貪婪，必爲邊患。今北虜西遁，請求和親，宜因其歸附，以爲外扞，巍巍之業，無以過此。若引兵費賦，以順南虜，則坐失上略，去安卽危矣。誠不可許。」會南單于竟不北徙。

〔一〕爾雅曰「東至於泰遠，西至於邠國，南至於濮鉛，北至於祝栗，謂之四極」也。

〔二〕享，受也。

遷司隸校尉。永元初，大將軍竇憲兄弟貴盛，步兵校尉鄧疊、河南尹王調、故蜀郡太守廉范等羣黨，出入憲門，負埶放縱。意隨違舉奏，無所回避，由是與竇氏有隙。二年，病卒。

孫俱，靈帝時爲司空。〔一〕

〔一〕漢官儀曰「俱字伯麗」也。

寒朗字伯奇，魯國薛人也。生三日，遭天下亂，弃之荊棘；數日兵解，母往視，猶尙氣息，遂收養之。及長，好經學，博通書傳，以尙書教授。舉孝廉。

永平中，以謁者守侍御史，與三府掾屬共考案楚獄顏忠、王平等，辭連及隧鄉侯耿建、朗陵侯臧信、護澤侯鄧鯉、曲成侯劉建。建等辭未嘗與忠、平相見。是時顯宗怒甚，吏皆惶恐，諸所連及，率一切陷入，無敢以情恕者。朗心傷其冤，試以建等物色獨問忠、平，〔一〕而二人錯愕不能對。〔二〕朗知其詐，乃上言建等無姦，專爲忠、平所誣，疑天下無辜類多如此。帝乃召朗入，問曰：「建等卽如是，忠、平何故引之？」朗對曰：「忠、平自知所犯不道，故多有虛引，冀以自明。」帝曰：「卽如是，四侯無事，何不早奏，獄竟而久繫至今邪？」朗對曰：「臣雖考之無事，然恐海內別有發其姦者，故未敢時上。」〔三〕帝怒罵曰：「吏持兩端，促提下。」左右方引去，朗曰：「願一言而死。小臣不敢欺，欲助國耳。」帝問曰：「誰與共爲章？」對曰：「臣自知當必族滅，不敢多汚染人，誠冀陛下一覺悟而已。臣見考囚在事者，咸共言妖惡大故，臣子所宜同疾，今出之不如入之，可無後責。是以考一連十，考十連百。又公卿朝會，陛下問以得失，皆長跪言，舊制大罪禍及九族，陛下大恩，裁止於身，天下幸甚。及其歸舍，口雖不言，而仰屋竊歎，莫不知其多冤，無敢牾陛下者。臣今所陳，誠死無悔。」帝意解，詔遣朗出。後二日，車駕自幸洛陽獄錄囚徒，理出千餘人。後平、忠死獄中，朗乃自繫。

會赦，免官。復舉孝廉。

〔一〕物色謂形狀也。

〔二〕錯愕猶倉卒也。錯音七故反。愕音五故反。

〔三〕時上猶即上也。上音時掌反。

建初中，肅宗大會羣臣，朗前謝恩，詔以朗納忠先帝，拜爲易長。〔一〕歲餘，遷濟陽令，以母喪去官，百姓追思之。章和元年，上行東巡狩，過濟陽，三老吏人上書陳朗前政治狀。帝至梁，召見朗，詔三府爲辟首，由是辟司徒府。永元中，再遷淸河太守，坐法免。

〔一〕易，今易州縣也。

永初三年，太尉張禹薦朗爲博士，徵詣公車，會卒，時年八十四。

論曰：左丘明有言：「仁人之言，其利博哉！」晏子一言，齊侯省刑。〔一〕若鍾離意之就格請過，寒朗之廷爭冤獄，篤矣乎，仁者之情也！夫正直本於忠誠則不詭，〔二〕本於諫爭則絞切。〔三〕彼二子之所本得乎天，故言信而志行也。〔四〕

〔一〕左氏傳曰，齊景公謂晏子曰：「子之宅近市，識貴賤乎？」於是景公繁於刑，有鬻踊者，故對曰：「踊貴而屨賤。」景公爲是省於刑。君子曰：「仁人之言，其利博哉！」踊謂刖足者屨。

〔二〕詭，詐也。

〔三〕論語孔子曰：「直而無禮則絞。」絞，急也。

〔四〕言而見信，諫而必從，故曰志行。

贊曰：伯魚、子阿，矯急去苛。臨官以絜，匡帝以奢。宋均達政，禁此妖禜。〔一〕禽蟲畏德，子民請病。〔二〕意明尊尊，割恩蕃屏。〔三〕惵惵楚黎，寒君爲命。〔四〕

〔一〕禜，祭也，于命反。

〔二〕謂人爲之請禱也。

〔三〕穀梁傳曰：「爲尊者諱敵，爲親者諱敗，尊尊親親之義也。」意諫令諸王歸藩，故云割恩藩屏。音協韻必政反。

〔四〕惵惵，懼也。黎，衆也。

校勘記

一三九五頁七行　鮮于褒　按：陰興傳作「鮮于裒」，裒卽褒字。

一三九六頁三行　自稱王伯齊　按：集解引惠棟說，謂袁紀作「王伯春」。

一三九六頁一〇行　姦（軌）〔宄〕所集　據汲本改。按：今聚珍本東觀記作「姦宄」。

一三九六頁一五行　不過從兄飯　按：王先謙謂御覽四二五引續漢書作「不過從弟兄飯」。

一三九七頁一三行　邵州武岡縣　按：「岡」原譌「剛」，逕據汲本、殿本改正。

一三九八頁一三行　以錢三百萬　按：汲本、殿本「三」作「二」。

一三九八頁一五行　亦宜所以安之　按：王先謙謂「宜」下奪一「思」字。

一三九九頁六行　敢不自聞　集解引蘇輿說，謂「自」疑「以」之誤。今按：「以」字本作「目」，與「自」形近而譌。

一四〇〇頁六行　亦當宜譴舉者　按：集解引惠棟說，謂「宜」當作「並」。

一四〇〇頁九行　雖令不(行)〔從〕　據汲本、殿本改，與今論語合。

一四〇二頁二行　吾兄子常病一夜十往　按：「常」當作「嘗」，御覽四七八引正作「嘗」。「往」當作「起」。刊誤謂厤延年云，唐睿宗下詔，用十起作元子事，本出於此，明當作「起」也。

一四〇二頁八行　少子頡嗣　按：刊誤謂倫未嘗有爵，無緣言「嗣」，明多此一字。

一四〇三頁一〇行　盜賊羣輩　按：御覽三三二引「輩」作「聚」。

一四〇三頁一一行　歲中至數千家　按：汲本「中」作「終」。

一四〇四頁一行　中常侍單超兄子匡　按：集解引沈欽韓說，謂考異云楊秉傳作「超弟」，宦者傳作「超弟子」。

一四〇五頁一行　此二臣以可死而不死者　按：王先謙謂「以可死」當爲「可以死」。

一四〇五頁一二行　昔者管(子)〔仲〕欲立公子糾而不能　據汲本改。按：說苑作「子」，校補謂傳文既作「管仲」，在子路之問，亦不應一口兩稱，作「子」者，蓋踵今本說苑之誤。

一四〇六頁五行　有受人酒禮者　按：王先謙謂御覽二五三引續漢書，「酒禮」作「雞酒」。

一四〇六頁八行　意獨身自隱親　按：校補引柳從辰說，謂袁紀「隱親」作「隱視」，親視形近而譌。黃山謂柳說是，古隱與檃同，隱視猶言審視也。

一四〇六頁九行　案察之〔也〕　據汲本補。

一四〇六頁一二行　御治〔也〕　據汲本、殿本補。

一四〇七頁一行　光武得奏以(見)〔視〕霸　集解引顧炎武說，謂「見」當作「視」，古「示」字作「視」，謂以意奏示霸也。王先謙謂顧說是。今據改。

一四〇七頁七行　(縣)〔懸〕人防廣爲父報讎　據汲本、殿本補。

一四〇八頁七行　喜懼相扸　按：汲本、殿本「扸」作「牪」。

一四〇九頁七行　(常)〔嘗〕以事怒郎藥崧　校補謂「常」當作「嘗」，各本皆失正。今據改。

一四一〇頁九行　出私錢萬三千文　按：刊誤謂古人言錢不曰文，世俗乃有此文，明多一「文」字。

一四一一頁二行　(決)〔浹〕日而成　據汲本、殿本改。

一四一一頁九行　尙書郎伯使一人　按：汲本、殿本作「二人」。

一四一二頁一一行　宋均字叔庠南陽安衆人也　殿本考證引何焯說及王先謙集解引通鑑胡注，俱謂宋均本姓宗，作「宋」乃傳寫之誤。今按：通鑑胡注引張説宋璟遺愛頌，證明「宗均」之譌爲「宋均」，自唐已然。

一四一一頁一三行　客授潁川　汲本、殿本「授」作「游」。按：下又云「客授潁川」，明作「游」者非也。

一四一三頁七行　浚遒縣屬廬江郡　按：「廬江」當作「九江」。集解引洪頤煊説，謂郡國志浚遒縣屬九江郡，注云屬廬江，誤。

一四一三頁一四行　均（常）〔嘗〕寢病　據汲本改。

一四一四頁八行　擢拜阿陽侯相　按：集解引錢大昕説，謂阿陽縣屬漢陽郡，不云侯國，而上黨之陽阿爲侯國，此「阿陽」或「陽阿」之誤。

一四一五頁一四行　章和二年鮮卑擊破北匈奴　按：集解引惠棟説，謂袁宏紀爲章和元年事。

一四一七頁三行　辭連及隧鄉侯耿建　按：集解引惠棟説，謂耿純傳宿封隧鄉侯，非建也。坐楚事爲耿阜，以東光侯徙封莒鄉侯。「隧」當作「莒」，建當作「阜」。

一四一七頁一一行　咸共言妖惡大故　按：汲本「故」作「過」。

後漢書卷四十二

光武十王列傳第三十二

光武皇帝十一子：郭皇后生東海恭王彊、沛獻王輔、濟南安王康、阜陵質王延、中山簡王焉，許美人生楚王英，光烈皇后生顯宗、東平憲王蒼、廣陵思王荆、臨淮懷公衡、琅邪孝王京。

東海恭王彊。建武二年，立母郭氏爲〔皇〕后，彊爲皇太子。十七年而郭后廢，彊常感感不自安，數因左右及諸王陳其懇誠，願備蕃國。光武不忍，遲回者數歲，乃許焉。十九年，封爲東海王，二十八年，就國。帝以彊廢不以過，去就有禮，故優以大封，兼食魯郡，合二十九縣。賜虎賁旄頭，宮殿設鍾虡之縣，擬於乘輿。〔一〕彊臨之國，數上書讓還東海，又因皇太子固辭。帝不許，深嘉歎之，以彊章宣示公卿。初，魯恭王好宮室，起靈光殿，甚壯麗，是時猶存，〔二〕故詔彊都魯。中元元年入朝，從封岱山，因留京師。明年春，帝崩。冬，歸國。

〔一〕虎賁、旄頭、鍾虡解見光武紀。縣音玄。

〔二〕恭王名餘，景帝之子。殿在今兗州曲阜城中，故基東西二十丈，南北十二丈，高丈餘也。

永平元年，彊病，顯宗遣中常侍鉤盾令將太醫乘驛視疾，詔沛王輔、濟南王康、淮陽王延詣魯。及薨，臨命上疏謝曰：「臣蒙恩得備蕃輔，特受二國，宮室禮樂，事事殊異，巍巍無量，訖無報稱。而自脩不謹，連年被疾，爲朝廷憂念。皇太后、陛下哀憐臣彊，感動發中，數遣使者太醫令丞方伎道術，絡驛不絕。臣伏惟厚恩，不知所言。臣內自省視，氣力羸劣，日夜浸困，〔一〕終不復望見闕庭，奉承帷幄，孤負重恩，銜恨黃泉。〔二〕身既夭命孤弱，復爲皇太后、陛下憂慮，誠悲誠慙。息政，小人也，猥當襲臣後，必非所以全利之也。誠願還東海郡。天恩愍哀，以臣無男之故，〔三〕處臣三女小國侯，〔四〕此臣宿昔常計。〔五〕今天下新罹大憂，〔六〕惟陛下加供養皇太后，數進御餐。臣彊困劣，言不能盡意。願並謝諸王，不意永不復相見也。」天子覽書悲慟，從太后出幸津門亭發哀。〔七〕使〔大〕司空持節護喪事，大鴻臚副，宗正、將作大匠視喪事，贈以殊禮，升龍、旄頭、鸞輅、龍旂、虎賁百人。〔八〕詔楚王英、趙王栩、北海王興、館陶公主、比陽公主及京師親戚四姓夫人、小侯皆會葬。〔九〕帝追惟彊深執謙儉，不欲厚葬以違其意，於是特詔中常侍杜岑及東海傅相曰：「王恭謙好禮，以德自終，遣送之物，務從約省，衣足斂形，茅車瓦器，物減於制，以彰王卓爾獨行之志。〔一〇〕將作大匠留起陵廟。」

〔一〕浸，漸也。

〔二〕杜預注左傳云：「地中之泉，故曰黄泉。」

〔三〕無男，無多男也。

〔四〕卽婦人封侯也，若呂后之妹呂須封爲臨光侯，蕭何夫人封爲酇侯之類。

〔五〕私計天恩，不敢忘也。

〔六〕光武崩也。

〔七〕津門，洛陽南面西頭門也，一名津陽門。每門皆有亭。

〔八〕解並見光武及明帝紀。

〔九〕四姓小侯，解見明帝紀。夫人，蓋小侯之母也。

〔一〇〕前書曰：「卓尔不羣者，河閒獻王近之矣。」

彊立十八年，年三十四。子靖王政嗣。政淫欲薄行。後中山簡王薨，政詣中山會葬，私取簡王姬徐妃，又盜迎掖庭出女。豫州刺史、魯相奏請誅政，有詔削薛縣。

立四十四年薨，子頃王肅嗣。永元十六年，封肅弟二十一人皆爲列侯。肅性謙儉，循恭王法度。永初中，以西羌未平，上錢二千萬。元初中，復上縑萬匹，以助國費，鄧太后下詔褒納焉。

立二十三年薨，子孝王臻嗣。永建二年，封臻二弟敏、儉爲鄉侯。臻及弟蒸鄉侯儉並有篤行，母卒，皆吐血毀眥。〔一〕至服練紅，兄弟追念初喪父，幼小，哀禮有闕，因復重行喪制。〔二〕臻性敦厚有恩，常分租秩賑給諸父昆弟。國相籍褒具以狀聞，順帝美之，制詔大將軍、三公、大鴻臚曰：「東海王臻以近蕃之尊，少襲王爵，膺受多福，未知艱難，而能克己率禮，孝敬自然，事親盡愛，送終竭哀，降儀從士，寢苫三年。〔三〕和睦兄弟，恤養孤弱，至孝純備，仁義兼弘，朕甚嘉焉。夫勸善厲俗，爲國所先。曩者東平孝王敞兄弟行孝，喪母如禮，有增戶之封。詩云：『永世克孝，念茲皇祖。』〔四〕今增臻封五千戶，儉五百戶，光啓土宇，以酬厥德。」

〔一〕眥或爲瘠。

〔二〕既祥之後而服練也。禮記曰：「練衣黃裏縓緣。」縓即紅也。縓音七絹反。鄭玄注周禮曰：「淺絳也。」

〔三〕左氏傳曰：「晏桓子卒，晏嬰麤衰斬，苴絰帶，杖，菅屨，食粥，居倚廬，寢苫枕草。其家老曰：『非大夫之禮也。』」杜預注云：「時士及大夫衰服各有不同。」

〔四〕詩周頌之文。克，能也。

立三十一年薨，子懿王祗嗣。初平四年，遣子琬至長安奉章，獻帝封琬汶陽侯，拜爲平原相。

祗立四十四年薨，子羨嗣。二十年，魏受禪，以爲崇德侯。

沛獻王輔，建武十五年封右（馮）翊公。十七年，郭后廢爲中山太后，故徙輔爲中山王，幷食常山郡。二十年，復徙封沛王。

時禁網尚疏，諸王皆在京師，競脩名譽，爭禮四方賓客。壽光侯劉鯉，更始子也，得幸於輔。鯉怨劉盆子害其父，因輔結客，報殺盆子兄故式侯恭，輔坐繫詔獄，三日乃得出。自是後，諸王賓客多坐刑罰，各循法度。二十八年，就國。中元二年，封輔子寶爲沛侯。永平元年，封寶弟嘉爲僮侯。〔一〕

〔一〕僮，縣，屬臨淮郡，故城在今泗州宿預縣西南。

輔矜嚴有法度，好經書，善說京氏易、孝經、論語傳及圖讖，作五經論，時號之曰沛王通論。在國謹節，終始如一，稱爲賢王。顯宗敬重，數加賞賜。

立四十六年薨，子釐王定嗣。〔一〕元和二年，封定弟十二人爲鄉侯。

〔一〕釐音僖，下皆同。

定立十一年薨，子節王正嗣。元興元年，封正弟二人爲縣侯。

正立十四年薨，子孝王廣嗣。有固疾。安帝詔廣祖母周領王家事。周明正有法禮，漢安中薨，順帝下詔曰：「沛王祖母太夫人周，秉心淑慎，導王以仁，使光祿大夫贈以妃印綬。」廣立三十五年薨，子幽王榮嗣。立二十年薨，子孝王琮嗣。薨，子恭王曜嗣。薨，子契嗣；魏受禪，以爲崇德侯。

楚王英，以建武十五年封爲楚公，十七年進爵爲王，二十八年就國。母許氏無寵，故英國最貧小。三十年，以臨淮之取慮、須昌二縣益楚國。〔一〕自顯宗爲太子時，英常獨歸附太子，太子特親愛之。及卽位，數受賞賜。永平元年，特封英舅子許昌爲龍舒侯。〔二〕

〔一〕取慮，縣，故城在今泗州下邳縣西南。案：臨淮無須昌，有昌陽縣，蓋誤也。取慮音秋閭。

〔二〕龍舒，縣，屬廬江郡，故城在今廬州廬江縣西也。

英少時好游俠，交通賓客，晚節更喜黃老，學爲浮屠齋戒祭祀。〔一〕八年，詔令天下死罪皆入縑贖。英遣郎中令奉黃縑白紈三十匹詣國相曰：「託在蕃輔，過惡累積，歡喜大恩，奉送縑帛，以贖愆罪。」國相以聞。詔報曰：「楚王誦黃老之微言，尙浮屠之仁祠，絜齋三月，與神爲誓，何嫌何疑，當有悔吝？其還贖，以助伊蒲塞桑門之盛饌。」〔二〕因以班示諸國中傳。英後遂大交通方士，作金龜玉鶴，刻文字以爲符瑞。

〔一〕袁宏漢紀：「浮屠，佛也，西域天竺國有佛道焉。佛者，漢言覺也，將以覺悟羣生也。其教以脩善慈心爲主，不殺生，專務清靜。其精者爲沙門。沙門，漢言息也，蓋息意去欲而歸于無爲。又以爲人死精神不滅，隨復受形，生時善惡皆有報應，故貴行善修道，以鍊精神，以至無生而得爲佛也。佛長丈六尺，黃金色，項中佩日月光，變化無方，無所不入，而大濟羣生。初，明帝夢見金人長大，項有日月光，以問羣臣。或曰：『西方有神，其名曰佛。陛下所夢，得無是乎？』於是遣使天竺，問其道術而圖其形像焉。」

〔二〕伊蒲塞即優婆塞也，中華翻爲近住，言受戒行堪近僧住也。桑門即沙門。

十三年，男子燕廣告英與漁陽王平、顏忠等造作圖書，有逆謀，事下案驗。有司奏英招聚姦猾，造作圖讖，擅相官秩，置諸侯王公將軍二千石，大逆不道，請誅之。帝以親親不忍，乃廢英，徙丹陽涇縣，〔一〕賜湯沐邑五百戶。〔二〕遣大鴻臚持節護送，使伎人奴婢（妓士）〔工技〕鼓吹悉從，得乘輜軿，〔三〕持兵弩，行道射獵，極意自娛。男女爲侯主者，食邑如故。楚太后勿上璽綬，留住楚宮。

〔一〕今宣州縣也。

〔二〕湯沐，解見皇后紀也。

〔三〕軿猶屏也，自隱蔽之車。蒼頡篇曰：「衣車也。」

明年，英至丹陽，自殺。立三十三年，國除。詔遣光祿大夫持節弔祠，贈賵如法，加賜列侯印綬，以諸侯禮葬於涇。遣中黃門占護其妻子。〔一〕悉出楚官屬無辭語者。制詔許太后曰：「國家始聞楚事，幸其不然。既知審實，懷用悼灼，庶欲宥全王身，令保卒天年，而王不念顧太后，竟不自免。此天命也，無可柰何！太后其保養幼弱，勉強飲食。諸許願王富貴，人情也。已詔有司，出其有謀者，令安田宅。」於是封燕廣為折姦侯。楚獄遂至累年，其辭語相連，自京師親戚諸侯州郡豪桀及考案吏，阿附相陷，坐死徙者以千數。

〔一〕占護猶守護也。

十五年，帝幸彭城，見許太后及英妻子於內殿，悲泣，感動左右。建初二年，肅宗封英子〔种〕楚侯（种），五弟皆為列侯，並不得置相臣吏人。元和三年，許太后薨，復遣光祿大夫持節弔祠，因留護喪事，賻錢五百萬。又遣謁者備王官屬迎英喪，改葬彭城，加王赤綬羽蓋華藻，如嗣王儀，〔一〕追爵，謚曰楚厲侯。章和元年，帝幸彭城，見英夫人及六子，厚加贈賜。

〔一〕續漢輿服志曰：「諸侯王赤綬四采，長二丈一尺。皇子安車，青蓋金華藻。」

种後徙封六侯。〔一〕卒，子度嗣。度卒，子拘嗣，傳國于後。

〔一〕六，縣名，屬廬江郡。

濟南安王康，建武十五年封濟南公，十七年進爵爲王，二十八年就國。三十年，以平原之祝阿、安德、朝陽、平昌、隰陰、重丘六縣益濟南國。中元二年，封康子德爲東武城侯。〔一〕

〔一〕東武城屬清河郡，今貝州武城縣是。

康在國不循法度，交通賓客。其後，人上書告康招來州郡姦猾漁陽顏忠、劉子產等，又多遺其繒帛，案圖書，謀議不軌。事下考，有司舉奏之，顯宗以親親故，不忍窮竟其事，但削祝阿、隰陰、東朝陽、安德、西平昌五縣。〔一〕

〔一〕東朝陽在今齊州臨濟縣東。西平昌，今德州般縣也。般音補滿反。

建初八年，肅宗復還所削地，康遂多殖財貨，大修宮室，奴婢至千四百人，廄馬千二百匹，私田八百頃，奢侈恣欲，游觀無節。永元初，國傅何敞上疏諫康曰：「蓋聞諸侯之義，制節謹度，然後能保其社稷，和其民人。〔一〕大王以骨肉之親，享食茅土，當施張政令，明其典法，出入進止，宜有期度，輿馬臺隸，應爲科品。〔二〕而今奴婢廄馬皆有千餘，增無用之口，以自蠶食。〔三〕宮婢閉隔，失其天性，惑亂和氣。又多起內第，觸犯防禁，費以巨萬，〔四〕而功猶未半。夫文繁者質荒，木勝者人亡，〔五〕皆非所以奉禮承上，傳福無窮者也。故楚作章華以凶，〔六〕吳興姑蘇而滅，〔七〕景公千駟，民無稱焉。〔八〕今數游諸第，晨夜無節，又非所以遠防未然，臨深履薄之法也。願大王修恭儉，遵古制，省奴婢之口，減乘馬之數，斥私田之富，節游觀之宴，以禮起居，則敞乃敢安心自保。惟大王深慮愚言。」康素敬重敞，雖無所嫌啎，然終不能改。

〔一〕孝經諸侯章之義也。

〔二〕臺、隸，賤職也，左氏傳曰：「人有十等，王臣公，公臣卿，卿臣大夫，大夫臣士，士臣皁，皁臣輿，輿臣隸，隸臣僚，僚臣僕，僕臣臺」也。

〔三〕言如蠶之食，漸至衰盡也。

〔四〕巨，大也。大萬謂萬萬。

〔五〕荒，廢也。文彩繁多，則質以之廢，土木增構，則人殫其力，故云人亡。

〔六〕左氏傳，楚靈王成章華之臺，後卒被殺。杜預注云「臺在今南郡華容縣」也。

〔七〕姑蘇臺一名姑胥臺。越絕書曰：「胥門外有九曲路，闔廬以遊姑蘇之臺，以望湖中。」顧夷（吾）〔吳〕地記云：「橫山北有小山，俗謂姑蘇臺。」在今蘇州吳縣西。闔廬後被越殺之。

〔八〕論語：「齊景公有馬千駟，死之日，人無德而稱焉。」千駟，四千匹。

立五十九年薨，子簡王錯嗣。〔一〕錯爲太子時，愛康鼓吹妓女宋閏，使醫張尊招之不得，錯怒，自以劍刺殺尊。國相舉奏，有詔勿案。永元十一年，封錯弟七人爲列侯。

〔一〕錯音七故反。

錯立六年薨，子孝王香嗣。永初二年，封香弟四人爲列侯。香篤行，好經書。初，叔父篤有罪不得封，西平昌侯昱坐法失侯，香乃上書分爵土封篤子丸、昱子嵩，皆爲列侯。

香立二十年薨，無子，國絕。

永建元年，順帝立錯子皐陽侯顯爲嗣，是爲釐王。立三年薨，子悼王廣嗣。永建五年，封廣弟文爲樂城亭侯。

廣立二十五年，永興元年薨，無子，國除。

東平憲王蒼，建武十五年封東平公，十七年進爵爲王。

蒼少好經書，雅有智思，爲人美須頷，要帶八圍，顯宗甚愛重之。及卽位，拜爲驃騎將軍，置長史掾史員四十人，位在三公上。〔一〕

〔一〕四府掾史皆無四十人，今特置以優之也。

永平元年，封蒼子二人爲縣侯。二年，以東郡之壽張、須昌，山陽之南平陽、（槖）〔橐〕、湖陵五縣益東平國。〔一〕是時中興三十餘年，四方無虞，蒼以天下化平，宜修禮樂，乃與公卿共議定南北郊冠冕車服制度，及光武廟登歌八佾舞數，語在禮樂、輿服志。〔二〕帝每巡狩，蒼常留鎭，侍衞皇太后。

〔一〕南平陽，縣，故城今兗州鄒縣也。（槖）〔櫜〕，縣，一名高平，故城在鄒縣西南。湖陵故城在今兗州防與縣東南。

〔二〕其志今亡。

四年春，車駕近出，觀覽城第，〔一〕尋聞當遂校獵河內，蒼卽上書諫曰：「臣聞時令，盛春農事，不聚衆興功。〔二〕傳曰：『田獵不宿，食飲不享，出入不節，則木不曲直。』此失春令者也。〔三〕臣知車駕今出，事從約省，所過吏人諷誦甘棠之德。雖然，動不以禮，非所以示四方也。惟陛下因行田野，循視稼穡，消搖仿佯，弭節而旋。〔四〕至秋冬，乃振威靈，整法駕，備周衞，設羽旄。〔五〕詩云：『抑抑威儀，惟德之隅。』〔六〕臣不勝憤懣，伏自手書，乞詣行在所，極陳至誠。」帝覽奏，卽還宮。

〔一〕第，宅也。有甲乙之次，故曰第。

〔二〕禮記月令曰「孟春之月，無聚大衆，無置城郭。仲春之月，無作大事，以妨農事」也。

〔三〕尚書五行傳曰：「田獵不宿，飲食不享，出入不節，奪人農時，及有姦謀，則木不曲直。」鄭玄注云：「木性或曲或直，人所用爲器者也。無故生不暢茂，多有折槁，是爲不曲直也。」前書音義曰：「不宿，不預戒日也。」

〔四〕皆遊散之意。詩曰：「於焉消搖。」左氏傳曰：「橫流而仿佯。」前書音義曰：「弭節猶按節也，言不盡意馳驅也。」

〔五〕旄謂注旄於竿首。

〔六〕詩大雅之文也。抑抑，密也。隅，廉也。言人審密於威儀抑抑然者，其德必嚴正，如宮室之制，內繩直則外有廉隅。

蒼在朝數載，多所隆益，而自以至親輔政，聲望日重，意不自安，上疏歸職曰：「臣蒼疲駑，特爲陛下慈恩覆護，在家備教導之仁，升朝蒙爵命之首，制書褒美，班之四海，舉負薪之才，升君子之器。〔一〕凡匹夫一介，尚不忘簞食之惠，〔二〕況臣居宰相之位，同氣之親哉！宜當暴骸膏野，爲百僚先，而愚頑之質，加以固病，誠羞負乘，辱汙輔將之位，將被詩人『三百赤紱』之刺。〔三〕今方域晏然，要荒無儆，〔四〕將遵上德無爲之時也，文官猶可幷省，武職尤不宜建。昔象封有鼻，不任以政，〔五〕誠由愛深，不忍揚其過惡。前事之不忘，來事之師也。自漢興以來，宗室子弟無得在公卿位者。惟陛下審覽虞帝優養母弟，遵承舊典，終卒厚恩。乞上驃騎將軍印綬，退就蕃國，願蒙哀憐。」帝優詔不聽。其後數陳乞，辭甚懇切。五年，乃許還國，而不聽上將軍印綬。以驃騎長史爲東平太傅，掾爲中大夫，令史爲王家郎。〔六〕加賜錢五千萬，布十萬匹。

〔一〕負薪，喻小人也。易曰：「負且乘，致寇至。」負也者小人之事，乘也者君子之器，以小人而乘君子之器，則盜思奪之矣。

〔二〕簞，竹器也，圓曰簞，方曰笥。左氏傳曰：「晉宣子田於首山，舍於翳桑，見靈輒餓，曰：『不食三日矣。』食之，舍其半。問之，曰：『宦三年矣，未知母之存否，請遺之。』使盡之，而爲簞食（與肉以）與之。既而（與）〔輒〕爲公介〔士〕，倒戟以禦公徒而免之。問何故，曰：『翳桑之餓人也。』」

〔三〕赤紱，大夫之服也。詩曹風曰：「彼己之子，三百赤紱。」刺其無德居位者多也。

〔四〕去王畿五百里曰甸服，又五百里曰侯服，又五百里曰綏服，又五百里要服，又五百里荒服。儆，備也，音警。

〔五〕有鼻，國名，其地在今永州營道縣北。史記曰舜弟象封於有鼻也。

〔六〕漢官儀「將軍掾屬二十九人，中大夫無員，令史四十一人」也。

六年冬，帝幸魯，徵蒼從還京師。明年，皇太后崩。既葬，蒼乃歸國，特賜宮人奴婢五百人，布二十五萬匹，及珍寶服御器物。

十一年，蒼與諸王朝京師。月餘，還國。帝臨送歸宮，悽然懷思，乃遣使手詔國中傅曰：「辭別之後，獨坐不樂，因就車歸，伏軾而吟，瞻望永懷，實勞我心，誦及采菽，以增歎息。〔一〕日者問東平王處家何等最樂，王言爲善最樂，其言甚大，副是要腹矣。今送列侯印十九枚，諸王子年五歲已上能趨拜者，皆令帶之。」

〔一〕采菽，詩小雅之章也。其詩曰：「采菽采菽，筐之筥之，君子來朝，何錫與之？」毛萇注云：「菽所以芼大牢而待君子也。」

十五年春，行幸東平，賜蒼錢千五百萬，布四萬匹。帝以所作光武本紀示蒼，蒼因上光武受命中興頌。帝甚善之，以其文典雅，特令校書郎賈逵爲之訓詁。

肅宗卽位，尊重恩禮踰於前世，諸王莫與爲比。建初元年，地震，蒼上便宜，其事留中。〔一〕帝報書曰：「丙寅所上便宜三事，朕親自覽讀，反覆數周，心開目明，曠然發矇。〔二〕閒吏人奏事，亦有此言，但明智淺短，或謂儻是，復慮爲非。何者？災異之降，緣政而見。今改元之後，年飢人流，此朕之不德感應所致。又冬春旱甚，所被尤廣，雖內用克責，而不知所定。得王深策，快然意解。詩不云乎：『未見君子，憂心忡忡；既見君子，我心則降。』〔三〕思惟嘉謀，以次奉行，冀蒙福應。彰報至德，特賜王錢五百萬。」

〔一〕留禁中也。

〔二〕韋昭注國語曰：「有眸子而無見曰矇。」

〔三〕詩國風也。忡忡猶衝衝。降，下也。

後帝欲爲原陵、顯節陵起縣邑，蒼聞之，遽上疏諫曰：「伏聞當爲二陵起立郭邑，臣前頗謂道路之言，疑不審實，近令從官古霸問涅陽主疾，〔一〕使還，乃知詔書已下。竊見光武皇帝躬履儉約之行，深覩始終之分，勤勤懇懇，以葬制爲言，故營建陵地，具稱古典，詔曰『無爲山陵，陂池裁令流水而已』。孝明皇帝大孝無違，奉承貫行。〔二〕至於自所營創，尤爲儉省，謙德之美，於斯爲盛。〔三〕臣愚以園邑之興，始自彊秦。古者丘隴且不欲其著明，〔四〕豈況築郭邑，建都郛哉！〔五〕上違先帝聖心，下造無益之功，虛費國用，動搖百姓，非所以致和氣，祈豐年也。又以吉凶俗數言之，亦不欲無故繕修丘墓，有所興起。考之古法則不合，稽之時宜則違人，求之吉凶復未見其福。陛下履有虞之至性，追祖禰之深思，然懼左右過議，以累聖心。臣蒼誠傷二帝純德之美，不暢於無窮也。惟蒙哀覽。」帝從而止。自是朝廷每有疑政，輒驛使諮問。蒼悉心以對，皆見納用。

〔一〕風俗通曰：「古姓，周有古公亶父，其後氏焉。」涅陽主，光武女，竇固之妻也。

〔二〕貫行謂一皆遵奉也。谷永曰「一以貫行，固執無違」也。

〔三〕易曰：「謙德之柄。」

〔四〕禮記曰：「古者墓而不墳。」故言不欲其著明。

〔五〕穀梁傳曰：「人之所聚曰都。」杜預注左傳曰：「郛，郭也。」

三年，帝饗衞士於南宮，因從皇太后周行掖庭池閣，乃閱陰太后舊時器服，愴然動容，乃命留五時衣各一襲，〔一〕及常所御衣合五十篋，餘悉分布諸王主及子孫在京師者各有差。特賜蒼及琅邪王京書曰：「中大夫奉使，親聞動靜，嘉之何已！歲月騖過，山陵浸遠，孤心悽愴，如何如何！閒饗衞士於南宮，因閱視舊時衣物，聞於師曰：『其物存，其人亡，不言哀而哀自至。』信矣。惟王孝友之德，亦豈不然！今送光烈皇后假紒帛巾各一，〔二〕及衣一篋，可時奉瞻，以慰凱風寒泉之思，〔三〕又欲令後生子孫得見先后衣服之製。今魯國孔氏，尚有仲尼車輿冠履，明德盛者光靈遠也。〔四〕其光武皇帝器服，中元二年已賦諸國，故不復送。

幷遺宛馬一匹，血從前髆上小孔中出。常聞武帝歌天馬，霑赤汗，今親見其然也。〔五〕頃反虜尙屯，將帥在外，憂念遑遑，未有閒寧。〔六〕願王寶精神，加供養。苦言至戒，望之如渴。」

〔一〕五時衣謂春青，夏朱，季夏黃，秋白，冬黑也。衣單複具曰襲。

〔二〕周禮：「追師掌王后之首服爲副編。」鄭玄云：「副，婦人首服，三輔謂之假紒。」續漢書「帛」字作「皁」。

〔三〕詩國風曰：「凱風，美孝子也。」「凱風自南，吹彼棘心，棘心夭夭，母氏劬勞。爰有寒泉，在浚之下，有子七人，母氏勞苦。」寒泉在今濮州濮陽縣。

〔四〕孔子廟在魯曲阜城中。伍緝之從征記曰：「魯人藏孔子所乘車於廟中，是顏路所請者也。獻帝時，廟遇火，燒之。」冠履解見鍾離意傳。

〔五〕前書天馬歌曰「太一況，天馬下，霑赤汗，沫流赭」也。

〔六〕閒音閑。

六年冬，蒼上疏求朝。明年正月，帝許之。特賜裝錢千五百萬，其餘諸王各千萬。帝以蒼冒涉寒露，遣謁者賜貂裘，〔一〕及太官食物珍果，使大鴻臚竇固持節郊迎。帝乃親自循行邸第，豫設帷牀，其錢帛器物無不充備。下詔曰：「禮云伯父歸寧乃國，〔二〕詩云叔父建爾元子，〔三〕敬之至也。昔蕭相國加以不名，優忠賢也。〔四〕況兼親尊者乎！其沛、濟南、東平、中山四王，贊皆勿名。」〔五〕蒼既至，升殿乃拜，天子親答之。其後諸王入宮，輒以輦迎，至省閤乃下。蒼以受恩過禮，情不自寧，上疏辭曰：「臣聞貴有常尊，賤有等威，〔六〕卑高列序，上下以理。陛下至德廣施，慈愛骨肉，既賜奉朝請，咫尺天儀，而親屈至尊，降禮下臣，每賜讌見，輒興席改容，中宮親拜，事過典故。臣惶怖戰慄，誠不自安，每會見，踧踖無所措置。〔七〕此非所以章示羣下，安臣子也。」帝省奏歎息，愈褒貴焉。舊典，諸王女皆封鄉主，乃獨封蒼五女爲縣公主。

〔一〕說文曰：「貂，鼠屬也，大而黃黑，出丁零國。」

〔二〕儀禮曰「覲禮，諸侯至于郊，王使皮弁用璧勞，侯氏亦皮弁迎于帷門之外，再拜。天子賜舍，曰：『賜伯父舍。』同姓西面，北上；異姓東面，北上。侯氏裨冕，釋幣于禰，乘墨車，載龍旂、弧韣，乃朝以瑞玉，有繅。天子負斧扆，曰：『伯父實來，余一人嘉之。』奉束帛匹馬，卓上九馬隨之，奠幣再拜。侯氏降，天子辭於侯氏曰：『伯父無事，歸寧乃邦。』侯氏再拜稽首而出」也。

〔三〕詩魯頌之文也。叔父謂周公也。建元子謂封伯禽也。

〔四〕見前書王莽傳。

〔五〕讚謂讚者不唱其名。

〔六〕左傳隨武子之辭也。等威，威儀有等差也。

〔七〕踧踖，謙讓貌也。

三月，大鴻臚奏遣諸王歸國，帝特留蒼，賜以祕書、列僊圖、道術祕方。至八月飲酎畢，〔一〕有司復奏遣蒼，乃許之。手詔賜蒼曰：「骨肉天性，誠不以遠近爲親疎，然數見顏色，情重昔時。念王久勞，思得還休，欲署大鴻臚奏，不忍下筆，顧授小黄門，中心戀戀，惻然不能言。」〔二〕於是車駕祖送，流涕而訣。復賜乘輿服御，珍寶輿馬，錢布以億萬計。

〔一〕飲酎，解見章紀。

〔二〕大鴻臚奏王歸國，小黄門受詔者。

蒼還國，疾病，帝馳遣名醫，小黄門侍疾，使者冠蓋不絶於道。又置驛馬千里，傳問起居。明年正月薨，詔告中傅，封上蒼自建武以來章奏及所作書、記、賦、頌、七言、别字、歌詩，並集覽焉。遣大鴻臚持節，五官中郎將副監喪，及將作使者凡六人，令四姓小侯諸國王主悉會詣東平奔喪，賜錢前後一億，布九萬匹。及葬，策曰：「惟建初八年三月己卯，皇帝曰：咨王丕顯，勤勞王室，親受策命，昭于前世。出作蕃輔，克愼明德，率禮不越，〔一〕傅聞在下。〔二〕昊天不弔，不報上仁，俾屏余一人，夙夜煢煢，靡有所終。〔三〕今詔有司加賜鸞輅乘馬，龍旂九旒，虎賁百人，奉送王行。匪我憲王，其孰離之！〔四〕魂而有靈，保茲寵榮。嗚呼哀哉！」

〔一〕率，循也。越，違也。

〔二〕傅音敷。敷，布也。書曰：「克愼明德，敷聞在下。」

〔三〕俾，使也。屏，蔽也。左氏傳曰「旻天不弔，不慭遺一老，俾屏余一人，煢煢余在疚」也。

〔四〕離，被也。言非憲王誰更被蒙此恩也。

立四十五年，子懷王忠嗣。明年，帝乃分東平國封忠弟尙爲任城王，餘五人爲列侯。

忠立（十）一年薨，子孝王敞嗣。元和三年，行東巡守，幸東平宮，帝追感念蒼，謂其諸子曰：「思其人，至其鄉；其處在，其人亡。」因泣下沾襟，遂幸蒼陵，爲陳虎賁、鸞輅、龍旂，以章顯之，祠以太牢，親拜祠坐，哭泣盡哀，賜御劍于陵前。〔一〕初，蒼歸國，驃騎時吏丁牧、周栩以蒼敬賢下士，不忍去之，遂爲王家大夫，數十年事祖及孫。帝聞，皆引見於前，既愍其淹滯，且欲揚蒼德美，卽皆擢拜議郎。牧至齊相，栩上蔡令。永元十年，封蒼孫梁爲矜陽亭侯，敞弟六人爲列侯。敞喪母至孝，國相陳珍上其行狀。永寧元年，鄧太后增邑五千戶，又封蒼孫二人爲亭侯。

〔一〕陵在今鄆州東峗山南。峗音魚委反。

敞立四十八年薨，子頃王端嗣。立四十七年薨，子凱嗣；立四十一年，魏受禪，以爲崇德侯。

論曰：孔子稱「貧而無諂，富而無驕，未若貧而樂，富而好禮者也」。若東平憲王，可謂好禮者也。若其辭至戚，去母后，豈欲苟立名行而忘親遺義哉！蓋位疑則隙生，累近則喪大，〔一〕斯蓋明哲之所爲歎息。嗚呼！遠隙以全忠，釋累以成孝，夫豈憲王之志哉！〔二〕東海恭王遜而知廢，〔三〕「爲吳太伯，不亦可乎」！〔四〕

〔一〕憂累既近，所喪必大。

〔二〕言其本志然也。

〔三〕遜，讓也。

〔四〕左傳（日）晉大夫士蒍之辭也。吳太伯，周太王之長子，讓其弟季歷，因適吳、越采藥，大王沒而不反，事見史記也。

任城孝王尙，元和元年封，食任城、亢父、樊三縣。〔一〕

〔一〕亢父、樊並屬東平國。亢父故城在今兗州任城縣南。樊故城在今瑕丘縣西南也。

立十八年薨，子貞王安嗣。永元十四年，封母弟福爲桃鄉侯。永初四年，封福弟亢爲當塗鄉侯。安性輕易貪吝，數微服出入，游觀國中，取官屬車馬刀劍，下至衞士米肉，皆不與直。元初六年，國相行弘奏請廢之。安帝不忍，以一歲租五分之一贖罪。安立十九年薨，子節王崇嗣。順帝時，羌虜數反，崇輒上錢帛佐邊費。及帝崩，復上錢三百萬助山陵用度，朝廷嘉而不受。立三十一年薨，無子，國絕。

延熹四年，桓帝立河閒孝王子（恭爲）參戶亭侯博爲任城王，以奉其祀。〔一〕博有孝行，喪母服制如禮，增封三千戶。立十三年薨，無子，國絕。

〔一〕杜預注左傳曰：「今丹水縣北有三戶亭。」故城在今鄧州內鄉縣西南也。

熹平四年，靈帝復立河閒貞王（遜）〔建〕〔子〕新昌侯（子）佗爲任城王，奉孝王後。立四十六年，魏受禪，以爲崇德侯。

阜陵質王延，建武十五年封淮陽公，十七年進爵爲王，二十八年就國。三十年，以汝南之長平、西華、新陽、扶樂四縣益淮陽國。〔一〕

〔一〕長平故城在今陳州宛丘縣西北，西華故城在今溵水縣西北，新陽故城在今豫州眞陽西南，扶樂故城在今陳州太康縣北也。

延性驕奢而遇下嚴烈。永平中，有上書告延與姬兄謝弇及姊館陶主婿駙馬都尉韓光招姦猾，作圖讖，祠祭祝詛。事下案驗，光、弇被殺，辭所連及，死徙者甚衆。有司奏請誅延，顯宗以延罪薄於楚王英，故特加恩，徙爲阜陵王，食二縣。

延既徙封，數懷怨望。建初中，復有告延與子男魴造逆謀者，有司奏請檻車徵詣廷尉詔獄。肅宗下詔曰：「王前犯大逆，罪惡尤深，有同周之管、蔡，漢之淮南。〔一〕經有正義，律有明刑。〔二〕先帝不忍親親之恩，枉屈大法，爲王受愆，〔三〕羣下莫不惑焉。今王曾莫悔悟，悖心不移，逆謀內潰，自子魴發，誠非本朝之所樂聞。朕惻然傷心，不忍致王于理，今貶爵爲阜陵侯，食一縣。獲斯辜者，侯自取焉。於戲誡哉！」赦魴等罪勿驗，使謁者一人監護延國，不得與吏人通。

〔一〕淮南厲王長，高帝子，文帝時反，被遷於蜀而死也。

〔二〕公羊傳曰：「君親無將，將而必誅。」前書曰：「大逆無道，父母、妻子，同產無少長皆棄市。」

〔三〕愆，過也。反而不誅，先帝之過，故言爲王受過也。

章和元年，行幸九江，賜延書與車駕會壽春。帝見延及妻子，愍然傷之，乃下詔曰：「昔周之爵封千有八百，而姬姓居半者，所以楨幹王室也。朕南巡，望淮、海，意在阜陵，遂與侯相見。侯志意衰落，形體非故，瞻省懷感，以喜以悲。今復侯爲阜陵王，增封四縣，并前爲五縣。」以阜陵下溼，徙都壽春，加賜錢千萬，布萬匹，安車一乘，夫人諸子賞賜各有差。明年入朝。

立五十一年薨，子殤王沖嗣。永元二年，下詔盡削除前班下延事。

沖立二年薨，無嗣。和帝復封沖兄魴，是爲頃王。永元八年，封魴弟十二人爲鄉、亭侯。

魴立三十年薨，子懷王恢嗣。延光三年，封恢兄弟五人爲鄉、亭侯。

恢立十年薨，子節王代嗣。陽嘉二年，封代兄便親爲勃遒亭侯。

代立十四年薨，無子，國絕。

建和元年，桓帝立勃遒亭侯便親爲恢嗣，是爲恭王。立十三年薨，子孝王統嗣。立八年薨，子王敉立；建安中薨，無子，國除。

廣陵思王荆，建武十五年封山陽公，十七年進爵爲王。

荆性刻急隱害，〔一〕有才能而喜文法。光武崩，大行在前殿，荆哭不哀，而作飛書，封以方底，〔二〕令蒼頭詐稱東海王彊舅大鴻臚郭況書與彊曰：「君王無罪，猥被斥廢，而兄弟至有束縛入牢獄者。太后失職，別守北宮，〔三〕及至年老，遠斥居邊，〔四〕海內深痛，觀者鼻酸。及太后尸柩在堂，洛陽吏以次捕斬賓客，至有一家三尸伏堂者，痛甚矣！今天下有喪，弓弩張設甚備。閒梁松勑虎賁史曰：『吏以便宜見非，勿有所拘，〔五〕封侯難再得也。』郎官竊悲之，爲王寒心累息。〔六〕今天下爭欲思刻賊王以求功，寧有量邪！若歸并二國之衆，可聚百萬，君王爲之主，鼓行無前，功易於太山破雞子，輕於四馬載鴻毛，此湯、武兵也。今年軒轅星有白氣，星家及喜事者，〔七〕皆云白氣者喪，軒轅女主之位。又太白前出西方，至午兵當起。〔八〕又太子星色黑，至辰日輒變赤。〔九〕夫黑爲病，赤爲兵，王努力卒事。高祖起亭長，陛下興白水，何況於王陛下長子，故副主哉！上以求天下事必舉，下以雪除沈沒之恥，報死母之讎。精誠所加，金石爲開。〔一〇〕當爲秋霜，無爲檻羊。〔一一〕雖欲爲檻羊，又可得乎！竊見諸相工言王貴，天子法也。人主崩亡，閭閻之伍尚爲盜賊，欲有所望，何況王邪！夫受命之君，天之所立，不可謀也。今新帝人之所置，彊者爲右。願君王爲高祖、陛下所志，〔一二〕無爲扶蘇、將閭叫呼天也。」〔一三〕彊得書惶怖，即執其使，封書上之。

〔一〕隱害謂陰害於人也。

〔二〕方底囊，所以盛書也。前書曰：「綠綈方底。」

〔三〕太后，郭后也。職，常也。失其常位，別遷北宮。

〔四〕封之於魯。

〔五〕以便宜之事而有非者，當即行之，勿拘常制也。

〔六〕累息猶疊息也。

〔七〕喜事猶好事也。喜音許氣反。

〔八〕（鴻）〔洪〕範五行傳曰：「太白，少陰之星，以己未爲界，不得經天而行。太白經天而行爲不臣。」今至午，是爲經天也。

〔九〕天官書曰「心前星，太子之位」也。

〔一〇〕韓詩外傳曰：「昔者楚熊渠子夜行，見寢石，以爲伏虎，彎弓而射之，沒金飲羽。下視，知其石也，因復射之，矢摧無跡。熊渠子見其誠心而金石爲之開，而況人乎。」

〔一一〕秋霜，肅殺於物。檻羊，受制於人。

〔一二〕陛下卽光武也。

〔一三〕扶蘇，秦始皇之太子。將閭，庶子也。扶蘇以數諫始皇，使與蒙恬守北邊。始皇死於沙丘，少子胡亥詐立，賜扶蘇死。將閭昆弟三人囚於內宮。胡亥使謂將閭曰：「公子不臣，罪當死。」將閭乃仰天而大呼天者三，曰：「天乎！吾無罪。」昆弟三人皆流涕，伏劒自殺。事見史記。

顯宗以荆母弟，祕其事，遣荆出止河南宮。時西羌反，荆不得志，冀天下因羌驚動有變，私迎能爲星者與謀議。帝聞之，乃徙封荆廣陵王，遣之國。其後荆復呼相工謂曰：「我貌類先帝。先帝三十得天下，我今亦三十，可起兵未？」相者詣吏告之，荆惶恐，自繫獄。帝復加恩，不考極其事，下詔不得臣屬吏人，唯食租如故，使相、中尉謹宿衞之。荆猶不改。其後使巫祭祀祝詛，有司舉奏，請誅之，荆自殺。立二十九年死。帝憐傷之，賜謚曰思王。

十四年，封荆子元壽爲廣陵侯，服王璽綬，食荆故國六縣；又封元壽弟三人爲鄉侯。明年，帝東巡狩，徵元壽兄弟會東平宮，班賜御服器物，又取皇子輿馬，悉以與之。建初七年，肅宗詔元壽兄弟與諸王俱朝京師。元壽卒，子商嗣。商卒，子條嗣，傳國于後。

臨淮懷公衡，建武十五年立，未及進爵爲王而薨，無子，國除。

中山簡王焉，建武十五年封左（馮）翊公，十七年進爵爲王。焉以郭太后少子故，獨留京師。三十年，徙封中山王。永平二年冬，諸王來會辟雍，事畢歸蕃，詔焉與俱就國，從以虎賁官騎。〔一〕焉上疏辭讓，顯宗報曰：「凡諸侯出境，必備左右，故夾谷之會，司馬以從。〔二〕今五國各官騎百人，稱娖前行，〔三〕皆北軍胡騎，便兵善射，弓不空發，中必決眥。〔四〕夫有文事必有武備，所以重蕃職也。王其勿辭。」帝以焉郭太后偏愛，特加恩寵，獨得往來京師。十五年，焉姬韓序有過，焉縊殺之，國相舉奏，坐削安險縣。〔五〕元和中，肅宗復以安險還中山。

〔一〕漢官儀：「騶騎，王家名官騎。」

〔二〕穀梁傳曰，公會齊侯于頰谷，齊人鼓譟，欲以執魯君。孔子歷階而上，命司馬止之。左氏傳「頰谷」作「夾谷」。

〔三〕娖音楚角反。稱娖猶齊整也。行音胡郎反。

〔四〕司馬相如子虛之文。

〔五〕安險屬中山郡。

立五十二年，永元二年薨。自中興至和帝時，皇子始封薨者，皆賻錢三千萬，布三萬匹；嗣王薨，賻錢千萬、布萬匹。是時竇太后臨朝，竇憲兄弟擅權，太后及憲等，東海出也，〔一〕故睦於焉而重於禮，加賻錢一億。詔濟南、東海二王皆會。大爲修冢塋，開神道，〔二〕平夷吏人冢墓以千數，作者萬餘人。發常山、鉅鹿、涿郡柏黃腸雜木，〔三〕三郡不能備，復調餘州郡工徒及送致者數千人。凡徵發搖動六州十八郡，制度餘國莫及。

〔一〕爾雅曰「女子之子爲出」也。

〔二〕墓前開道，建石柱以爲標，謂之神道。

〔三〕黃腸，柏木黃心。

子夷王憲嗣。永元四年，封憲弟十一人爲列侯。

憲立二十二年薨，子孝王弘嗣。永寧元年，封弘二弟爲亭侯。

弘立二十八年薨，子穆王暢嗣。永和六年，封暢弟荆爲南鄉侯。

暢立三十四年薨，子節王稚嗣，無子，國除。

琅邪孝王京，建武十五年封琅邪公，十七年進爵爲王。

京性恭孝，好經學，顯宗尤愛幸，賞賜恩寵殊異，莫與爲比。永平二年，以太山之蓋、南武陽、華，〔一〕東萊之昌陽、盧鄉、東牟六縣益琅邪。〔二〕五年，乃就國。光烈皇后崩，帝悉以太后遺金寶財物賜京。京都莒，好修宮室，窮極伎巧，殿館壁帶皆飾以金銀。〔三〕數上詩賦頌德，帝嘉美，下之史官。京國中有城陽景王祠，吏人奉祠。神數下言宮中多不便利，京上書願徙宮開陽，以華、蓋、南武陽、厚丘、贛榆五縣〔四〕易東海之開陽、臨沂，肅宗許之。立三十一年薨，葬東海卽丘廣平亭，有詔割亭屬開陽。〔五〕

〔一〕蓋縣故城在今沂州沂水縣西北。南武陽縣故城在今沂州費縣西，又華縣故城在費縣東北也。

〔二〕昌陽，今萊州縣也，故城在今聞登縣西南。盧鄉故城在今昌陽縣西北。東牟故城在聞登縣西北也。

〔三〕壁帶，壁中之横木也，以金銀爲釭，飾其上。

〔四〕華縣、蓋縣、南武陽屬泰山郡，厚丘屬東海郡，贛榆屬琅邪郡。

〔五〕開陽，縣，屬東海郡，故城在今沂州臨沂縣北。

子夷王宇嗣。建初七年，封宇弟十三人爲列侯。元和元年，封孝王孫二人爲列侯。

宇立二十年薨，子恭王壽嗣。永初元年，封壽弟八人爲列侯。立十七年薨，子貞王尊嗣。延光二年，封尊弟四人爲鄉侯。尊立十八年薨，子安王據嗣。永和五年，封據弟三人爲鄉侯。據立四十七年薨，子順王容嗣。初平元年，遣弟邈至長安奉章貢獻，帝以邈爲九江太守，封陽都侯。〔一〕

〔一〕陽都，縣，屬城陽國，故城在今沂州承縣南。承音常證反。

容立八年薨，國絕。

初，邈至長安，盛稱東郡太守曹操忠誠於帝，操以此德於邈。建安十一年，復立容子熙爲王。在位十一年，坐謀欲過江，被誅，國除。

贊曰：光武十子，胙土分王。沛獻尊節，楚英流放。〔一〕延既怨詛，荆亦觖望。濟南陰謀，琅邪驕宕。中山、臨淮，無聞夭喪。〔二〕東平好善，辭中委相。謙謙恭王，寔惟三讓。

〔一〕尊音祖本反。禮記曰：「恭敬撙節。」鄭玄注云：「撙，趨也。」

〔二〕二王早終，名聞未著也。

校勘記

一四二三頁六行　立母郭氏爲〔皇〕后　集解引沈欽韓説，謂案文少一「皇」字。今據補。

一四二四頁一三行　使(大)司空持節護喪事　據集解引錢大昕説删。按：袁紀作「司空魴」，無「大」字。

一四二四頁一四行　比陽公主　按：校補引柳從辰説，謂「比」讀爲「沘」。

一四二五頁一三行　彊立十八年　按：校補引柳從辰説，謂「八」疑「六」之譌。黄山謂此從郭后十七年被廢追數之，乃史之誤。

一四二七頁二行　封右(馮)翊公　刊誤謂衍「馮」字。集解引錢大昕説，謂中山王焉傳「封左馮翊公」，與此傳同，皆衍文也。左翊、右翊蓋取嘉名，非分馮翊地爲左右。今據删。

一四二七頁六行　封輔子寶爲沛侯　按：集解引錢大昕説，謂沛爲王國之名，不應更有「沛侯」，疑字有譌。

一四二八頁一一行　歡喜大恩　按：汲本、集解本「大」作「天」。

一四二八頁一三行　尙浮屠之仁祠　按：通鑑「祠」作「慈」。

一四二九頁一〇行　使伎人奴婢(妓士)〔工技〕鼓吹悉從　據汲本改。按：刊誤謂「妓士」當作「工技」，梁節王傳中亦有工技也。

一四三〇頁七行　肅宗封英子〔种〕楚侯(种)　集解引錢大昕説，謂當云「封英子种楚侯」，傳寫顛倒耳。今據改。

一四三〇頁二行　青蓋金華藻　按：校補謂續志「藻」作「蚤」，蚤通爪，爪又通瑵，本謂車蓋上瑵飾綵藻，故又可作「藻」也。

一四三二頁二行　隰陰　按：集解引惠棟說，謂本志及宗俱碑作「濕陰」，前書志作「漯陰」。又引錢大昕說，謂「隰」蓋「漯」之譌。

一四三二頁三行　惑亂和氣　按：汲本、殿本「惑」作「感」。

一四三三頁一〇行　顧夷（吾）〔吳〕地記云　集解引惠棟說，謂此顧夷所撰吳地記也，「吳」訛「吾」。今據改。

一四三三頁一三行　鼓吹妓女宋閏　按：「妓」字當作「伎」，各本皆未正。參閱梁冀傳校記。

一四三三頁一四行　永元十一年封錯弟七人爲列侯　按：汲本作「十二年」。

一四三三頁七行　要帶八圍　汲本、殿本作「十圍」。今按御覽三七一、三七八引，並作「八圍」，疑作「十圍」者誤也。

一四三三頁一〇行　山陽之南平陽（橐）〔櫜〕湖陵五縣　據殿本考證及集解引沈欽韓說改。注同。

一四三五頁一四行　宦三年矣　按：「三」原譌「二」，逕改正。

一四三五頁一四行　而爲簞食（與肉以）與之　據汲本、殿本補。

一四三五頁一四行　既而（與）〔輒〕爲公介（士）　據汲本、殿本删補。

一四三七頁四行　快然意解　按：校補引錢大昭說，謂「快」通鑑作「恢」，注云恢然猶廓然也。

一四三九頁一四行　〔禮云〕伯父歸寧乃國　據汲本補。按：殿本作「禮伯父歸寧乃國」。刊誤謂此語本出儀禮，旣下文有「詩云」，卽此亦當有「禮云」字。

一四四〇頁四行　乃獨封蒼五女爲縣公主　按：袁紀云封女三人皆爲公主。

一四四一頁三行　輿馬　按：校補引柳從辰說，謂東觀記作「輦馬」。

一四四一頁九行　惟建初八年三月己卯　按：校補引錢大昭說，謂紀作「辛卯」。

一四四二頁四行　忠立〔十〕一年薨　集解引洪頤煊說，謂憲王建初八年薨，忠卽以是年嗣，章帝紀元和元年九月乙未東平王忠薨，忠立僅一年，「十」字衍。今據刪。

一四四二頁六行　驃騎時吏　殿本考證謂「時」字應從通鑑作「府」。今按：此謂蒼爲驃騎將軍時之掾屬，「時」字亦非譌，特通鑑改云「府吏」，較爲明確耳。

一四四三頁七行　左傳〔曰〕晉大夫士蔿之辭也　「曰」字衍，各本皆未正，今刪。

一四四四頁一行　桓帝立河閒孝王子〔恭爲〕參戶亭侯博爲任城王　刊誤謂當作「桓帝立河閒孝王恭子參戶亭侯博爲任城王」。校補謂河閒孝王名開，不名恭，且謚以易名，諸王旣稱謚，卽不必定著其名，「恭爲」二字皆屬誤衍。今據校補說刪。

一四四四頁四行　靈帝復立河閒貞王〔遜〕〔建〕〔子〕新昌侯〔子〕佗爲任城王　校補謂貞王名建，靈帝紀及河閒孝王傳皆同，此作「遜」，誤。又汲本、殿本「子」字在「新昌侯」上。今據改。

一四四七頁一六行　（鴻）〔洪〕範五行傳　據汲本、殿本改。

一四四九頁四行　封左（馮）翊公　刊誤謂案光武紀封馮左翊公，與右翊相配。今按：此衍「馮」字，今删，參閱前「封右翊公」條校記。

一四四九頁五行　諸王來會辟雍　按：「辟」原譌「璧」，逕據汲本、殿本改正。

一四五〇頁九行　爾雅曰女子之子爲出也　汲本、殿本「爲」作「謂」。按：爾雅云「男子謂姊妹之子爲出」。

一四五二頁二行　子貞王尊嗣　按：集解引錢大昭說，謂紀「尊」作「遵」。